Detective and Criminal Law (I)

탐정과 형법 (1)

강동욱
한국탐정학회

박영사

머 리 말

　　탐정은 타인의 의뢰를 받아 의뢰받은 사항에 대한 조사활동을 통해 사실관계를 확인하고 관련정보를 수집·분석하여 그 내용을 제공하는 활동을 하는 사람 또는 업을 말한다. 따라서 궁극적으로 탐정을 통해 얻은 결과는 의뢰인의 법률상 권리행사에 유용한 자료로 활용될 수 있을 것이며, 향후 소송자료로서 실효적으로 이용될 수 있을 것으로 판단된다. 다른 한편에서는 탐정업은 그 활동에 있어서 실정법에 대한 저촉의 우려가 많은 영역이기도 하다. 따라서 탐정업을 함에 있어서 탐정활동 관련 법률은 물론, 의뢰된 사건 관련 법적 지식을 갖추는 것은 탐정업이 적법하고 신뢰할 수 있는 직업으로서 정착하는데 필수적인 요청이라고 할 것이다. 일부 국가에 있어서 탐정업의 주요 업무영역을 살펴보면, 의뢰인이 의뢰하는 사건의 상당수가 범죄와 관련된 부분이고, 따라서 수사기관의 업무영역에 속하지만 현실적인 여건으로 인해 수사가 제대로 진행되지 못한 경우가 적지 않다. 따라서 우리나라에서도 탐정업이 법제화되면 탐정이 수사기관과의 유기적인 협조체제를 구축하여 수사기관의 수사가 미진하거나 어려운 사정에 있는 경우에 탐정의 개입이 원활하게 될 수 있을 것으로 예상된다. 이처럼 탐정이 형사법에 대한 지식을 갖추게 될 경우에 탐정활동의 범위를 확대하는 것은 물론, 불법적인 탐정활동을 억지하는데 있어서도 큰 도움이 될 것으로 생각된다. 최근 탐정업이 활성화되면서 이러한 요청은 더욱 절실해지고 있는 실정이다. 하지만 현재 시중에 발간되어 있는 형사법 관련 서적의 대부분은 대학에서 전문 법률가 양성을 위한 교재이거나 각종 국가시험이나 자격시험의 수험용으로 제작되어 있어서 탐정업을 함에 필요한 형사법 지식을 습득하거나 함

양하는데 적합하지 않다. 이에 저자는 탐정에게 필요한 형사법에 대한 지식을 담은 서적의 필요성에 대한 현실적 요청에 부응하기 위해 형사법 분야 전반에 대하여 단계적으로 탐정관련 도서를 출판하고자 계획하고 있으며, 이 책은 그 첫 번째 결과물이다.

이 책은 저자의 저서인 「강의 형법총론」(박영사, 2020)을 기초로 한 것으로서, 탐정으로 하여금 형법총론에 관한 부분을 쉽게 이해할 수 있도록 정리·요약한 것이다. 다만, 이 책은 2020년 12월 8일 개정 형법(법률 제17571호, 2021.12.9. 시행)의 내용을 반영하였으며, 개정 법률을 기초로 하여(법조문을 제외하고) 용어를 통일하고, 표현을 순화시켜 정리하는 한편, 최신 판례를 보완하였다. 또한 이 책은 형법총론 분야에 대한 심화된 지식이 아니라 형법상 법률용어와 기본원리 및 그 내용에 대한 기초지식을 쌓도록 하는데 중점을 두고 있기 때문에 개별 영역에서의 학설의 다툼이나 외국 법제에 대한 부분은 가급적 생략하고, 판례도 대표적인 것을 소개하는 것으로 하였다. 따라서 이 책은 탐정뿐만 아니라 형법에 대한 기초학습자들, 나아가 법률업무 종사자나 일반인들에게 있어서도 형법총론 분야를 이해하는데 큰 도움이 될 것으로 생각된다. 이 책에서 학습한 것을 토대로 하여 심화된 형법총론지식을 갖추고자 하는 경우에는 저자의 저서인 「강의 형법총론」(박영사) 또는 시중에 출판되어 있는 형법총론 교과서들을 통해 보완할 수 있을 것이다.

끝으로 이 책의 출판에 있어서 교정작업을 도와 준 최형보 법학박사와 선영화 법학박사의 수고에 고마움을 표하며, 어려운 여건 하에서도 이 책의 출판을 허락해 주신 박영사 안종만 회장님, 안상준 대표님과 편집부 여러분께 감사드린다.

탐정업의 활성화를 기대하며…

2021. 6.

목멱산에서   저자 드림

차 례

제1편 서 론

제2편 범죄론

제3편 형벌론

제1장 형벌 217

제 1 편

서 론

제1장 형법의 기초이론

제1절 형법의 의의

형법은 범죄와 그에 대한 법률효과로서 형벌 또는 보안처분에 관해 규정한 법률을 말한다.

1. 형식적 의미의 형법

형식적 의미의 형법은 1953년 9월 18일 제정(법률 제293호)되고, 같은 해 10월 3일 부터 시행된 후 수차례의 일부 개정을 거친 형법전을 말한다. 형법전은 총칙과 각칙으로 구성되어 있다. **총칙**에서는 모든 범죄와 형벌에 공통적으로 적용되는 일반원리에 대하여 규정하고 있으며, 형법의 적용범위(제1조-제8조), 범죄론(제9조-제40조), 형벌론(제41조-제86조)의 순으로 규정되어 있다. **각칙**에서는 개별 범죄와 그에 대한 형벌을 규정하고 있으며, 보호법익에 따라 국가적 법익에 관한 죄(제87조-제156조), 사회적 법익에 관한 죄(제158조-제249조), 개인적 법익에 관한 죄(제250조-제372조)의 순으로 규정되어 있다.

2. 실질적 의미의 형법

실질적 의미의 형법이란 그 명칭과 법률상 위치에 상관없이 범죄와 그에 대한 법률효과로서 형벌과 보안처분에 대하여 규정하고 있는 모든 법률을 말한다. 실질적 의미의 형법은 형식적 의미의 형법(형법전) 외에 크게 특별형법과 행정형법으로 구분된다.

특별형법은 형법전에 대한 보충법으로써 범죄의 성립과 처벌에 있어서 특례를 규정한 형벌법규를 말한다. 특별형법은 형법전에 대해 부수적·보충적 지위를 가지는 것으로, 그 규정형식은 형법전과 동일하다. 특별형법은 '특별법은 일반법에 우선한다'는 원칙에 따라 형법전에 우선하여 적용되며, 그 법령에 특별한 규정이 없는 한 원칙적으로 형법전의 총칙에 관한 규정이 그대로 적용된다(제8조 본문). 특별형법으로는 국가보안법, 폭력행위 등 처벌에 관한 법률, 특정범죄 가중처벌 등에 관한 법률, 경범죄 처벌법, 성폭력범죄의 처벌 등에 관한 특례법, 가정폭력범죄의 처벌 등에 관한 특례법 등이 있다.

행정형법은 행정목적을 달성하기 위하여 행정법규 위반행위에 대하여 행정제재가 아니라 형벌로 처벌하는 법률을 말한다(부수형법이라고도 한다). 그 규정형식은 형법전과 달리 범죄내용과 벌칙에 관한 규정이 분리되어 있다. 행정법은 본질적으로 형벌이 아닌 행정제재를 통하여 행정상 목적을 수행하는 것이 원칙이지만 그 목적달성을 위하여 행정단속에 있어서 부득이 형벌로 처벌할 필요가 있는 경우에 행정법규 내에 형벌제재를 수용하고 있는 것이다. 대부분의 행정법에서는 그 위반행위에 대하여 형벌로 처벌하는 규정을 두고 있다. 행정형법의 경우에도 형법전의 총칙에 관한 규정이 그대로 적용되지만, 형법목적보다 행정목적이 우선하므로 형법전의 총칙에 관한 규정이 수정되는 경우가 있다(제8조 본문).

제2절 형법의 성격

1. 형법의 법체계적 지위

첫째, 형법은 실체법이다. 형법은 형사(刑事)에 관한 법으로서 범죄의 성립조건과 그 범죄에 대한 법률효과인 형벌에 대하여 규정한 실체법이다. 따라서 형법은 형법의 적용법으로서 형사절차에 관해 규정하고 있는 절차법인 형사소송법과 구별되며, 형집행의 절차와 방법을 규정하고 있는 절차법인 행집행법과 구별된다.

둘째, 형법은 공법(公法)이다. 형법은 개인의 범죄행위에 대한 국가의 형벌권행사에 관해 규정한 법으로서 국가와 개인간의 관계를 규율하는 공법에 해당한다. 따라서 형법은 배분적 정의를 그 원리로 하며, 법치주의의 실현으로서 죄형법정주의를 원칙으로 한다.

셋째, 형법은 사법법(司法法)이다. 형법은 기본적으로는 범죄요건과 형벌요건을 추상적으로 기술한 법규범임과 동시에 구체적 사건에 대한 형법적 판단의 기준이 되는 사법법(재판법)이다. 형법은 재판의 적용기준으로서 발생한 사건에 대한 사후적 적용이라는 점에서 사후적·소극적 성격을 가지며, 시민의 권리보장 또는 박탈에 대한 심판기준이라는 점에서 권리의 최후 보호자적 성격이 내재되어 있다. 따라서 형법은 법의 목적과 관련하여 법적 안정성을 중시하며 이 점에서 정의의 실현을 중점으로 하는 입법법과 행정목적의 적극적·구체적 실현을 위하여 합목적성이 강조되는 행정법과 구별된다.

2. 형법의 규범적 성격

형법은 도덕이나 관습, 종교규율 등과 같이 규범으로서의 성격을 갖는다. 다만, 형법은 도덕, 관습, 종교 등의 규범과 달리 그 위반행위에 대하여 국가에 의한 강제력을 지닌 형사제재를 받게 된다.

첫째, 형법은 가언적(假言的, 가설적) 규범이다. 형법은 일정한 범죄행위를 조건으로 하여 이에 대한 법적 효과로서 형벌을 규정하고 있는 가언적 규범이다. 형법 제250조 제1항에서는 "사람을 살해한 자는 사형, 무기 또는 5년 이상의 징역에 처한다"라고 규정하여, 일정한 행위를 조건으로 하여 이 조건이 충족되면 그 효과로서 형벌을 부과한다는 가언적 명령의 형식을 취하고 있다.

둘째, 형법은 행위규범임과 동시에 재판규범이다. 형법은 일반 국민의 입장에서는 가언적 규범형식을 통하여 금지와 명령을 통해 일반인에게 행위기준을 제시한다는 점에서 행위규범이다. 또한 형법은 어떤 행위가 범죄이고, 이에 대해 부과될 형벌의 종류와 범위를 정하고 있기 때문에 법관이 재판을 함에 있어서 그 기준이 된다는 점에서 재판규범으로 작용한다.

셋째, 형법은 의사결정규범임과 동시에 평가규범이다. 형법은 일반 국민으로 하여금 부정적 가치판단이 내려진 행위를 결의하지 않도록 하는 기준이 된다는 점에서 의사결정규범이다. 또한 형법은 일정한 행위가 법적 가치에 반하고 위법하다고 평가하는 기준이 된다는 점에서 평가규범이다.

[**형법의 성격**] 형법은 과거에는 범죄자를 처벌하는 법으로서 기능을 하였기 때문에 그 처벌이 가혹하더라도 용인되었지만 근래에 들어서는 형법은 사전 예고를 통해 범죄를 예방하는데 그 기능이 있는 것으로 평가되고, 형법상 범죄에 해당하지 않으면 처벌할 수 없으며 범죄를 범하였다고 하더라도 법에 규정된 형벌 이상으로 처벌할 수 없다는 죄형법정주의 기능이 강조되고 있다. 특히 국가에 의한 어떠한 제재보다도 형벌로 인한 고통이 극심하다는 점에서 형벌권의 발동에 있어서는 겸억성의 원칙이 요청되고 있다. 따라서 형벌은 다른 수단으로 그 목적 달성이 가능한 경우에는 그 수단을 이용하여야 하고(보충성의 원칙), 다른 수단이 없는 경우에 한하여 형벌은 부과되어야 하며(최후수단성의 원칙), 형벌에 의할 경우에도 그 목적달성을 위한 최소한의 범위 내에서 부과할 것(최소성의 원칙)이 요구되고 있다. 따라서 이를 형법의 성격으로 설명하기도 한다.

제3절 형법의 기능

법은 사회질서를 유지하기 위한 강제규범이다. 따라서 형법도 사회질서를 유지하여 평화로운 공동생활을 보장하는 것을 목적으로 한다. 그 구체적 기능은 다음과 같다.

첫째, 형법은 보호적 기능을 가진다. 형법은 국가공동체 및 사회질서의 기본적 가치, 즉 법익 또는 사회윤리를 보호하는 기능을 한다. 법익보호는 필요한 경우에 한하여 보충적으로 허용되고(보충성의 원칙), 국가의 권력남용에 의한 형사제재는 허용되지 않는다(과잉금지의 원칙). 법익보호의 필요성 여부, 즉 법익침해행위에 대한 형사적 제재 여부를 판단함에 있어서는 비례의 원칙이 적용된다. 또한 범죄란 사회윤리에 반하는 행위를 통하여 가치에 반하는 불법적인 결과를 가져오는 것을 의미한다. 다만, 사회윤리적 행위가치의 보호를 지나치게 강조하면 심정(心情)형법이 되어 형벌권이 무한히 확대될 가능성이 있으므로 주의하여야 한다.

둘째, 형법은 보장적 기능을 가진다. 형법은 국가의 자의적인 형벌권 남용을 제한함으로써 국민의 자유와 권리를 보장하는 기능을 한다. 즉, 형법은 (ⅰ) 형법에 규정되어 있는 범죄행위 이외에는 어떤 행위를 하더라도 처벌받지 않는다는 점에서 일반 국민에게 행동의 자유를 보장하며(일반인에 대한 마그나 카르타(Magna Carta)적 기능), (ⅱ) 범죄를 범하여 처벌을 받더라도 형법에 정해진 형벌의 범위 내에서만 처벌받는다는 점에서 범죄인에게 부당한 처벌을 받지 않을 자유와 권리를 보장한다(범죄인에 대한 마그나 카르타적 기능).

셋째, 형법은 규제적 기능을 가진다. 형법은 형벌 또는 보안처분이라는 형사제재 수단을 통해 범죄로부터 사회질서를 유지하고 보호하기 위해 시민의 행동을 제한하는 기능을 한다. 즉, (ⅰ) 범죄에 대한 형사제재를 예고함으로써 일반인이 범죄를 범하지 않도록 억제하는 작용(일반예방기능)을 함과 동시에 (ⅱ) 범죄를 범한 사람에게 형사제재를 과함으로써 범죄자 자신이 재범을 하지 않도록 하는 작용(특별예방기능)을 한다.

제4절 형법의 역사

형법은 복수시대 - 위하시대 - 박애시대 - 과학시대의 순으로 발전되어 오고 있다.

복수시대(원시시대~고대국가 성립 이전)는 국가가 성립하기 이전의 시기로서, 범죄행위에 대한 제재는 사적(私的)인 복수형식에 의존하던 시대이다. 이때 복수에 의한 사적 제재는 응보적 사상을 토대로 행해졌다.

위하시대(고대국가 성립 이후~17C)는 고대국가가 성립되면서 복수적 제재가 국가의 형벌권에 귀속되면서 형벌이 일반예방주의의 기치아래 가혹하게 집행되었다. 이 시대는 (i) 죄형전단주의, (ii) 신분에 따른 형벌의 차별집행, (iii) 형벌의 잔혹성, (iv) 법과 윤리의 혼동을 특징으로 한다.

박애시대(18C 초~19C 중반)는 18세기 초 계몽주의 사상에 의해 개인의 자유와 인권을 중시하는 근대 법치주의 국가가 확립된 시기이다. 이 시대에는 죄형법정주의가 실현되고, 균형주의에 의한 국가권력의 자의적인 형벌권 집행의 제한, 형벌의 완화, 처벌에 있어서 신분차별의 철폐, 고문제도의 폐지 및 공개재판주의의 채택 등 인도적 형벌관이 구현되었다.

과학시대(19C 후반~현대)는 19세기 후반에 들어 자연과학의 연구성과가 범죄에 대한 연구방법으로 도입되고, 범죄원인에 대한 실증적 고찰이 시도된 시기이다. 이 시대에는 당시 산업혁명에 따라 상습범과 누범이 격증하면서 범죄를 일종의 사회적 현상 내지 병리적 현상으로 보았다. 이에 따라 범죄대책의 중점이 범죄로부터 범죄인으로 바뀌면서 형벌의 개별화를 위한 형사정책적 관점과 형법상 특별예방주의의 구현이 강조되었다.

제2장 죄형법정주의

제1절 죄형법정주의의 의의와 배경 및 근거

1. 죄형법정주의의 의의

죄형법정주의란 어떤 행위가 범죄로 되고, 그 범죄에 대해 어떤 형벌을 과할 것인가는 미리 성문의 법률에 규정되어 있어야 한다는 원칙을 말한다. 이 원칙은 국가의 자의적인 형벌권 행사로부터 국민의 자유와 권리를 보장하기 위한 형법의 최고원리이다. 이것은 '법률 없으면 범죄 없고 형벌 없다(nullum crimen nulla poena sine lege)'로 표현된다.

죄형법정주의는 1215년 영국의 마그나카르타 제39조("어떠한 자유인이라도 동료의 적법한 재판 또는 국법에 의하지 아니하고는 체포·감금되지 아니하고, 영지를 빼앗기거나 법적 보호가 박탈되지 아니하며, 추방되지 아니하고, 권리가 침해되지 아니한다")에서 유래한다. 이 사상이 영국의 1628년 권리청원, 1689년 권리장전을 거쳐 1787년 미합중국 헌법과 1789년 프랑스의 '인간과 시민의 권리선언'(제8조)에 의해 확립되었다. 형법전에서 죄형법정주의를 최초로 규정한 것은 1810년 나폴레

옹 형법전(제4조)이다.

2. 죄형법정주의의 사상적 배경

죄형법정주의는 사상적 배경으로 몽테스키외(Montesquieu)의 3권분립론과 포이에르 바하의 심리강제설을 들고 있다.

몽테스키외는 **3권분립론**을 주장하면서, 사법부는 법을 적용하는 기계로서 역할을 하므로, 법원이 어떤 행위를 범죄로 하여 형벌을 부과하기 위해서는 입법부가 사전에 범죄와 형벌을 법률로 규정하여야 한다고 하였다.

또한 포이에르 바하는 형법의 목적은 사전 예고를 통해 범죄를 예방하는 데 중점이 있다고 하면서, 범죄와 형벌의 사전 예고를 통해 쾌락보다는 불쾌의 고통이 크다는 것을 알려줌으로써 범죄를 방지할 수 있다고 하였다(심리강제설).

3. 죄형법정주의의 실정법적 근거

헌법 제12조 제1항에서는 "누구든지 법률에 의하지 아니하고는 체포·구속·압수·수색 또는 심문을 받지 아니하며, 법률과 적법한 절차에 의하지 아니하고는 처벌, 보안처분 또는 강제노역을 받지 아니한다"고 규정하고 있고, 헌법 제13조 제1항에서는 "모든 국민은 행위시의 법률에 의하여 범죄를 구성하지 아니하는 행위로 소추되지 아니하며, 동일한 범죄에 대하여 거듭 처벌받지 아니한다"고 규정하여 형사사후법을 금지하고 있다.

또한 형법 제1조 제1항에서는 "범죄의 성립과 처벌은 행위시의 법률에 따른다"라고 규정하여 죄형법정주의를 표현하고 있다.

제2절 죄형법정주의의 파생원칙

1. 법률주의

범죄와 형벌은 입법부가 제정한 형식적 의미의 법률로 규정되어야 한다(관습형법의 금지). 형식적 의미의 법률이란 국회에서 적법한 절차를 거쳐 심의·의결된 법규범을 말한다. 따라서 명령, 규칙, 조례, 관습법 등의 법규범으로 범죄와 형벌을 규정할 수는 없다. 다만, 법률에서 형벌의 종류와 범위를 정하고, 그 세부적인 내용이나 기준 등에 대하여 하위법규에 위임하는 형태의 위임입법은 허용된다. 그러나 관습법도 행위자에게 유리한 경우에는 이를 적용할 수 있으며, 형법의 해석에 있어서 관습법을 기준으로 하는 것은 허용된다(예, 형법 제184조 수리방해죄의 '수리권'을 해석할 경우 등).

2. 소급효금지의 원칙

사후입법에 의하여 법률의 소급적용하는 것은 금지된다. 이것은 국민의 일반적 신뢰와 행동의 자유를 보장하기 위한 것이다. 다만, 소급효를 인정하는 것이 피고인에게 유리한 경우에는 소급입법이 허용된다(형법 제1조 제2항, 제3항 참조).

보안처분에 대하여 소급효금지의 원칙이 적용되는가에 대하여 통설은 긍정하지만 판례는 개별적으로 취급하고 있다. 즉, 사회봉사명령에 대하여는 소급효금지의 원칙이 적용되지만, 다른 보안처분에 대하여는 소급효금지의 원칙이 적용되지 않는다고 한다.

3. 유추해석금지의 원칙

형법규범에 의한 법해석은 문언적 의미의 범위 내에서만 정당성을 가지므로 유추해석이 금지된다. 유추해석이란 법률의 규정이 없는 사항에 대하여 유사한 사항에 대하여 규정하고 있는 법률조항을 법문이 가지고 있는 언어의 가능한 의미한계를 벗어나게 해석하여 적용하는 것을 말한다.

유추해석이 금지되는 범위는 행위의 가벌성을 좌우하는 형벌법규의 모든 요소는 물론, 보안처분을 포함한 그 행위의 법률효과까지 포함된다. 다만, 피고인에게 유리한 유추해석은 허용된다. 판례는 유추해석뿐만 아니라 지나친 확장해석도 금지하고 있다(2007도2162).

4. 명확성의 원칙

범죄와 형벌의 내용은 명확하게 규정되어야 한다. 형벌법규의 내용이 불명확하고, 추상적이라면 법관의 자의적인 해석이 가능하게 되므로 국민들에게 예측가능성과 법적 안정성을 보장할 수 없다. 다만, 절대적 부정기형은 금지되는 반면, 상대적 부정기형은 죄형법정주의에 반하지 않는다(예, 소년법 제60조 참조).

그러나 입법기술상 형법에 규정된 개념들이 어느 정도 불명확한 것은 불가피하므로 보통 상식을 가진 사람이라면 누구든지 인식가능한 정도의 명확성을 요하는데 그친다.

5. 적정성의 원칙

범죄와 형벌을 규정한 법률의 내용은 적정해야 한다. 적정성의 원칙은 형벌법규에 의한 처벌의 필요성과 죄형의 균형성을 그 내용으로 한다. 따라서 형벌법규를 규정함에 있어서는 (i) 과잉금지의 원칙, (ii) 적합성의 원칙, (iii) 필요성의 원칙, (iv) 비례성의 원칙, (v) 형벌권 정당화의 효율성과 보충성의 원칙 등을 고려하여야 한다.

6. 죄형법정주의의 현대적 의의

최근에는 죄형법정주의도 '법률 없으면 범죄 없고 범죄 없으면 형벌 없다'라는 형식적 관점에서 나아가 형법의 실질적 측면이 강조되고 있다. 즉, '법률이 있어도 그 내용이 명확하지 않거나 적정하지 않다면', '처벌이 필요불가결하지 않다면' 처벌되지 않는다는 실질적 고려가 요청되고 있다. 종래의 죄형법정주의가 법적 안정성에 중점을 두었었다고 한다면, 오늘날 죄형법정주의는 형벌법규 내용의 적정성, 실질적 정의실현, 형법의 겸억정신에 기초한 합목적성 등의 구현이 중점이 되었다.

제3장 형법의 적용범위

제1절 시간적 적용범위

형법의 시간적 적용범위란 형법이 어느 때에 발생한 범죄에 대하여 적용되는가의 문제이다. 형법은 다른 법률과 마찬가지로 시행시부터 폐지시까지 효력을 갖는다.

1. 입법주의

형법의 시간적 적용범위에 관한 입법주의로는 행위시(行爲時)법주의와 재판시(裁判時)법주의가 있다. 전자는 범죄를 범한 행위당시의 형법을 적용하여야 한다는 원칙인 반면, 후자는 형법의 수명자는 법관이므로 범죄 이후에 형법이 개정되면 법관은 개정된 재판시법(신법)을 적용하여야 한다는 원칙이다. 그러나 형벌법규에서는 죄형법정주의의 요청에 따라 소급효금지의 원칙이 적용되므로 행위시법주의에 따라야 한다. 다만, 행위자에게 유리한 경우에는 소급효금지의 원칙의 적용이 요구되지 않는다. 형법은 행위시법주의를 원칙으로 하고 있으며,

예외적으로 행위자에게 유리한 경우에는 재판시법주의에 따르고 있다.

2. 현행법의 태도

가. 원칙

형법 제1조 제1항에서는 "범죄의 성립과 처벌은 행위시의 법률에 따른다"라고 규정하여 행위시법주의를 원칙으로 하고 있다. '행위시'란 범죄행위종료시를 말한다.

나. 예외

형법은 행위자에게 유리한 경우에는 예외적으로 재판시법주의와 집행시법주의에 따르고 있다. 즉, 형법 제1조 제2항에서는 "범죄 후 법률이 변경되어 그 행위가 범죄를 구성하지 아니하게 되거나 형이 구법(舊法)보다 가벼워진 경우에는 신법(新法)에 따른다"라고 규정하고 있다. '범죄 후'란 범죄행위가 종료한 후를 말한다. 따라서 실행행위 도중에 법률의 변경으로 인해 행위가 신·구법에 걸쳐 행하여진 경우에는 행위시법인 신법이 적용된다. 예비죄의 경우에는 예비행위의 종료도 범죄 후에 해당된다. 법률의 변경에서 '법률'이란 형법은 물론 다른 법률이나 명령이 포함된다. 다만, 형의 경중에 변화가 없을 때에는 구법을 적용하여야 한다. 형의 경중은 형법 제50조에 의해 결정되며, 이때의 '형'은 법정형을 의미한다. 범죄 후 법령의 개폐로 인해 형이 폐지되었을 때에는 형사소송법상 면소판결사유가 된다(제326조 제4호). 행위시법과 재판시법 사이에 법률개정으로 인해 중간시법이 존재하는 경우에는 모든 법률들을 비교하여 행위자에게 가장 유리한 법률을 적용하여야 한다.

한편, 형법 제1조 제3항에서는 "재판이 확정된 후 법률이 변경되어 그 행위가 범죄를 구성하지 아니하게 된 경우에는 형의 집행을 면제한다"라고 규정하고 있다.

3. 한시법

가. 한시법의 의의

한시법은 좁은 의미로는 형벌법규에 유효기간이 정해져 있는 법을 말하며, 넓은 의미로는 일시적 사정에 대처하기 위해 제정된 법으로서, 임시법을 포함한다. 한시법이론에서는 그 적용대상을 명확히 하기 위하여 협의의 한시법을 그 대상으로 한다.

나. 한시법의 추급효

한시법이 폐지된 후에도 한시법의 유효기간 중에 발생한 위법행위에 대해서는 한시법이 폐지된 이후에도 형법 제1조 제2항의 예외를 인정하여 한시법에 근거하여 처벌할 수 있는가에 대하여는 추급효인정설과 추급효부정설이 있다. 전설은 이 위법행위에 대해서는 가벌성이 인정되면 한시법의 실효성을 유지하기 위해서는 추급효를 인정하여야 한다는 것을 논거로 함에 반해, 후설에서는 한시법의 추급효를 인정하게 되면 형법 제1조 제2항의 규정과 모순되고 해석에 의해 그 처벌범위를 확대하는 것이므로 죄형법정주의에 반한다는 점 등을 논거로 한다. 판례는 법률이 변경된 동기가 반성적 고려에 따른 법적 견해의 변경에 의한 경우에는 추급효를 부정하여 재판시법을 적용하고, 그 동기가 단순한 사실관계의 변화에 기인한 경우에는 추급효를 인정하여 행위시법을 적용하여야 한다고 한다(동기설).

그러나 한시법의 추급효를 인정하는 것은 법의 명시적 규정에도 불구하고 법의 실효성 유지라는 정책적인 이유로 행위자에게 불이익을 부담시키는 것이므로 죄형법정주의에 반한다. 또한 '법적 견해의 변경'과 '사실관계의 변화'는 사실상 불가분의 관계에 있을 뿐만 아니라, 그 구별도 상대적이어서 불분명하다는 점에서 한시법의 추급효는 부정하여야 한다. 한시법의 제정시에 부칙 등에서 추급효를 인정하는 근거규정을 마련하는 것으로 충분히 해결할 수 있다.

4. 백지형법과 보충규범

　백지형법(白地刑法)이란 형법상 범죄구성요건의 일부나 전부가 기술되어 있지 않아서 다른 법률이나 명령 또는 고시 등에 의해 보충하여야 하는 형벌법규를 말한다(예, 형법 제112조의 중립명령위반죄). 백지형법에 있어서 보충규범은 입법 당시부터 위임받은 위임입법이고, 실질적으로 보충규범에 의해 구성요건이 확정되므로 보충규범의 변경이 있는 경우에는 총체적 법률의 변경에 해당하는 것이므로 백지형법의 변경으로 취급하여야 한다. 따라서 보충규범의 변경내용이 행위자에게 유리한 경우에는 형법 제1조 제2항을 적용한다.

제2절 장소적 적용범위

　형법의 장소적 적용범위란 범죄가 발생한 경우 어느 국가의 형법을 적용하여 처벌할 것인가의 문제이다.

1. 입법주의

　장소적 적용범위에 관한 입법주의로는 속지주의, 속인주의, 보호주의, 세계주의가 있다.
　첫째, 속지주의는 범죄자의 국적을 불문하고 자국 내에서 발생한 모든 범죄에 대하여는 자국형법을 적용한다는 원칙이다. 외국을 운항 중인 자국의 선박이나 항공기 내에서 발생한 범죄에 대하여도 자국형법을 적용한다는 기국주의원칙은 속지주의의 보충적 역할을 수행한다.
　둘째, 속인주의는 자국민의 범죄에 대하여는 범죄 행위지를 불문하고 자국형법을 적용하는 원칙을 말한다. 속인주의에 따르면 자국민이 외국에서 범한 범죄에 대하여 처벌을 가능하게 한다.
　셋째, 보호주의는 자국 또는 자국민의 법익을 침해하는 범죄에 대하여는 범죄장소나 범죄자의 국적을 불문하고 자국형법을 적용하는 원칙을 말한다. 보호주의는 국가의 이익을 보호하는 국가보호주의이자 자국민의 이익을 보호하는 개인(국민)보호주의로서 기능한다.

넷째, 세계주의는 범죄지, 범죄자나 피해자의 국적을 불문하고, 문명국가에서 인정되는 공통된 법익을 침해하는 범죄에 대하여 자국 형법을 적용하는 원칙을 말한다. 세계주의는 주로 집단살인, 인신매매, 테러, 마약범죄 등과 같이 국제적 영향력이 큰 범죄들에 대하여 적용된다.

2. 현행법의 태도

가. 원칙

형법 제2조에서는 "본법은 대한민국영역내에서 죄를 범한 내국인과 외국인에게 적용한다"고 규정하여 속지주의를 원칙으로 하고 있다. '대한민국영역'이란 대한민국의 영토·영공·영해를 포함한다. 북한지역도 당연히 우리나라 영토에 해당하지만 재판권이 미치지 못하고 있을 뿐이다. '죄를 범한'이란 범죄 실행행위를 포함하여 결과발생에 이르는 범행의 일부라도 대한민국영역내에서 발생하면 이에 해당된다. 공모공동정범의 경우에는 공모지도 포함되며, 교사범·종범의 경우에는 정범의 실행행위지나 결과발생지 외에 교사지·방조지도 포함된다. 예비죄를 처벌하는 범죄의 경우에는 예비지도 포함된다. 우리나라에 있는 외국공관이나 외국문화원은 국제협정이나 관행에 따라 국제법상 특권(관할권면제)이 인정되는 지역으로서 외국의 영토로 간주된다(판례).

한편, 형법 제4조에서는 "본법은 대한민국영역외에 있는 대한민국의 선박또는 항공기내에서 죄를 범한 외국인에게 적용한다"고 하여 기국주의를 규정하고 있다. '대한민국영역외'란 공해 및 외국의 영해와 영공을 포함한다.

나. 예외

(1) 속인주의

형법 제3조에서는 "본법은 대한민국영역외에서 죄를 범한 내국인에게 적용한다"고 규정하여 예외로서 속인주의를 규정하고 있다. 행위지인 외국에서 범죄로 처벌되는가 여부는 묻지 않는다. '내국인'이란 범행당시에 대한민국의 국적을 가진 사람을 말한다.

(2) 보호주의

형법 제5조에서는 본법은 대한민국영역외에서 내란의 죄, 외환의 죄, 국기에 관한 죄, 통화에 관한 죄, 유가증권, 우표와 인지에 관한 죄, 문서에 관한 죄 중 제225조 내지 제230조, 인장에 관한 죄 중 제238조에 기재한 죄를 범한 외국인에게 적용한다고 규정함으로써 국가의 존립과 기능에 대한 중요 범죄에 대하여는 보호주의를 인정하고 있다.

한편, 형법 제6조에서는 "본법은 대한민국영역외에서 대한민국 또는 대한민국국민에 대하여 전조에 기재한 이외의 죄를 범한 외국인에게 적용한다"고 규정함으로써 국가보호주의 외에 개인보호주의를 명시하고 있다. "다만, 행위지의 법률에 의하여 범죄를 구성하지 아니하거나 소추 또는 형의 집행을 면제할 경우에는 예외로 한다"고 규정함으로써 쌍가벌성의 원칙을 명문화하고 있다.

(3) 세계주의

형법 제296조의2에서는 형법상 '약취, 유인 및 인신매매의 죄'(제31장)에 대하여 세계주의를 규정하고 있다. 이외에 국제형사재판소의 관할 범죄의 처벌 등에 관한 법률에서는 집단살해죄, 인도에 반한 죄, 각종 전쟁범죄에 관해 규정하고, 동법 제3조 제5항에서 "이 법은 대한민국 영역 밖에서 집단살해죄등을 범하고 대한민국영역 안에 있는 외국인에게 적용한다"고 규정하고 있다.

(4) 외국에서 받은 형의 집행

형법 제7조에서는 "죄를 지어 외국에서 형의 전부 또는 일부가 집행된 사람에 대하여는 그 집행된 형의 전부 또는 일부를 선고하는 형에 산입한다"고 규정하고 있다. 이는 외국법원의 판결을 존중할 필요가 있다는 점과 사실상 이중처벌에 해당하는 점을 고려하여 필요적 감경 또는 면제사유로 하고 있다. '외국에서 형의 전부 또는 일부가 집행된 사람'이란 '외국 법원의 유죄판결에 의하여 자유형이나 벌금형 등 형의 전부 또는 일부가 실제로 집행된 사람'을 말한다(판례).

제3절 인적 적용범위

형법은 원칙적으로 시간적·장소적 적용범위 내에 있는 모든 사람의 범죄에 적용된다. 다만, 법률의 규정 등 특별한 사정이 있는 경우에는 예외가 인정된다.

1. 국내법상 예외

대통령과 국회의원에 대하여는 헌법상 형법의 적용에 있어서 예외가 인정된다.

대통령은 내란 또는 외환의 죄를 범한 경우를 제외하고는 재직 중 형사소추를 받지 아니한다(헌법 제84조). 대통령은 재직 중 내란의 죄와 외환의 죄를 제외한 범죄행위를 한 경우 형사상 소추가 불가능할 뿐이므로 재직 후에는 재직 중의 범죄행위를 이유로 처벌할 수 있다.

또한 국회의원은 국회에서 직무상 행한 발언과 표결에 관하여 국회 외에서 책임을 지지 아니한다(헌법 제45조). 국회의원의 면책특권이 인정되는 것으로서, 임기종료 후에도 국회의원으로 활동하던 당시의 직무상 발언과 표결에 대하여 형사책임을 지지 않는다. 이외에 국회의원에게는 회기 중 불체포특권(헌법 제44조)이 인정된다.

2. 국제법상 예외

국제법상의 특권을 가지는 외국의 원수와 외교관, 그 가족 및 내국인이 아닌 종자(從者)에 대하여는 형법이 적용되지 않는다. 또한 대한민국과의 협정에 의하여 주둔하고 있는 외국의 군대(군대의 구성원, 군속 및 그들의 가족)에도 국제법상 면책특권이 인정된다. 특히, 한미방위조약에 의한 미합중국군대의 지위에 관한 협정(Status of Forces Agreement: SOFA) 제22조에 의하여 공무집행 중의 미군이 행한 범죄에 대하여는 미국이 제1차적 형사재판권을 가진다. 그러나 미군과 군속 및 그들의 가족이 공무집행과 관련 없이 죄를 범한 경우에는 우리나라가 형사재판권을 행사할 제1차적 권리를 가진다.

제4장 형법이론과 형법학파

형법이론이란 형법의 근본적 개념요소인 범죄와 형벌에 관한 기초이론을 말한다. 범죄이론은 범죄의 본질을 어떻게 이해할 것인가에 관한 것이고, 형벌이론은 형벌의 본질과 형벌의 목적이 무엇인가를 밝히고자 하는 것이다.

제1절 범죄이론

1. 객관주의

객관주의는 고전학파의 태도로서, 보호법익의 침해에 범죄의 본질이 있다고 한다(현실주의, 행위주의, 범죄주의, 사실주의). 형사책임의 근거는 자유로운 의사결정을 통하여 적법행위를 할 수 있었음에도 불구하고 위법행위를 선택하였다는 점에 대한 도의적 비난에 있다고 한다(도의적 책임론). 따라서 형벌은 도의적 비난에 따른 처벌로서 행위자에게 유책행위능력이 있는 경우로서 법익침해의 정도에 상응하여 부과되어야 한다고 하며, 보안처분을 형벌 외의 부수적 처분으로 이해한다(형벌과 보안처분의 이원론).

2. 주관주의

주관주의는 인간은 자유의사가 아니라 소질과 환경에 의해서 결정된다는 의사결정론에 기초한 근대학파의 태도로서, 행동에 의해 외부로 표현되는 반사회적 위험성(악성)에 범죄의 본질이 있다고 한다(행위자주의, 범인주의, 성격주의, 징표주의). 따라서 형벌은 범죄자의 의사나 악성의 정도에 상응하여야 하고, 형사책임의 근거는 반사회적 행위를 하는 범죄자에 대하여 사회구성원으로서의 역할을 다하지 못한 점에 있다고 한다(사회적 책임론). 한편, 형벌과 보안처분은 성질상 동일한 것으로 이해하여 행위자에게 형벌적응능력이 있는 경우에는 형벌을 부과하고, 그렇지 않은 경우에는 보안처분을 부과하여야 한다고 한다(형벌과 보안처분의 일원론).

제2절 형벌이론

1. 응보형주의와 목적형주의

응보형주의는 고전학파에서 주장하는 것으로서, 의사의 자유를 전제로 하여 형벌의 목적을 응보적 해악 그 자체에 있다는 견해이다. 이 입장은 응보적 해악 그 자체를 형벌부과의 목적으로 하기 때문에 절대주의 형벌관을 토대로 하고 있다.

목적형주의는 근대학파에서 주장하는 것으로서, 의사결정론을 바탕으로 하여 형벌은 범죄인의 재사회화라는 목적을 실현하기 위한 수단이라는 견해이다. 이 입장은 19C 후반에 들어 상습범, 누범 등이 격증하면서 자유의사를 전제로 이해하여 왔던 응보형론에 대한 반성차원에서 제기된 것이다. 이것은 '형벌은 교육이어야 한다'라는 교육형론으로 발전한다.

2. 일반예방주의와 특별예방주의

일반예방주의는 응보형주의의 다른 측면으로서, 범죄에 상응한 형벌이 부과

됨으로써 사회일반인을 위하여 범죄예방효과를 달성할 수 있다는 입장이다. 일반예방주의는 (i) 형벌집행을 통한 일반예방과 (ii) 형벌예고를 통한 일반예방(심리강제설)을 내용으로 한다.

특별예방주의는 목적형주의에 기초한 것으로서, 형벌의 목적을 범죄자의 사회복귀에 두고, 형벌은 범죄자를 교육 또는 개선·교화하여 범죄자의 재범을 예방하는 것이어야 한다는 입장이다. 이 입장에서는 형벌의 개별화, 단기자유형의 제한, 가석방·집행유예·선고유예제도의 활용, 상습범의 특별취급 등을 주장한다.

제3절 형법학파

1. 고전학파

고전학파(구파)는 객관주의 범죄이론을 취하는 것으로, 일반예방형론을 강조하는 전기구파와 응보형론을 강조하는 후기구파로 나뉘어져 있다.

전기 고전학파는 14~15세기 근세 계몽주의 사상을 기초로 하는 학파로서, 구제도(Ancien Régime)하의 국가권력의 남용으로 인한 폐해를 극복하기 위해 형성되었다. 이 학파에서는 공리적 인간상을 전제로 하여 형벌의 목적에 있어서 일반예방기능을 강조하고, 죄형법정주의의 구현, 처벌에 있어서 신분차별의 철폐, 형법에서 윤리의 배격, 형벌의 인도화 등을 주장하였다.

후기 고전학파는 17~18세기 국가절대주의의 시기에 형성된 학파로서, 국가주의적·권위주의적 사상의 영향을 받았다. 이 학파에서는 인간은 추상적 이성을 가진 존재임을 전제로 하여 형벌목적에 있어서는 응보형주의를 강조하는 한편, 국가의 가부장적 지위를 인정하여 죄형법정주의를 중요시하지 않고, 형법에 있어서 윤리보호 기능을 강조하였다.

2. 근대학파

근대학파(신파)는 19세기 말 자본주의의 심화와 도시집중에 따른 사회적 현상으로서 상습범과 누범이 증가함에 따라 범죄대책으로서 범죄 자체가 아니라 범죄인에게 주목하였다. 이 학파에서는 형벌목적에 있어서 목적형론을 주장하면서, 범죄인의 재사회화를 위한 형벌개별화와 의사결정론을 전제로 사회적 책임을 강조하였다.

3. 결어

오늘날 형법학에 있어서는 범죄의 본질 및 형벌의 목적을 설명함에 있어서 구파와 신파의 입장을 절충하여 이해하는 것이 일반적이다. 따라서 범죄이론에서는 객관주의와 주관주의를 절충하여 이해하고 있으며, 형벌이론에서는 응보관점은 가급적 배제하되, 일반예방과 특별예방을 형벌의 목적으로 하고 있다.

[형법이론에 있어서 구파와 신파의 대립]

구 분	구파(객관주의)	신파(주관주의)
자유의사 유무	자유의사를 인정함(비결정론)	자유의사를 부정함(결정론)
범죄에 대한 기본 시각	자유의사를 가지고, 시비선악을 변별할 수 있는 능력이 있는 자가 자유의사에 의해 선택한 결과라고 한다. 또는 이해득실을 고려하여 이득이 된다고 판단하는 경우에 범죄를 범한다고 함 (심리강제설의 입장)	범죄는 죄를 범하기 쉬운 특별한 성격 (반사회적 위험성, 惡性)을 가진 사람, 시비선악의 판단능력과 그것에 따라 자기를 규율하는 능력이 없는 사람에 의해 필연적으로 범하게 된다고 함
형벌의 근거	자유의사의 소산인 이상 자신이 범한 행위에 대해 책임을 부담하는 것은 당연함(도의적 책임론)	사회에 복귀할 수 있도록 위험성의 교정을 내용으로 하는 사회방위처분을 받아야만 함(사회적 책임론)
형벌의 본질	법질서가 실재하고 실효성을 가진 것을 나타내기 위하여 과거의 위법행위에 상응하는 책임을 묻는 것임(응보형)	범죄자를 개선·교육하고, 위험성을 제거해서 일반 시민의 생활로 복귀시키는 것에 있음(개선형, 교육형)

형벌의 정도	범한 죄의 정도와 균형을 취해야 함 (죄형균형론) 부정기형을 부정함	범죄자의 위험성을 제거해서 사회에 복귀시키기 위해 필요한 처우의 기간을 기준으로 함(형벌개별화) 부정기형을 인정함
형벌과 보안처분의 관계	형벌과 보안처분은 엄격히 구분됨 (이원론)	형벌과 보안처분은 성질을 같이 함 (일원론)
형벌의 기능	장래 죄를 범할 가능성 있는 불특정인의 범죄억지에 중점을 둠(일반예방)	범죄로 처벌된 사람의 재범방지에 중점을 둠(특별예방)
범죄성립 요건에 관한 태도	외부에 나타난 피해·행동을 중시함(행위주의, 사실주의, 현실주의, 범죄주의)	행동에 나타난 범인의 범죄적 의사 내지 범죄에 빠지기 쉬운 성격을 중시함 (행위자주의, 성격주의, 징표주의)
법해석의 기본태도	형식적·논리적 해석을 중시함	실질적 해석을 중시함
위법성의 본질	규범위반성 내지 법익침해성을 기본으로 함	반사회성, 사회상규로부터의 일탈을 중시함(실질적 위법성론의 추진에 공적이 큼)
책임의 본질	위법행위수행으로의 의사형성에 대한 비난(행위책임)	범죄에 임하는 성격의 위험성 (성격책임)
책임능력의 의미	의사형성에 대한 비난의 의미를 이해할 수 있는 능력(시비변별능력 및 변별에 따른 의사결정능력, 유책행위능력)	형벌적응성(형벌이라는 수단에 의해서 개선될 적격성·적응성 − 형벌적응능력)
고의의 본질	행위자의 의사를 중심으로 함 (의사설 또는 인용설)	행위자의 인식을 중심으로 함(인식설)
사실의 착오에 대한 태도	구체적 부합설 또는 법정적 부합설	추상적 부합설
위법성인식의 체계적 지위	도의적 비난의 전제로서 필요함. 다만, 위법성인식가능성이 있으면 족하다고 함(다수설)	자연범에 대하여는 위법성인식을 불요 법정범에 대하여는 위법성인식을 요함
기대가능성의 판단기준	행위자를 표준으로 함(행위자표준설)	객관적 기준에 의함(국가표준설)

주의무위반의 기준	주관적 기준에 의함(행위자 보호의 관점-행위자의 결과예견의무)	객관적 기준에 의함(질서유지 측면 강조-일반인의 주의능력, 결과회피의무 강조)
실행의 착수시기	결과발생에 밀접한 단계 또는 구성요건적 행위의 일부의 개시시에 인정함	범죄수행적 행위에 의해 범의가 표현된 시점에 인정함
미수범의 처벌	기수보다 미수를 가볍게 처벌함 (기수와 미수의 구별)	기수와 미수를 동등하게 처벌함 (기수와 미수의 구별 불요)
불능범의 성부	절대적·상대적 불능설 또는 구체적 위험설에 의해 불능범을 긍정함	미신범을 제외하고는 불능범을 부정함 (주관적 위험설, 주관설)
공범의 의의	한 개의 범죄에 여러 사람이 가담·협력한 것으로 봄(범죄공동설)	공동의 행위로써 각자의 악성(사회적 위험성)을 표현한 것으로 봄 (행위공동설)
협의의 공범 처벌근거	공범종속성설	공범독립성설
공범의 미수 처벌 여부	원칙적으로 불처벌함 (예비·음모에 불과함)	미수범으로 처벌함
미수의 교사 처벌 여부	죄가 되지 않음(교사의 고의는 교사된 죄가 기수에 달할 의사를 필요로 함)	미수범의 한도에서 교사를 인정함
승계적 공범 인정 여부	중도에 가담함에 의해 이전의 사태를 포함해서 책임을 부담시킬 여지를 인정함(전체범행의 방조)	승계적 공범 인정. 다만, 중도에서 가담한 이후의 자기가 수행한 부분에 대하여만 책임을 인정함
죄수결정의 기준	범죄결과, 행위 또는 구성요건충족의 수를 기준으로 함 과형상 일죄도 여러 개의 죄에 해당함	범죄의사를 기준으로 함 과형상 일죄는 한 개의 죄에 해당함
상상적 경합범	같은 종류의 상상적 경합범 인정함	같은 종류의 상상적 경합범 부정함

제 2 편

범죄론

제1장 범죄 일반이론

제1절 범죄의 기초

1. 범죄의 의의

형식적 의미의 범죄란 '형벌법규에 위반하고 가벌적으로 평가된 사회침해적 행위'를 말한다. 이것은 형법학의 적용대상이 된다. '형벌법규 위반'이란 실정형법규정에 저촉되는 경우를 말하며, 이를 구성요건해당성이라고 한다. '가벌적 평가'는 형법상 처벌할 만한 것으로 평가되어야 한다는 것으로, 객관적인 평가를 내용으로 하는 위법성 판단과 주관적인 평가를 내용으로 하는 책임 판단이 있다. 따라서 형법상 범죄란 '구성요건에 해당하는 위법하고 유책한 행위'로 정의된다. 이를 3분법 범죄론체계라고 한다. 일반적으로 행위는 범죄성립요소의 전제요소로 이해한다.

실질적 의미의 범죄란 최광의로는 '사회에 유해한 행위'를 말한다. 이것은 범죄학 또는 형사정책학의 연구대상이 된다. '사회유해성'이란 일반적으로 사회공동생활상의 존립이나 기능, 기타 사회생활상의 이익 및 가치를 부당·불법한 방법으로 손상하는 것을 말한다.

형식적 의미의 범죄는 형법의 보장적 기능을 수행하는 것으로 범죄학이나 형사정책적 연구성과를 반영하고 있으며, 실질적 의미의 범죄는 형사입법 및 형법규정 해석의 기준이 된다. 따라서 양자는 상호보완의 관계에 있다.

2. 범죄의 본질

범죄의 본질에 관하여는 크게 법익침해설과 의무위반설이 있다.

법익침해설은 객관주의에 따른 것으로, 범죄는 법규범에 의하여 보호되는 법익의 침해라는 견해이다. 이 입장에서는 살인죄는 '살인행위'가 아니라 살인행위로 인한 '사람의 생명침해'라고 하는 결과로 인해 범죄성을 갖는다고 한다. '법익'은 사실적이고 현실적인 기초를 갖는 개념으로서 법에 의하여 보호되는 일정한 생활이익을 의미한다. 이때 생활이익은 형벌법규로서 보호할 만한 가치가 있는 것이어야 한다.

의무위반설은 범죄를 의무위반으로 파악하는 견해이다. '의무'란 공동생활에 있어서 법적으로 보호되는 관념적 가치를 말하는 것으로서, 이것은 규범위반을 의미한다. 이 입장에서는 살인죄는 '사람의 생명침해'라는 결과가 아니라 '살인행위'에 의하여 '사람을 살해해서는 아니된다'는 규범의 요구에 따른 의무를 위반했기 때문에 범죄성을 갖는다고 한다.

범죄는 법익침해라는 결과를 전제로 하지만, 이것만을 이유로 처벌하는 것은 충분하지 않고, 법규범을 무시하는 행위 속에 숨겨져 있는 행위자의 의무침해요소를 동시에 고려하여야 한다. 따라서 범죄는 법익침해임과 동시에 의무위반을 내용으로 한다고 할 수 있다.

3. 범죄의 성립요건

범죄가 성립하기 위해서는 범죄성립의 3요소 즉, 구성요건해당성, 위법성, 책임이 충족되어야 한다.

첫째, 행위가 범죄구성요건에 해당하여야 한다(구성요건해당성). '구성요건'이란 형벌법규에 의해 금지되거나 요구되는 행위를 유형적·추상적으로 기술한 것을 말한다. 예를 들면, 형법 제250조 제1항의 살인죄에서 '사람을 살해한 자'라고 기술한 부분이 구성요건이다.

둘째, 행위가 위법하여야 한다(위법성). 구성요건에 해당하는 행위가 전체 법질서의 관점에서 허용되지 않아야 한다. 위법성 판단은 일반인의 입장에서 객관적으로 행하여진다. 다만, 구성요건해당성이 있는 행위는 위법한 것으로 추정된다. 다만, 구성요건해당행위라고 하더라도 위법성조각사유가 있으면 위법성이 부정된다. 형법상 위법성조각사유로는 정당행위(제20조), 정당방위(제21조), 긴급피난(제22조), 자구행위(제23조), 피해자의 승낙(제24조)이 있다.

셋째, 행위자에게 책임이 인정되어야 한다(책임성). 책임은 위법행위를 한 행위자 개인에 대한 비난 또는 비난가능성을 말한다. 형법상 책임이 인정되기 위해서는 행위자에게 책임능력이 있음을 전제로 하여, 책임조건(책임고의와 책임과실, 위법성인식)이 충족되어야 하고, 초법규적 책임조각사유인 적법행위에 대한 기대가능성이 부정되지 않아야 한다.

4. 행위상황과 범죄의 처벌조건

가. 행위상황

행위상황이란 행위에 대하여 처벌할 만한 위법성(가벌적 위법성)의 기초를 이루는 외부적 사실을 말한다. 진화방해죄(제169조)에서 '화재에 있어서', 야간주거침입절도죄(제330조)에서 '야간에' 등이 이에 해당한다. 따라서 소화기를 부수는 행위는 평소에는 손괴죄(제366조)가 성립하지만, '화재에 있어서'는 진화방해죄가 성립한다. 다만, 이러한 범죄에 있어서 고의범이 성립하기 위해서는 행위자가 행위시에 행위상황에 대한 인식이 있어야 한다.

나. 처벌조건

처벌조건이란 범죄가 성립한 경우 그 범죄에 대한 형벌권을 발동시키기 위한 조건을 말한다. 처벌조건에는 객관적 처벌조건과 인적(人的) 처벌조각사유가 있다.

객관적 처벌조건이란 일단 성립한 범죄의 가벌성만을 좌우하는 객관적·외부적 사실을 말한다. 사전수뢰죄(제129조 제2항)에 있어서 '공무원 또는 중재인이 된 사실', 파산범죄에 있어서 '파산의 선고가 확정된 때'(채무자 회생 및 파산에 관한 법률 제650조, 제651조) 등이 이에 해당한다. 따라서 사전수뢰죄에 있어서 공무원이 되려는 사람이 뇌물을 수수한 경우에 수뢰죄가 성립하지만 사후에 공무원으로 임용되지 않게 되면 수뢰죄로 처벌할 수 없게 된다.

인적 처벌조각사유란 일단 범죄는 성립하였으나 행위자의 특수한 신분관계로 인해 형벌권이 발생하지 않는 사유를 말한다. 형법상 친족상도례(제328조 제1항)에 있어서 '직계혈족, 배우자, 동거친족, 동거가족 또는 그 배우자간'이 이에 해당한다. 따라서 아들이 아버지의 지갑에서 돈을 훔쳤을 경우에 절도죄(제329조)는 성립하지만 친족상도례에 관한 규정에 의하여 형이 면제된다. 중지범(제26조) 또는 자수범(제90조 제1항, 제101조 제1항)에서 형을 면제하는 경우가 이에 해당한다.

[처벌조건과 범죄성립요건의 차이] (i) 처벌조건이 없더라도 범죄성립에는 지장이 없으므로 정당방위가 가능하고, (ii) 처벌조건에 대한 착오는 범죄성립에 영향을 미치지 않으며, (iii) 처벌조건을 충족하지 않더라도 공범성립에는 지장이 없다. 또한 (iv) 범죄성립요건이 결여된 경우에는 무죄판결을 하는 반면, 처벌조건이 없는 경우에는 형의 면제판결을 하여야 하고, (v) 객관적 처벌조건에 해당하는 사실에 대하여는 예견 또는 예견가능성이 없더라도 범죄는 성립되며, 행위와의 사이에 인과관계를 요하지 않고 단지 사실상 결연관계만 있으면 충분하다.

---

5. 범죄의 소추조건

소추(소송)조건이란 공소제기를 위해 필요한 소송법상 조건을 말한다. 형법에서는 소추조건으로서 친고죄에 있어서 '고소'와 반의사불벌죄에 있어서 '피해자의 의사'에 대하여 규정하고 있다.

친고죄는 피해자 등 고소권자의 고소가 없더라도 범죄는 성립하지만 고소권자의 고소가 있어야만 검사가 공소를 제기할 수 있는 범죄를 말한다. 친고죄에는 친족상도례의 경우(제328조 제2항)와 같이 범인과 피해자 사이에 일정한 신분 관계를 요하는 상대적 친고죄와 이러한 제한이 없는 절대적 친고죄가 있다. 형법상 절대적 친고죄로는 사자(死者)에 대한 명예훼손죄(제308조), 모욕죄(제311조), 비밀침해죄(제316조), 업무방해죄(제317조) 등이 있다.

반의사불벌죄는 범죄가 성립하면 수사는 물론, 공소를 제기할 수 있으나 피해자가 처벌을 희망하지 않는다는 명시적인 의사를 표시하면 처벌할 수 없는 범죄를 말한다. 형법상 반의사불벌죄로는 외교원수·외교사절에 대한 폭행죄(제107조, 제108조), 외국국기·국장모독죄(제109조), 과실상해죄(제266조), 폭행·존속폭행죄(제260조), 협박·존속협박죄(제283조), 명예훼손죄(제307조), 출판물에 의한 명예훼손죄(제309조) 등이 있다.

한편, **고발**이 특별법에 의하여 소추조건이 되는 경우가 있다. 조세범 처벌법(제21조)과 관세법(제284조 제1항)위반의 죄를 범한 경우에는 국세청장이나 관세청장(또는 세관장)의 고발이 있어야만 그 위반자를 공소제기할 수 있다. 독점규제 및 공정거래에 관한 법률위반(제71조 제1항)의 경우도 마찬가지이다.

제2절 범죄의 종류

1. 작위범과 부작위범

작위범은 어떤 행위를 적극적으로 행함으로써 구성요건을 실현하는 형태의 범죄를 말하는 반면, **부작위범**은 특정한 행위를 할 의무가 있는 사람이 그 행위를 하지 않음으로 인해 구성요건을 실현시키는 형태를 말한다. 대부분의 범죄는 작위범이다. 부작위범에는 범죄구성요건이 부작위의 형태로 되어 있는 진정부작위범(예, 퇴거불응죄(제319조 제2항) 등)과 작위형태의 구성요건을 부작위로 실현하는 경우인 부진정부작위범이 있다.

2. 결과범과 거동범

결과범은 범죄가 성립하기 위해서는 행위에 기한 일정한 결과의 발생을 필요로 하는 범죄를 말하는 반면, **거동범**은 구성요건상 일정한 행위만 있으면 성립하는 범죄를 말한다. 살인죄(제250조), 상해죄(제257조) 등은 전자에 해당하고, 폭행죄(제260조), 명예훼손죄(제307조), 주거침입죄(제319조) 등은 후자에 해당한다. 결과범은 행위와 결과 사이에 인과관계가 인정되어야 성립되고, 그렇지 않으면 결과가 발생하더라도 미수가 성립함에 그친다.

3. 침해범과 위험범

침해범은 구성요건적 실행행위에 의하여 보호법익이 현실적으로 침해하여야 성립하는 범죄를 말하는 반면, **위험범**은 구성요건적 실행행위에 의하여 법익이 현실적으로 침해될 필요는 없고, 그 침해의 위험성만 있으면 성립되는 범죄를 말한다. 살인죄를 포함하여 상해죄(제257조), 절도죄(제329조) 등 대부분의 범죄가 전자에 해당한다.

한편, 위험범은 (i) 추상적으로 위험발생의 가능성이 있으면 성립하는 추상적 위험범과 (ii) 법익침해의 구체적·현실적 위험이 발생하여야 성립하는 구체적 위험범으로 구분된다. 예를 들면, 현주건조물방화죄(제164조), 공용건조물방화죄(제165조), 타인소유의 일반건조물현주건조물방화죄(제164조), 공용건조물방화죄(제165조), 타인소유의 일반건조물방화죄(제166조 제1항)는 전자에 해당하고, 자기소유물건방화죄(제166조 제2항)과 일반물건방화죄(제167조)는 후자에 해당한다. 구체적 위험범은 법문에서 현실적인 위험발생을 구성요건으로 규정하고 있다.

4. 즉시범과 상태범 및 계속범

즉시범과 **상태범**은 일정한 법익침해 또는 법익침해의 위험이 발생하면 범죄가 완성(기수)되고 범죄행위도 종료되는 범죄를 말한다. 다만, 즉시범은 범죄가 기수에 도달하면 보호법익이 소멸되는 범죄인 반면, 상태범은 범죄가 기수에 도달한 이후에도 법익이 위법한 상태로 존재하는 범죄를 말한다. 살인죄(제250조), 상해죄(제257조) 등이 전자에 해당하고, 절도죄(제329조) 등 대부분의 재산범죄가 후자에 해당한다. 후자의 경우에 위법한 상태로 존재하는 법익에 대한 행위는 새로운 법익을 침해하지 않는 한 별개의 범죄를 구성하지 않는다(불가벌적 사후적 행위).

계속범은 법익침해행위에 의한 결과발생과 동시에 기수가 되지만, 기수가 된 후에도 그 법익침해 내지 법익침해의 위험성이 계속 있는 동안에는 범죄행위가 종료되지 아니하고 계속되는 범죄를 말한다. 감금죄(제276조), 주거침입죄(제319조) 등이 이에 해당한다. 계속범의 경우에는 (ⅰ) 범행이 진행되는 동안 공소시효는 개시되지 않으며, (ⅱ) 범죄가 기수가 된 이후에 개입한 사람에 대하여도 공범이 성립할 수 있다.

5. 일반범과 신분범 및 자수범

일반범은 누구든지 범죄의 주체가 될 수 있는 범죄를 말한다. 법문에서는 "… 한 사람(또는 자)"로 표현된다. 대부분의 범죄가 이에 해당한다. 이에 대해 **신분범**은 범죄의 주체가 일정한 신분을 갖출 것을 요하는 범죄를 말한다. '신분'이란 남·녀의 성별, 내·외국인의 구별, 친족관계, 공무원인 자격과 같은 관계뿐만 아니라, 행위자의 특수한 인적 상태나 지위를 의미한다. 신분범에는 (ⅰ) 일정한 신분이 있는 사람만이 범죄의 주체가 될 수 있는 진정신분범과 (ⅱ) 신분이 없는 사람이 범하더라도 성립하는 범죄이지만 일정한 신분이 있는 사람이 범한 경우에는 형벌이 가중 또는 감경되는 부진정신분범이 있다. 수뢰죄(제129조) 등이 전자에 해당하고, 존속살해죄(제250조 제2항) 또는 영아살해죄(제251조) 등은 후자에 해당한다.

자수범(自手犯)은 행위자 자신이 직접 실행해야 범할 수 있는 범죄를 말한다. 즉, 간접정범의 형태로는 범할 수 없는 범죄를 말한다. 위증죄(제152조), 피구금자간음죄(제303조 제2항) 등이 이에 해당한다.

6. 예비·음모, 미수와 기수

예비·음모는 범죄의 실행에 착수하기 이전의 인적·물적 준비행위를 말하며, **미수**는 범죄의 실행에 착수하였으나 실행행위를 종료하지 못한 경우(착수미수) 또는 실행행위를 종료하였지만 결과가 발생하지 않은 경우(실행미수)를 말한다. 예비·음모와 미수는 법률의 규정이 있는 경우를 제외하고는 처벌하지 않는다(제28조, 제29조). 형법상 미수범은 장애미수(제25조), 중지미수(제26조), 불능미수(제27조)로 구분된다.

기수는 범죄가 완성된 것을 말한다. 즉, 실행행위가 종료하였거나(거동범), 실행행위가 종료하여 법익침해(침해범) 또는 침해위험성(위험범)이 발생한 경우(결과범)를 말한다. 형법에서는 원칙적으로 기수범을 처벌한다.

7. 단독범과 공범

범죄에 관여하는 행위자의 수에 따른 구별이다.

단독범은 다른 사람의 가담 없이 1인이 범행을 한 경우를 말한다. 형법상 대부분의 범죄는 단독범을 전제로 하여 규정하고 있다.

공범은 2인 이상의 사람이 협력하여 죄를 범한 경우를 말하며, 임의적 공범과 필요적 공범이 있다. 임의적 공범은 범죄구성요건상 단독범의 형태로 규정되어 있지만 2인 이상의 사람이 협력·가공하여 범죄를 실현한 경우를 말하며, 필요적 공범은 범죄구성요건상 여러 사람의 참가를 내용으로 하는 범죄유형을 말한다. 형법상 공범은 일반적으로 임의적 공범을 말한다. 형법상 필요적 공범으로는 내란죄(제87조), 소요죄(제115조) 등의 집합범과 뇌물죄(제129조 등), 도박죄(제246조) 등의 대향범(對向犯)이 있다.

임의적 공범은 넓은 의미에서는 공동정범, 간접정범, 교사범, 종범을 포함하며, 협의로는 교사범과 종범을 의미한다. 공동정범은 2인 이상이 공동하여 죄를 범한 경우를 말하며, 공동정범은 범행결과에 대하여 공동의 책임을 진다. 간접정범은 사람, 즉 어느 행위로 인하여 처벌되지 아니하는 사람 또는 과실범으로 처벌되는 사람을 이용하여 범죄를 범한 사람(제34조 제1항)을 말한다. 교사범은 범죄의사가 없는 사람으로 하여금 범죄행위를 결의하게 하여 범죄로 나아가게 하는 사람을 말하며, 종범은 자신의 범죄결의에 따라 범죄행위를 하는 정범을 실행행위 전이나 실행행위시에 물질적·정신적으로 도와주는 사람을 말한다.

[망각범] 망각범이란 일정한 작위가 기대됨에도 불구하고 부주의로서 그 작위의무를 인식하지 못하여 결과를 발생시킨 경우의 범죄를 말한다. 과실에 기한 부작위범이다. 예를 들면, 기차 전철수가 부주의로 잠이 들어 철로를 바꾸지 않았기 때문에 기차가 전복된 경우를 말한다. 망각범에 대하여는 형법상 그 '행위성'이 문제된다.

제 2 장 행위론

제1절 형법상 행위론

1. 행위론의 의의와 기능

'범죄란 구성요건에 해당하고 위법하며 책임 있는 행위'라는 형식적 의미의 범죄개념은 행위개념을 전제로 논해진다. 행위론은 범죄개념의 실체인 행위의 의미와 그 기능 및 체계적 위치에 대한 논의를 말한다.

형법상 행위개념은 (ⅰ) 형법상 행위와 자연현상 등 비행위를 구별하여 형법적 평가의 대상을 행위로 한정해 준다는 점에서 한계기능, (ⅱ) 고의·과실, 작위·부작위 등 형법상 모든 범죄형태를 포섭한다는 점에서 통일기능(분류기능), (ⅲ) 범죄성립요소인 구성요건해당성·위법성·책임성 등 범죄성립요소를 연결시켜 범죄론의 체계성을 유지시키는 것이라는 점에서 결합기능(연결기능)을 가진다.

2. 행위의 의의

가. 인과적 행위론

　인과적 행위론은 19세기 후반 자연과학에 있어서의 기계론적 경향의 영향을 받은 자연주의적 행위론으로, 행위란 '사람의 의사에 의한 신체의 동(動)·정(靜)'이라고 한다. 따라서 형법상 행위이기 위해서는 원칙적으로 주관적 요소로서 유의성(有意性)과 객관적 요소로서 거동성, 즉 유체성(有體性)을 갖추어야 한다고 한다. 이에 따르면 사상(思想)은 거동성이 없으므로 형법상 행위에 해당하지 않는다. 또한 단순한 반사운동, 수면 중의 신체동작, 무의식중의 동작, 절대적 강제에 의한 동작은 의사에 기한 것이 아니므로 형법상 행위에 해당하지 않는다.

　인과적 행위론은 객관주의 입장에서 주장된 것으로서, 행위단계에서는 의사의 유무만을 문제로 하고 그 의사내용에 대하여는 책임론에서 논하고자 한다. 즉, 객관적이고 인과적인 것은 불법에서, 고의·과실과 같은 주관적이고 정신적인 것은 책임에 속한다는 것으로 결과반가치론과 연결된다.

나. 목적적 행위론

　목적적 행위론은 벨젤(Welzel)이 주장한 것으로서, 존재론에 기초하여, 행위를 주관과 객관의 전체구조를 가진 의미에 찬 통일체라고 하면서, '인간의 행위는 목적활동성의 작용'이라고 하였다. '목적활동성'이란 행위자가 인과관계를 미리 알고, 목적달성을 위한 수단을 선택하여 이를 향해 조종한다는 것을 말한다. 이 입장에 따르면 충동적·폭발적·무의식적(반의식적)인 행위는 형법상 행위에 해당되지 않는다.

　목적적 행위론에서 행위자의 '목적성'은 고의를 의미하므로 행위에 있어서 의사내용이 고려되고, 따라서 고의(과실포함)는 행위의 본질적 요소가 되며, 나아가 불법의 본질적 요소로서 주관적 불법요소가 된다. 즉, 불법은 행위자와 관계된 인적인 행위불법이 되며(人的 不法論), 행위반가치론과 연결된다.

다. 사회적 행위론

사회적 행위론은 1920년대에 출발하여 제2차 세계대전 후 본격적으로 형성·발전된 것으로 '사회성'을 행위개념의 핵심으로 하는 견해이다. 이에는 ① '행위는 사회적인 인간의 행태'라고 하는 객관적 입장과 ② '사회적으로 의미 있는 인간의 행태'(Jescheck)라고 하는 주관적 입장이 있다. 전자에서는 단순한 반사운동, 무의식적인 태도, 수면상태에서의 신체활동 및 절대적 강제에 의한 동작도 형법상 행위에 해당하는 반면, 후자에서는 의사지배를 요건으로 하므로 반사적 행위, 심신상실상태에서의 행동, 절대적 강제하의 행위는 형법상 행위에 해당하지 않는다.

사회적 행위론은 행위를 사회적 중요성이라는 평가를 통하여 행위개념을 정의함으로써 부작위와 과실행위 등, 형법상 의미 있는 모든 행위를 형법상의 행위로 포괄하게 된다. 다만, 미신범은 행위에서 제외된다. 이 입장에서는 고의·과실을 구성요건론 내지 위법성론과 책임론에 걸쳐 위치시킴으로써 그 이중적 지위를 인정하고 있다.

라. 결어

범죄론체계를 논하는 취지를 고려하면 행위는 형법적 평가의 대상으로서의 사실적 기초여야 하므로 형법적 평가를 선취함이 없이 객관적·사실적 요소로부터 검토하여야 하고, 주관적·현실적인 의사요소는 고의 내지 책임능력에서 고찰하면 된다. 따라서 행위론 단계에서는 의사적 요소를 배제하는 객관적 사회적 행위론이 합리적이다.

> **[행위개념 무용론]** 행위개념 무용론은 형법상 행위는 구성요건에 해당하는 행위만이 의미를 가지므로 전(前)구성요건적 행위개념은 '나(裸, 벌거벗은)'의 행위개념으로서 형법상 이를 인정할 실익도 없으며, 그것으로부터 체계적 결어를 도출할 필요성이나 가능성도 없다는 점에서 행위론을 논할 실익이 없다고 주장하는 견해이다. 이 입장에서는 범죄론체계론에 있어서 구성요건실현행위를 출발점으로 삼는다.

제2절 행위의 주체와 객체

1. 행위주체

범죄의 주체는 원칙적으로 사람(자연인)이다. 자연인 이상 연령이나 책임능력의 유무와 관계없이 범죄주체가 될 수 있다. 그러나 법인에게 범죄능력을 인정할 것인가가 문제된다.

가. 법인의 범죄능력

(1) 범죄능력 부정설

법인의 범죄능력 부정설은 개인책임의 원칙을 강조하는 전통적인 대륙법계의 태도에 따른 견해이다(통설, 판례). 그 논거는 다음과 같다. (i) 법인은 자연인과 달리 의사능력·행위능력이 없으므로 정신적·물리적 행위를 할 수 없다. (ii) 법인은 윤리적이고 주체적인 자기결정을 할 수 없으므로 도의적 비난을 가할 수 없다. (iii) 법인은 민법 제34조에 의하여 정관으로 정한 목적의 범위 내에서만 권리와 의무의 주체가 되지만, 범죄행위는 적법한 목적활동이 아니다. (iv) 사형과 자유형이 부적당하다. (v) 법인을 처벌하더라도 그 기관이나 구성원이 바뀌게 되면 형벌효과는 없게 되므로 형벌적응능력이 없다. (vi) 법인을 처벌하게 되면 책임 없는 구성원의 처벌까지 초래하여 개인책임의 원칙에 반한다. (vii) 법인은 그 기관인 자연인을 통하여 행위하므로 그 자연인을 처벌하면 충분하며, 만약 법인도 처벌하고 그 기관인 자연인도 처벌하면 이중처벌이 된다. (viii) 형사정책적 목적은 다른 수단에 맡겨야 한다.

(2) 범죄능력 긍정설

법인의 범죄능력 긍정설은 실용주의 형법관을 기초로 하여 영미법계의 태도에 따른 견해이다. 그 논거는 다음과 같다. (i) 법인은 사회경제적 활동의 주체로서 독립한 사회적 작용을 담당한다. (ii) 법인은 그 기관인 대표이사나 이사회 등의 의사와 행위가 곧 법인의 의사이고 행위가 되므로 의사능력과 행위능력이 인정된다. (ⅲ) 책임은 반드시 윤리적 비난이 아니며, 법인은 독립하여 집단적인 사회적 평가를 받고 있으므로 독립한 비난의 대상이 된다. (ⅳ) 법인을 처벌하게 되면 기관이나 구성원의 형벌적응능력에 영향을 미치므로 사실상 법인에 대한 형벌효과의 달성이 가능하다. (ⅴ) 민법 제35조는 법인의 불법행위능력을 인정한다. (ⅵ) 벌금형의 확대와 해산·영업제한이나 정지 등의 행정처분을 형벌화하게 되면 사형이나 자유형과 같은 효과를 가져 올 수 있다. (ⅶ) 법인을 처벌함으로써 구성원을 처벌하는 결과로 되는 것은 반사적 효과에 불과하다. (ⅷ) 법인의 대표이사 등 기관이 한 행위에는 자연인인 개인으로서의 행위의 면과 기관으로서의 행위의 면이 있으므로 양자를 모두 처벌하더라도 이중처벌은 아니다. (ⅸ) 오늘날 법인의 반사회적 활동과 그 규모를 고려할 때 사회방위를 위하여 형사처벌할 필요성이 있다

(3) 결어

우리 사회에서 법인이 차지하고 있는 역할과 비중이 중대한 점을 고려하면 법인의 형사책임을 인정하는 것이 바람직할 것이므로 입법을 통해 법인의 범죄능력을 명시적으로 인정할 필요가 있다.

나. 양벌규정과 법인의 책임

형사특별법이나 행정형법에서 법인의 대표자나 종업원이 범죄행위를 한 경우에 행위자인 자연인 외에 법인에게 동일한 벌금형으로 처벌하게 하는 양벌규정을 두는 경우가 있다. 이러한 양벌규정의 입법목적이나 입법형태를 고려하면 양벌규정에 있어서 법인의 책임은 무과실책임을 인정하는 것으로 볼 수 있다. 하지만 이러한 태도는 책임의 원칙에 반할 뿐만 아니라 법치국가의 원리와 헌법 제10조의 취지에 반하여 위헌이라는 것이 헌법재판소의 태도이다. 또한 형법에서 형벌권을 추정하거나 의제하는 것은 형법의 기본원칙에 반한다. 따라서 양벌규정을 통해 법인의 형사책임을 인정하는 경우에는 법문에서 그 책임의 근거를 명확히 규정할 필요가 있다. 이점에서 일부 법률에서 양벌규정을 두면서 "다만, 법인 또는 개인이 그 위반행위를 방지하기 위하여 해당 업무에 관하여 상당한 주의와 감독을 게을리하지 아니하였을 경우에는 그러하지 아니하다"(예, 환경범

죄 등의 단속 및 가중처벌에 관한 법률 제10조, 대기환경보전법 제95조 등)는 단서규정을 부가하고 있는 것은 바람직하다. 다만, 법인의 종업원에 대한 선임·감독상 과실을 입증하는 것이 현실적으로 쉽지 않다는 점에서 거증책임의 전환 등 입법적 보완이 요구된다.

2. 행위객체

행위객체는 행위가 향하여진 사실적 대상, 즉 '사람'과 '물건' 등을 말하며, 이것은 구성요건에 기재되어 있는 공격의 객체로서 구성요건요소가 된다. 살인죄에 있어서 '사람', 절도죄에 있어서 '타인의 재물' 등이 이에 해당한다.

행위객체는 보호객체(보호법익)와 반드시 일치하는 것은 아니다. 살인죄(제250조 제1항)의 보호법익은 '사람의 생명'인 반면, 행위객체는 '사람'이다. 그러나 행위객체와 보호객체가 동일한 경우도 있다. 명예훼손죄(제307조)의 '명예', 신용훼손죄(제313조)의 '신용', 업무방해죄(제314조)의 '업무' 등이 이에 해당한다. 또한 범죄에 따라서는 보호객체는 있으나 행위객체가 없는 범죄도 있다. 다중불해산죄(제116조), 단순도주죄(제145조), 퇴거불응죄(제319조 제2항) 등이 이에 해당한다.

제 3 장 구성요건론

제1절 구성요건 일반이론

1. 구성요건 및 구성요건해당성의 의의

구성요건이란 형법상 금지 또는 요구되는 행위가 무엇인가를 법문에 추상적·유형적으로 기술해 놓은 범죄사실을 말한다. 구성요건해당성이란 어떤 행위가 특정한 구성요건에 저촉되는 경우를 말하며, 구성요건의 충족이란 그 행위가 특정한 구성요건이 포함하는 모든 요소를 완전히 실현하여 충족한 경우를 말한다. 구성요건은 위법성의 징표가 되므로, 어떤 행위가 구성요건에 해당하면 위법성이 있는 것으로 추정된다.

2. 구성요건이론의 발전

베링(Beling)은 객관적 가치판단인 위법성, 주관적 가치판단인 책임에 대한 독자성을 강조하면서, 구성요건의 성격을 순수하고 기술적·몰가치적(가치중립적)

인 것으로 취급하였다. 그러나 **엠 에 마이어**(M. E. Mayer)는 구성요건에는 규범적 요소나 가치관계적인 것이 포함되어 있다고 보았고, 구성요건과 위법성은 불과 연기의 관계와 같다고 하면서 구성요건해당성은 위법성의 인식근거가 된다고 하였다.

또한 **메츠거**(Mezger)는 목적범에 있어서 목적, 경향범에 있어서 내심의 경향, 표현범에 있어서 주관적 의사 등 특수한 주관적 구성요건요소를 인정하는 한편, 구성요건해당성은 위법성의 존재근거라고 하여 구성요건과 위법성을 동일시하고, 위법성조각사유는 예외사유에 해당한다고 하였다. 따라서 범죄론체계도 행위, 불법, 책임으로 구성하였다. **소극적 구성요건표지**(요소)**이론**(메르켈(A. Merkel), 프랑크(Frank) 등)에서는 구성요건은 예외 없이 위법성의 존재근거가 된다고 하면서, 구성요건에는 범죄의 전형적 정황뿐만 아니라 위법성에 관계되는 모든 정황이 포함되므로 위법성조각사유의 전제조건들은 소극적 구성요건표지가 된다고 하였다. 이 입장에서는 범죄론체계를 행위, 구성요건해당성, 책임으로 구성하였다.

한편, **헬무트 마이어**(H. Mayer)는 구성요건을 위법·책임유형으로 설명함으로써 사실상 통합적 고찰에 이르렀다. 더구나 **벨젤**(Welzel)은 사회적 상당성이론을 주장하면서 통합적 고찰을 주장하였다가 태도를 바꾸어 기존의 3분법체계를 취하되, 목적적 행위론을 주장하면서 고의·과실을 구성요건요소로 위치시킴으로써 일반적 주관적 구성요건요소를 인정하였다. 또 구성요건을 폐쇄적 구성요건과 개방적 구성요건으로 나누고, 전자는 위법성추정기능이 인정되지만 후자는 위법성추정기능이 인정되지 않고 별도의 위법성판단이 필요하다고 하였다. 과실범과 부작위범은 초기에는 개방적 구성요건으로 취급하였으나, 후에 과실범의 주의의무나 부작위범의 작위의무는 판례 등에 의해서 사실상 추론할 수 있다고 하면서 폐쇄적 구성요건에 해당한다고 하였다.

[**사회적 상당성이론**] 벨젤은 "통상적이고 역사적으로 형성된 사회윤리적 공동체생활의 질서 내에서 행하여지는 행위는 사회적으로 상당하며, 따라서 그 행위가 법익을 침해하는 등 법문언상 구성요건에 포섭된다고 하더라도 구성요건에 해당하지 않는다"고 하였다. 벨젤은 후에 사회적 상당성은 구성요건조각사유가 아니라 구성요건제

한을 위한 일반적인 해석원리로 보았다. 이것은 인적 불법론, 행위반가치론 등의 이론적 지주가 되었다.

3. 구성요건의 요소

가. 객관적 구성요건요소와 주관적 구성요건요소

객관적 구성요건요소는 행위의 주체, 행위의 객체, 행위태양(방법), 행위의 결과, 행위와 결과 사이의 인과관계 및 행위상황 등이 있다. **주관적 구성요건요소**로는 고의와 과실이 있다. 이외에 주관적 구성요건요소로서 구성요건의 객관적 요소에 대한 인식을 초과하는 초(과)주관적 요소가 있다. 목적범에 있어서 목적, 경향범에 있어서 내심의 경향, 표현범에 있어서 주관적 의사 등과 같은 특수한 주관적 구성요건요소와 재산범죄에 있어 불법영득의사 등이 후자에 해당한다.

나. 기술적 구성요건요소와 규범적 구성요건요소

기술적 구성요건요소는 즉 물적·대상적으로 기술될 수 있고, 사실확정을 통하여 그 의미가 정확하게 이해될 수 있는 구성요건요소를 말한다. 사람, 음용수, 건조물, 살해, 불을 놓아 등이 이에 해당한다. **규범적 구성요건요소**는 기술 자체만으로는 내용을 확정하기 어렵고, 어떠한 규범의 논리적 전제하에서만 표상될 수 있으며, 따라서 법관에 의한 구체적 가치판단을 필요로 하는 구성요건요소를 말한다. 유가증권(제214조), 명예(제307조), 문서(제225조) 등이 이에 해당한다.

제2절 인과관계와 객관적 귀속

1. 인과관계의 의의

인과관계란 일정한 행위로 인하여 일정한 결과가 발생하였다는 것을 인정할 수 있는 연관관계를 말한다. 인과관계는 결과범(침해범, 구체적 위험범 포함)에서만 문제되고, 결과발생을 필요로 하지 않는 거동범(추상적 위험범 포함)에서는 문제되지 않는다. 결과범에 있어서 인과관계는 범죄의 기수 또는 미수를 결정하는 기능을 한다.

2. 인과관계에 관한 학설

첫째, 조건설이다. 이 설은 행위와 결과 사이에 '그 행위가 없었더라면 그러한 결과도 발생하지 않았을 것'이라는 조건관계(Conditio sine qua non)만 있으면 인과관계를 인정하는 견해이다.

둘째, 원인설이다. 이 설은 조건설에 의해 확정된 조건 중 결과발생에 결정적인 역할을 한 조건을 원인이라고 하고, 원인에 대해서만 인과관계를 인정하는 견해이다. 이 설에서는 어떠한 조건을 원인으로 인정할 것인가와 관련하여 우월적 조건설, 최후조건설, 최유력조건설, 동적 조건설, 결정적 조건설 등이 주장되고 있다.

셋째, 상당인과관계설이다. 이 설은 행위와 결과 사이에 경험법칙상 상당성이 있으면 인과관계를 인정하는 견해이다. '상당성'이란 고도의 가능성, 즉 개연성을 의미한다. 다만, 이 설에서는 상당성의 판단기준과 관련하여 ① 행위당시의 행위자가 인식한 사정을 기초로 하여 행위자의 입장에서 판단하여야 한다는 주관설, ② 행위전후의 모든 사정을 고려하여 일반인의 입장에서 판단하여야 한다는 객관설(사후예측설), ③ 행위당시에 일반인이 인식한 사정과 행위자가 특별히 인식한 사정을 기초로 하여 일반인의 입장에서 판단하여야 한다는 절충설 등이 있다. 판례는 절충설의 태도를 따르고 있다.

넷째, 합법칙적 조건설이다. 이 설은 조건설의 결함을 일상적 경험법칙으로서의 합법칙성을 통하여 시정하려는 견해이다. 이 설에서는 여러 가지 유형의 조건관계에 대해 개별적으로 합법칙 유무를 판단하게 된다. 즉, (ⅰ) 결과에 이르는 과정에 제3자의 고의·과실에 의한 행위 등 다른 원인이 개입되었거나 피해자의 과실 또는 특이체질 등이 개입하여 결과가 발생한 경우(비유형적 인과관계), (ⅱ) 다른 일정한 원인(예, 타인의 행위 등)에 의해서도 구성요건적 결과가 초래될 수 있었던 고도의 개연성이 있는 경우(가설적 인과관계), (iii) 결과발생이 가능한 여러 개의 조건들이 중복적으로 결합하여 일정한 결과를 발생하게 한 경우 (이중적 인과관계), (iv) 여러 조건들이 누적되어 결과를 발생하게 한 경우(중첩적 인과관계, 누적적 인과관계), (v) 부작위범의 경우, (vi) 과실범의 경우 등에 있어서는 각각 인과관계를 인정한다. 하지만 결과발생에 이르는 행위의 진행과정에서 다른 행위가 개입되어 결과를 발생하게 한 경우(추월적 인과관계)에 있어서는 애초의 행위에 대하여는 인과관계를 부정한다.

이외에도 **위험관계조건설, 목적설, 중요설** 등이 있다.

3. 객관적 귀속론

객관적 귀속론은 인과관계가 인정된 결과에 대하여 형법적 의미에서 행위자에게 객관적으로 귀속시킬 수 있는가를 일정한 척도를 통하여 판단하여야 한다는 이론이다. 이에 따르면 사실상 인과관계가 인정되는 경우에도 객관적 귀속이 인정되면 불법구성요건의 객관적 표지가 인정되어 기수가 되지만, 객관적 귀속이 부정되면 가벌성 자체가 탈락되거나 미수가 된다고 한다. 다만, 객관적 귀속의 기준과 관련하여서는 여러 주장이 있다.

첫째, 위험증대이론이다. 행위가 보호법익에 대하여 법적으로 허용될 수 없는 위험을 야기하거나 위험을 증대시킬 때에만 그 위험으로 인한 결과를 객관적으로 귀속시킬 수 있다는 견해이다. 위험을 증대시킨 경우에는 비록 합법적 대체행위에 의해서도 불가피하게 발생했을 경우에도 그 행위로 인한 결과는 행위자에게 객관적으로 귀속된다고 한다. 예를 들면, 교통법규 위반에 의해 사고가 발생한 경우에 교통법규를 지켰더라도 사고발생이 불가피했을 것으로 예상되는 경우에도 결과발생에 대한 객관적 귀속이 인정된다고 한다.

둘째, 지배가능성이론이다. 일상생활경험상 어떤 결과의 발생에 대한 예견가능성이 있고, 사건경과에 대한 지배가능성이 있는 경우에만 객관적 귀속이 인정된다는 견해이다. 따라서 어른이 되어 살인자가 된 아이의 출산행위, 피해자가 살해행위로 경상을 입어 병원으로 후송되던 중 교통사고로 사망한 경우, 피해자의 특이체질로 사망한 경우 등에 있어서는 객관적 귀속이 부정된다.

셋째, 규범보호목적이론이다. 행위자의 행위가 위험을 증대시켰다거나 허용되지 않는 위험을 야기시킨 경우라고 하더라도 그 결과가 규범의 보호목적범위에 속하는 경우에 한하여 객관적 귀속을 인정하는 견해이다. 따라서 피해자가 피해당한 사실을 비관하여 자살한 경우, 피해자가 종교적 이유로 수혈을 거부하여 사망한 경우 및 방화한 집에 소유자가 가재도구를 가지러 들어갔다가 연기에 질식하여 사망한 경우 등에 있어서는 객관적 귀속이 부정된다.

> **[의무위반이론]** 과실범의 경우에는 발생결과가 행위자의 의무위반행위에 기인할 때에만 객관적으로 귀속시킬 수 있다는 견해이다. 따라서 의무에 합당한 행위를 하였더라도 같은 결과가 발생했을 경우에는 객관적 귀속이 부정된다. 예를 들면, 甲이 수영할 줄 모르는 乙을 깊은 물에 빠트리자 乙이 지나가던 丙에게 구조를 요청하였으나 丙이 구조활동을 하다가 어쩔 수 없이 중도에 포기하여 결국 乙이 익사한 경우에는 乙의 사망은 丙이 아니라 甲에게 객관적으로 귀속된다.

4. 형법 제17조의 해석

조건설을 제외한 인과관계에 관한 학설들은 조건설을 전제로 하되, 조건설의 불합리한 결과를 극복하기 위하여 제시된 이론들이다. 형법 제17조는 인과관계에 관하여 '어느 행위라도 죄의 요소되는 위험발생에 연결되지 아니한 때에는 그 결과로 인하여 벌하지 아니한다'고 규정함으로써 '행위'와 '결과' 사이의 인과관계판단기준에 대하여 '죄의 요소되는 위험발생에 연결되지 않은 때'라고 하고 있을 뿐이다. 따라서 형법 제17조는 조건설, 상당인과관계설, 합법칙적 조건설 등 어느 학설에 의하더라도 해석이 가능하다. 다만, 형법상 책임주의의 관점에서 보면 인과관계의 확정은 인과관계의 유형에 따라 개별적으로 인과관계 여부를 판단하는 합법칙적 조건설에 의하고, 평가적 결과귀속은 객관적 귀속이론에 따라 제한하는 것이 합리적일 것이다.

제3절 고의

1. 고의의 의의

형법 제13조에서는 "죄의 성립요소인 사실을 인식하지 못한 행위는 벌하지 아니한다. 다만, 법률에 특별한 규정이 있는 경우에는 예외로 한다"고 규정하여, 원칙적으로 고의범을 처벌하도록 하고 있다(제13조). 고의란 구성요건의 객관적 요소에 해당하는 사실을 인식하고, 구성요건을 실현하려는 의사를 가진 것을 말한다(결합설). 형법상 고의는 행위시에 있어야 하며, 사전고의나 사후고의는 인정되지 않는다.

2. 고의의 체계적 지위

책임요소설은 인과적 행위론에 입각한 고전적·신고전적 범죄론체계에 따른 견해로서, 위법판단에 있어서는 법익침해 또는 그 침해의 위험성이 있는 외부적·객관적인 사정만이 고려되어야 하므로 범죄사실의 인식인 고의는 행위의 심리적·주관적인 요소로서 책임요소 또는 책임형식으로 책임에서 다루어야 한다고 주장한다.

주관적 구성요건요소(불법요소)**설**은 목적적 행위론에 입각한 목적론적 범죄체계에 따른 견해서, 행위는 목적적 활동이고, 의사의 내용인 고의는 구성요건에 해당하는 외부적·객관적 사실을 인식하고 이를 실현하려는 의사로서 행위의 본질적 요소이자 주관적 구성요건요소라고 한다.

이중기능설은 사회적 행위론에 입각하여 합일태적 범죄론체계에 따른 견해로서, 고의는 행위방향을 의미하는 구성요건적 고의와 주관적 책임에 관련되는 심정적 무가치로서의 고의, 즉 책임형식으로서의 고의라는 이중적 지위를 가진다고 한다. 통설은 이 설에 따른다.

[행위론(고의의 체계적 지위)과 고의의 내용] 고의의 내용은 행위론에 따라 다르다.
① 인과적 행위론에서는 고의는 범죄사실의 인식과 위법성인식을 포함하는 것인 반
면, ② 목적적 행위론에서는 고의는 범죄사실의 인식만을 의미하고, 위법성인식은
고의와 분리하여 책임의 독자적 요소로 인정하였다. ③ 사회적 행위론에서는 고의의
이중적 기능을 인정하는데, 구성요건적 고의는 구성요건에 해당하는 사실의 인식을
의미하고, 책임고의는 위법성을 기초지우는 사실의 인식을 내용으로 하며, 위법성인
식은 고의와 분리된 독립한 책임요소가 된다.

3. 고의의 본질

고의가 인정되기 위해서는 객관적 구성요건요소에 대한 인식(인지)이라는
지적 요소와 행위와 결과발생을 실현하려는 의욕(의사)이라는 의지적 요소를 모
두 갖추어야 한다(결합설).

지적 요소란 원칙적으로 구성요건적 사실의 인식을 말하며, 인과관계의 인
식은 물론, 규범적 요소에 대한 의미의 인식을 포함한다. 구성요건적 사실에는
모든 객관적 구성요건요소, 즉 행위주체, 행위객체, 행위상황, 행위태양, 결과범
에 있어서는 구성요건적 결과, 가중적 구성요건과 감경적 구성요건에 있어서는
가중적 요소와 감경적 요소를 포함한다. 다만, 구성요건에 해당하는 사실의 인
식은 단순히 외형적 표면적인 표상(물체의 인식)으로는 부족하고, 그 의미의 인식
이 필요하다. 이때 의미의 인식은 법에 문외한인 사회일반인의 판단에 있어서
이해되어지는 정도의 소박한 가치평가로서 충분하다.

의지적 요소로서의 실현의사는 예견된 결과를 실현하려는 의사를 말한다.
따라서 단순한 소원·희망·동기 등은 고의에 해당되지 않는다.

4. 고의의 종류

가. 직접고의와 간접고의

직접고의(dolus directus)란 행위자가 자신의 행위가 법익을 침해한다는 것을
확실히 알고 이를 의욕 내지 인용하는 것을 말한다. **간접고의**(dolus indirectus)는

직접고의에 대응하는 것으로서, 보험금을 탈 목적으로 살인을 하는 경우와 같이 오직 간접적으로 의도된 고의를 말한다. 오늘날 이 용어는 사용되고 있지 않다.

나. 확정적 고의와 불확정적 고의

확정적 고의란 행위당시 구성요건사실을 확실히 인식하고, 이를 실현하려는 행위자의 내심상태가 확정적인 경우를 말한다. 행위자가 행위에 따른 결과를 예견하였다면 고의는 성립하고, 반드시 결과발생을 적극적으로 희망하였을 것을 요하지 않는다.

불확정적 고의란 구성요건요소에 대한 인식 또는 예견이 명확하지 않은 경우를 말하며, 이에는 택일적 고의, 개괄적 고의, 미필적 고의가 있다. **택일적 고의**는 행위자가 결과발생의 대상, 즉 행위객체에 대하여 A 또는 B와 같이 택일적으로 인식·의욕하고 있는 경우로서, 발생한 결과에 대한 고의·기수범이 성립한다(통설). **개괄적 고의**는 다수인을 향하여 무차별적으로 총을 쏘는 경우와 같이 행위자가 인식한 다수의 행위객체 중에서 구성요건적 결과가 발생할 것은 확실하지만 구체적으로 어느 객체에게 결과가 발생할 것인가가 불확정적인 경우로서, 발생한 결과에 대하여 고의·기수범이 성립한다. **미필적 고의**란 행위자가 행위당시 구성요건요소를 인식하기는 했지만 구성요건실현의사가 불확실한 경우를 말한다. 판례는 미필적 고의가 인정되는 경우에는 고의를 인정하고 있다.

> **[막스 베버의 개괄적 고의]** 막스 베버(von Weber)는 살해의 의사로 목을 졸라 피해자가 사망한 것으로 오신하고 증거인멸의 목적으로 피해자를 강물 속에 던졌는데 실은 익사한 경우와 같이, 행위자가 제1의 행위에 의하여 의도한 결과가 발생한 것으로 오신하고 제2의 행위를 하였는데, 제2이 행위로 인해 제1의 행위에서 의도한 결과가 발생한 경우에는 살인에 대한 개괄적 고의가 인정되므로 발생된 결과에 대한 고의·기수범이 인정된다고 한다.

다. 미필적 고의와 인식 있는 과실의 구별

미필적 고의와 인식 있는 과실은 모두 범죄사실의 인식을 요한다는 점에서 양자의 구별기준에 대하여는 ① 행위자에게 결과발생에 대한 개연성이 있는 경우가 미필적 고의이고, 단순한 가능성만 있는 경우는 인식 있는 과실이라는 견해(개연성설)가 있으나, ② 판례는 행위자가 결과발생을 인용한 경우가 미필적 고의이고, 이를 부정한 경우가 인식 있는 과실로 구분한다(인용설). 다만, 최근에는 ③ 고의의 체계적 지위를 구성요건요소로 이해하게 되면서, 구성요건실현의 위험을 묵인(또는 감수)한 경우에는 미필적 고의이고, 결과가 발생하지 않을 것으로 신뢰한 경우는 인식 있는 과실이라고 한다(감수설, 묵인설). 미필적 고의가 있었는지의 여부는 행위자의 진술에 의존하지 않고, 외부에 나타난 행위의 형태와 행위의 상황 등 구체적인 사정을 기초로 하여 일반인이라면 해당 범죄사실이 발생할 가능성을 어떻게 평가할 것인지를 고려하면서, 행위자의 입장에서 그 심리상태를 추인하여야 한다(판례).

제4절 사실의 착오

1. 착오의 의의와 법적 효과

착오란 행위자가 주관적으로 인식한 사실과 객관적으로 발생된 결과가 일치하지 않는 것을 말한다. 형법상 의미 있는 착오는 (ⅰ) 행위자가 자신의 행위가 범죄가 된다는 사실을 인식하지 못하고 행위를 하였으나 실제로는 범죄에 해당하는 경우, (ⅱ) 범죄가 되는 행위를 하였으나 의도한 사실과 다른 결과가 발생한 경우, (ⅲ) 행위자가 위법하지 않다고 생각하고 행위를 하였으나 실제로는 위법한 경우 등이다. (ⅰ)과 (ⅱ)는 사실의 착오(구성요건적 착오)에 해당하며, (ⅲ)은 위법성의 착오(법률의 착오)에 해당한다.

착오에 대한 형사책임에 대하여는 (ⅰ)의 경우는 예를 들면, 타인의 물건을 자신의 물건으로 오인하고 가져 온 경우로서, 구성요건적 고의가 성립하지 않으므로 과실범이 성립한다. (ⅱ)의 경우는 사실의 착오가 인정되면 원칙적으로 발생결과에 대해 고의가 조각되고, 과실범 처벌규정이 있는 경우에 한하여 과실범으로 처벌될 수 있다. (ⅲ)의 경우는 원칙적으로 책임이 조각되지 않지만 형법

제16조에 의해 '정당한 이유'가 있는 경우에 한하여 책임이 조각되는 것으로 된다(책임론에서 후술함). 다만, (ⅱ)의 사실의 착오에 있어서 인식사실과 발생결과가 모두 범죄에 해당되는 경우에는 어느 범위까지 고의를 인정할 것인가가 문제된다.

2. 사실의 착오의 의의

사실의 착오란 행위자가 주관적으로 인식한 범죄사실(객관적 구성요건표지)과 객관적으로 발생한 범죄사실이 일치하지 않는 경우, 즉 인식사실과 발생결과가 불일치한 경우를 말한다(구성요건적 착오). 형법에서 문제되는 사실의 착오는 협의의 사실의 착오((ⅱ)의 착오)이다. 사실의 착오에 있어서는 행위자의 인식과 실제로 발생한 사실이 어느 정도까지 부합하면 발생한 사실에 대해 고의의 성립을 인정할 수 있을 것인가가 문제된다.

3. 사실의 착오의 유형

가. 객체의 착오와 방법의 착오

객체의 착오란 행위객체의 동일성에 관한 착오, 즉 행위자가 행위객체를 잘못 인식하여 착오한 경우를 말한다. 예를 들면, 甲인줄 알고 총을 발사했는데 실제로는 甲과 닮은 乙이었던 경우이다. **방법의 착오**란 행위의 수단·방법이 잘못되어 행위자가 의도한 객체가 아니라 다른 객체에게 결과가 발생된 경우를 말한다. 예를 들면, 甲을 향해 총을 발사했는데 총알이 빗나가 그 옆에 있던 乙이 맞아 사망한 경우이다.

나. 구체적 사실의 착오와 추상적 사실의 착오

구체적 사실의 착오란 행위자가 인식한 사실과 발생된 결과가 같은 종류의 구성요건에 해당하는 경우를 말한다. 예를 들면, 甲을 살해하려고 총을 발사하였으나 옆에 있던 乙이 맞아 사망한 경우이다. **추상적 사실의 착오**란 행위자가 인식한 사실과 발생된 결과가 다른 종류의 구성요건에 해당하는 경우를 말한다. 예를 들면, 甲을 살해하려고 총을 발사하였으나 옆에 있던 甲의 개가 맞아 사망한 경우이다.

4. 사실의 착오의 효과

가. 구체적 부합설

구체적 부합설은 객관주의의 태도로서, 행위자가 인식한 사실과 발생된 결과가 구체적인 부분까지 일치(구체적 부합)하여야만 발생결과에 대한 고의·기수의 성립을 인정한다. 이 설에서는 구체적 사실의 착오 중 객체의 착오는 일반적으로 착오로 인정하지 않으므로 발생결과에 대하여 고의·기수책임을 인정하고, 구체적 사실의 착오 중 방법의 착오와 추상적 사실의 착오는 인식사실에 대한 미수와 발생결과에 대한 과실의 상상적 경합이 성립한다고 한다.

나. 법정적 부합설

법정적 부합설은 행위자가 인식한 사실과 발생된 결과 사이에 법정적 사실의 범위에서 부합하는 경우에는 발생결과에 대한 고의·기수의 성립을 인정한다(통설, 판례). 이 설에서는 구체적 사실의 착오는 발생결과에 대한 고의·기수책임을 인정하고, 추상적 사실의 착오는 인식사실에 대한 미수와 발생결과에 대한 과실의 상상적 경합이 성립한다고 한다.

법정적 부합설에서는 법정적 부합의 범위에 대하여 ① 구성요건이 동일한 경우라는 구성요건부합설과 ② 죄질이 동일한 경우라는 죄질부합설이 있다. 예를 들면, 존속살해를 하려다가 보통살인을 범한 경우에 전자에 따르면 인식사실과 발생결과의 구성요건이 다르므로 존속살해죄의 미수와 보통살인죄의 미수의 상상적 경합이 성립하지만, 후자에 따르면 인식사실과 발생결과의 죄질이 동일하므로 존속살해죄의 고의·기수가 성립한다.

다. 추상적 부합설

추상적 부합설은 주관주의의 태도로서, 행위자에게 범죄를 범할 의사가 있고, 그 의사에 의하여 범죄가 발생한 이상 인식사실과 발생결과가 추상적으로 일치하는 한도 내에서 고의·기수의 성립을 인정한다. 따라서 구체적 사실의 착오의 경우는 발생결과에 대한 고의·기수를 인정한다. 추상적 사실의 착오의 경우에는 범죄의사가 표출된 이상 형사책임을 부과하여야 한다는 점에서 인식사실과 발생결과 간에 중첩되는 범위인 경한 죄에 대하여는 고의·기수를 인정한다. 따라서 경한 죄를 인식하고 중한 죄를 발생하게 한 경우에는 경한 죄의 기수와 중한 죄의 과실범의 상상적 경합이 성립하고, 중한 죄를 인식하고 경한 죄를 발생하게 한 경우에는 중한 죄에 대하여는 미수를 인정하되 중한 고의는 경한 고의를 흡수하므로 경한 죄의 기수는 인정되지 않고 중한 죄의 미수만이 성립한다.

[사실의 착오와 법적 효과]

구분	구체적 사실의 착오		추상적 사실의 착오	
	객체의 착오	방법의 착오	객체의 착오	방법의 착오
	乙을 甲으로 오인하여 살해	甲을 죽이려고 총을 발사하였으나 乙이 맞아 사망	甲의 개를 甲으로 오인하여 살해	甲을 죽이려고 총을 발사하였으나 甲의 개를 살해
구체적 부합설	발생결과에 대한 고의·기수		인식사실의 미수와 발생결과의 과실의 상상적 경합	
법정적 부합설				
추상적 부합설			* 경한 죄 인식+중한 죄 발생 → 경한 죄의 기수+중한 죄의 과실의 상상적 경합 * 중한 죄 인식+경한 죄 발생 → 중한 죄의 미수+경한 죄의 기수 = 중한 죄의 미수	

5. 인과관계의 착오

가. 인과관계 착오의 의의

인과관계의 착오란 결과발생에 이르는 과정에서 행위자가 주관적으로 예견한 인과과정과 실제 행하여진 인과과정에 불일치가 있는 경우를 말한다.

인과관계의 착오에는 세 가지 유형이 있다. (ⅰ) 한 개의 행위 내에서 결과발생의 인과과정이 다른 유형(교각살해 사례)이다. 예를 들면, 익사시킬 의사로 수영을 못하는 피해자를 다리 위에서 떠밀었는데 피해자는 떨어지면서 교각에 머리를 부딪쳐 사망한 경우이다. (ⅱ) 제1행위가 아니라 제2행위로 인하여 결과가 발생한 유형(개괄적 고의 사례)이다. 예를 들면, 살해의 의사로 피해자를 돌로 때려 실신하자 죽은 줄로 오인하고 증거인멸의 목적으로 피해자를 산속에 매장하였는데, 실제로는 돌에 맞아 죽은 것이 아니라 매장으로 인해 질식사한 경우이다. (ⅲ) 제2행위가 아니라 제1행위로 인하여 결과가 발생한 유형(조기결과발생 사례)이다. 예를 들면, 기차에 탄 피해자의 머리를 몽둥이로 내리쳐 실신시킨 후 기차 밖으로 던져 살해하려고 계획하고 실행하였는데, 실제로는 머리의 가격행위로 인해 피해자가 이미 사망한 경우이다.

나. 인과관계 착오의 법적 효과

인과관계의 착오는 법적 귀속 여부가 아니라 사실판단의 문제로서 객관적 귀속 이전의 단계에서 고찰하여 할 대상이므로 인과관계의 착오의 문제로 취급하고, 따라서 인과관계의 착오가 본질적인 경우에 한하여 착오를 인정한다. 따라서 위의 (ⅰ)과 (ⅲ)의 사례에서 인과관계의 착오가 비본질적이라고 판단되는 경우에는 착오가 인정되지 않고, 발생결과에 대한 고의·기수범이 성립한다.

다만, 개괄적 고의의 사례에 대하여는 종래 피해자의 살해라는 처음에 예견된 사실이 결국 실현된 것이라는 점에서 발생결과의 고의·기수범의 성립을 인정하였다(개괄적 고의설). 그러나 책임주의를 철저히 관철하고자 하는 입장에서 보면 개괄적 고의사례는 인식사실은 미수이지만 법구조적인 관점에서 보면 결국에는 인식사실이 발생하였다는 점에서 인과관계의 착오의 하나의 유형으로 이해하고, 그 착오가 본질적이어서 고의를 조각할 정도에 이르지 않았다면 발생결과에 대하여 고의·기수범의 성립을 인정하여야 한다.

6. 가중적 구성요건과 감경적 구성요건의 착오

가. 가중적 구성요건의 착오

형법 제15조 제1항에서는 "특별히 무거운 죄가 되는 사실을 인식하지 못한 행위는 무거운 죄로 벌하지 아니한다"고 규정하고 있다. 법문의 형식상 형법 제15조 제1항은 형법 제13조의 특별규정으로서 인식사실보다 가중적 구성요건을 실현한 경우에 있어서 형사책임을 정한 규정으로 이해하여야 한다. 따라서 양부(養父)는 아버지가 아니라고 생각하고 살해한 경우에 발생결과는 존속살해죄가 성립하지만 형법 제15조 제1항에 의하여 보통살인죄로 처벌된다.

한편, 가중적 구성요건을 인식하고 기본적 구성요건을 실현한 경우에 대하여는 형법상 규정이 없다. 그런데 중한 고의는 경한 고의를 포함하고 있다는 점에서 가중적 구성요건을 실현하려고 한 경우에는 기본범죄에 대한 고의를 인정할 수 있으므로 인식사실인 중한 범죄의 미수와 발생결과인 경한 범죄의 고의·기수의 상상적 경합을 인정하여야 한다.

나. 감경적 구성요건의 착오

기본적 구성요건과 감경적 구성요건 간의 사실의 착오에 대하여는 형법상 규정이 없으므로 해석에 의해 해결하고 있다. 즉, 기본적 구성요건을 실현하려다가 감경적 구성요건을 실현한 경우에는 행위자의 의사 및 실현한 범위를 벗어나 형사책임을 묻는 것은 책임주의에 반하므로 기본적 구성요건의 미수와 감경적 구성요건의 상상적 경합을 인정하여야 한다. 그러나 감경적 구성요건을 실현하려다가 기본적 구성요건을 실현한 경우에는 형법 제15조 제1항을 준용하여 발생결과인 감경적 구성요건을 적용하여 처벌하여야 한다.

제5절 과실

1. 과실의 의의

과실은 정상의 주의를 태만히 함으로써 죄의 성립요소인 사실을 인식하지 못한 것을 말하며, 과실범은 과실에 의하여 구성요건적 결과, 즉 범죄결과를 발생시킨 경우를 말한다. 형법 제14조는 "정상적으로 기울여야 할 주의(注意)를 게을리하여 죄의 성립요소인 사실을 인식하지 못한 행위는 법률에 특별한 규정이 있는 경우에만 처벌한다"고 규정하고 있다.

형법상 과실범을 처벌하는 규정으로는 실화죄(제170조, 제171조), 과실가스·전기등 방류죄(제172조의2), 과실가스·전기등 공급방해죄(제173조), 과실폭발성물건파열죄(제173조 제2항), 과실일수죄(제181조), 과실교통방해죄(제189조 제1항), 과실치사상죄(제266조 – 제268조) 및 과실장물취득죄(제364조) 등이 있다.

2. 과실의 체계적 지위

구과실론(책임요소설)은 인과적 행위론에 따른 것으로서, '위법은 객관적으로, 책임은 주관적으로'라고 하여 모든 주관적 요소를 책임에 귀속시키기 때문에 과실도 고의와 함께 책임요소라고 한다. 이 입장에서는 과실판단의 기준을 행위자의 '결과발생에 대한 주관적 예견가능성'에 두고, 여기에 따른 '결과예견의무위반'이 과실의 내용을 구성한다고 한다.

신과실론은 위법요소설과 구성요건요소설이 있다. 전자는 사회생활상 요구되는 기준행위를 일탈한 행위반가치가 과실범의 객관적 위법성을 결정한다고 하면서, '객관적 예견가능성'을 전제로 한 '결과회피의무'를 중심으로 과실범을 구성한다. 이 견해에서는 '허용된 위험의 법리'에 따라 사회생활상 필요한 주의의무를 다하는 한 법익침해의 결과를 일으키더라도 위법이 아니라고 한다. 다만, 과실범의 경우에는 구성요건에 해당하더라도 위법성이 추정되지 않고, 주의의무위반을 위법요소로 인정하여 이것이 있을 때 비로소 위법성이 인정된다고 한다.

후자는 목적적 행위론에 따른 것으로서, 책임에는 순수한 비난가능성이라는 평가만을 남겨두고, 고의와 과실을 구성요건요소라는 견해이다.

이중기능설은 사회적 행위론의 입장에 따른 것으로서, 고의와 과실에 대해 구성요건요소와 책임요소로서의 이중적 기능을 인정하는 견해이다(통설). 이 견해에서는 과실에 있어서 주의의무를 객관적으로 요구되는 주의의무와 행위자의 개인적인 능력과 특성에 따른 주관적 주의의무로 나누고, 전자는 불법구성요건에 후자는 책임영역에 속한다고 한다.

구과실론에서는 결과반가치만으로 과실범의 불법을 인정하는 반면, 신과실론에서는 행위반가치만을 고려하여 객관적 주의의무만 준수하면 결과가 발생하더라도 적법하다고 한다. 그러나 과실범 고의의 경우와 같이 이중기능을 인정하여, 주의의무위반이라는 행위반가치와 이를 통해 위법하게 결과를 발생시켰다고 하는 결과반가치 때문에 처벌된다고 보아야 한다.

> **[신신과실론(위구감설)]** 위구감설은 과실범에서의 결과발생에 대한 (객관적) 예견가능성이 구체적일 필요는 없고, 막연하게 유해한 결과가 발생할지도 모른다는 불안감, 위구감이 생기면 충분하다는 견해이다. 즉, 오늘날 과학기술의 진보에 따라 약품으로 인한 피해, 불량식품으로 인한 피해, 환경오염을 포함한 각종 기업재해 등 미지의 위험을 수반하는 영역이 많아지고 있다. 그럼에도 불구하고 전통적인 과실이론에 따르면 현재의 과학수준으로는 결과발생에 대한 입증이 어렵기 때문에 이들을 형사처벌할 수 없게 되는 문제점을 극복하기 위하여 과실범의 성립범위를 확대하고자 하는 것이다.

3. 과실의 종류

가. 인식 없는 과실과 인식 있는 과실

인식 없는 과실이란 주의의무에 위반하여 구성요건적 결과의 발생가능성을 인식(예견)하지 못한 경우를 말하며, **인식 있는 과실**이란 구성요건적 결과의 발생가능성을 인식하였으나 주의의무에 위반하여 결과가 발생하지 아니할 것으로 믿은 경우를 말한다. 예를 들면, 옆에 휘발유가 있다는 사실을 모르고 담배를 피우다가 휘발유에 불이 붙어 화재가 발생한 경우는 전자에 해당하고, 옆에 휘발유가 있어서 화재의 위험이 있음을 알면서도 어느 정도 거리가 있으니 괜찮다고 생각하고 담배를 피우다가 화재를 발생시킨 경우는 후자에 해당한다.

나. 일반과실·업무상 과실·중과실

일반과실은 일반인에게 통상적으로 요구되는 주의의무에 위반하는 경우를 말한다. **업무상 과실**이란 일정한 업무에 종사하는 사람이 업무상 예견할 수 있는 주의의무를 위반하는 경우를 말한다. '업무'란 사람이 사회생활상의 지위에 기하여 계속해서 행하는 사무를 말한다. 형법에서는 업무자는 보통인보다 결과발생에 대한 예견가능성이 크기 때문에 보통과실보다 그 형을 가중하고 있다. **중과실**은 주의의무위반의 정도가 심한 경우, 즉 조금만 주의하였더라면 결과발생가능성을 예견하거나 결과발생을 회피할 수 있었을 경우를 말한다. 형법에서는 중과실은 일반과실의 경우보다 주의의무위반의 정도가 크다는 점에서 보통과실에 비하여 형을 가중하고 있다. 다만, 업무상 과실과 중과실이 경합하는 경우에는 업무자의 특성을 우선적으로 고려하여 업무상 과실로 처벌한다.

4. 과실범의 구성요건해당성

과실범의 구성요건해당성이 인정되기 위해서는 주의의무를 위반하여 구성요건적 결과가 발생하고, 주의의무위반과 그 결과발생 사이에 인과관계 및 객관적 귀속이 인정되어야 한다.

가. 주의의무의 위반

주의의무위반이란 사회생활상 필요한 주의의무의 불이행을 말한다. 주의의무는 결과발생의 가능성(위험)을 예견할 의무(결과예견의무)와 결과발생을 회피하기 위해 필요한 조치를 취할 의무(결과회피의무)를 포함한다. 예를 들면, 차를 운전하여 골목길을 통과하는 운전자는 골목에서 사람이 갑자기 뛰어나와 차에 부딪칠 수 있는 가능성을 예견하고, 이러한 결과발생을 회피하기 위해 서행하거나 경적을 울리는 등의 조치를 취할 의무가 있다. 다만, 주의의무위반의 판단기준은 사회일반인, 즉 평균인을 표준으로 하여야 한다. 이때 '평균인'은 일반 보통인

(판례)이 아니라 주의 깊은 평균인으로 해석하여야 한다.

나. 결과의 발생

과실범은 구성요건적 결과, 즉 법익의 침해 또는 법익에 대한 위험발생(예, 과실일수죄(제181조))을 초래한 경우에 성립한다. 따라서 과실의 미수범은 형법상 문제되지 않는다. 부작위에 의한 과실범도 성립할 수 있다.

다. 인과관계 및 객관적 귀속

행위자의 주의의무위반과 구성요건적 결과발생 사이에는 인과관계 및 객관적 귀속이 인정되어야 한다. 판례는 과실행위와 결과발생 간에 상당인과관계가 있을 것을 요하고 있다.

과실범에서 객관적 귀속이 인정되기 위해서는 주의의무를 준수했더라면 결과가 발생하지 않았을 것(주의의무위반 관련성)과 발생한 결과가 주의의무위반행위에 의해 침해된 규범의 보호목적의 범위 내에 속할 것(규범의 보호목적 관련성)을 요한다. 다만, 주의의무에 합치되는 행위를 하였더라도 결과가 발생할 수 있었을 경우에는 주의의무위반 자체를 인정할 수 없으므로 무죄로 하여야 한다 (판례).

5. 과실범의 위법성

가. 위법성 일반

과실범의 경우에도 고의범과 마찬가지로 구성요건해당성이 인정되면 위법성이 추정되고, 위법성조각사유가 있으면 위법성은 부정된다. 이때에도 과실부분만 제외하고 고의범에서 필요로 하는 위법성조각의 요건은 모두 충족하여야 한다. 하지만 결과발생의 위험성이 있는 경우라도 그 결과방지가 이미 불가능한 상태에 있었을 때에는 과실범의 위법성은 부정된다.

한편, 과실범의 경우에는 행위자가 객관적으로 정당한 상황하에서 행위한 때에는 애초부터 결과불법이 없기 때문에 과실범이 성립하지 않으므로 주관적

정당화요소를 요하지 않는다. 따라서 甲이 총을 만지다가 오발사고를 내어 乙을
다치게 하였는데 사실은 乙이 자신을 해치려고 하였던 경우에는 甲은 정당방위
로서 무죄가 된다.

나. 개별 위법성조각사유

과실행위도 형법상 위법성조각사유에 해당할 경우에는 위법성이 조각된다.
즉, 과실에 의해 야기된 결과가 정당방위에 해당하면 그 과실행위는 정당방위가
될 수 있다. 예를 들면, 자기를 부당하게 공격하는 사람에게 경고사격을 한다는
것이 잘못하여 총상을 입힌 경우이다. 다만, 주관적 정당화요소 필요설에 따르
면 인식 없는 과실의 경우에는 부당한 침해에 대한 인식 자체가 없으므로 방위
의사가 있을 수 없고, 따라서 정당방위가 인정되지 않는다.

또한 교통규칙을 위반하면서 보존하고자 하는 이익이 교통규칙의 준수라는
이익보다 우월한 경우에는 긴급피난이 인정될 수 있다. 예를 들면, 중환자를 병
원으로 수송하기 위해 과속으로 달리다가 교통사고를 낸 경우이다. 그리고 주의
의무에 위반한 행위임을 알면서도 그로 인한 위험성을 승낙한 경우에는 피해자
의 승낙에 의한 행위가 될 수 있다. 예를 들면, 운동경기 중에 실수로 상대선수
에 부상을 입힌 경우이다. 한편, 사기당한 피해자가 우연히 사기꾼을 만나자 자
신의 청구권을 보전하기 위하여 체포하는 과정에서 실수로 부상을 입힌 경우에
과실범의 자구행위가 성립한다는 견해가 있다.

6. 과실범의 책임

과실범의 책임은 '행위자의 부주의한 심정'에 대한 비난가능성을 말한다. 따
라서 과실범의 책임을 인정하기 위해서는 책임의 전제조건으로서 주의능력, 책
임조건으로서 책임과실과 위법성인식(가능성), 초법규적 책임조각사유로서 적법
행위에 대한 기대가능성의 요건이 충족되어야 한다(통설). 이때 책임과실이 인정
되기 위해서는 행위자 개인의 예견가능성과 회피가능성을 전제로 한 주관적 결
과예견의무와 결과회피의무위반이 있어야 한다. 다만, 책임능력이 인정되면 책
임고의는 있는 것으로 간주된다.

7. 주의의무의 제한사유

가. 허용된 위험의 법리

허용된 위험의 법리란 법익침해의 위험성을 수반하는 행위라도 그로 인한 사회적 이익이 그 위험성에 비해 현저히 큰 경우에는 일정한 조건하에서 그 행위를 허용한다는 것을 말한다. 허용된 위험의 법리는 현실적인 필요성에 따라 과실범의 객관적 주의의무의 위반을 인정하는 범위를 제한하고자 하는 것이다. 이때, '허용된 위험'은 사회가 그 유용성과 필요성 때문에 감수해야 할 부분으로 행위자에게 객관적 주의의무를 부정하는 것으로서 구성요건해당성을 부정하는 요소로 인정하여야 한다.

오늘날 허용된 위험의 법리는 각종 건설공사, 공장의 제품생산활동, 광산채굴행위 등의 생활활동, 철도·항공·자동차·해운 등 교통상의 편익을 위한 활동, 의료행위나 위험한 구조활동 등 인명이나 건강 등을 유지하기 위한 활동, 학문과 과학기술의 진보를 위한 위험한 실험행위 및 교육이나 보건을 위한 각종의 운동 등에서 적용되고 있다. 다만, 허용된 위험의 법리가 적용되기 위해서는 행위자의 행위에 관한 주의규정을 두고 있으면 행위가 그 안전규칙 내에서 이루어지는 경우에 한하여 적용된다.

나. 신뢰의 원칙

(1) 신뢰의 원칙의 의의

신뢰의 원칙은 교통사고에 관한 1935년 이래의 독일판례에서 비롯된 것으로서, 운전자가 스스로 주의의무를 다하면 다른 교통관여자도 주의의무를 준수할 것이라고 신뢰하는 것이 상당한 경우에는, 비록 상대방이 주의의무를 준수하지 않음으로 인해 법익침해의 결과가 발생했다고 하더라도 행위자는 그 결과에 대해 과실책임을 지지 않는다는 원칙이다. 신뢰의 원칙은 허용된 위험의 법리와 더불어 신과실론과 함께 확립된 것이며, 객관적 주의의무를 제한하는 원칙으로서 구성요건해당성조각사유가 된다.

신뢰의 원칙이 인정되기 위해서는 (ⅰ) 도로교통망이 잘 정비되어 있어야 하고, (ⅱ) 교통신호나 교통시설 등 도로환경이 충분히 정비되어 있어야 하며, (ⅲ) 시민에 대한 교통교육이 일반화되고 교통도덕이 발달되어 있을 것이 전제되어야 한다. 따라서 시골길이나 골목길처럼 차선이 정비되어 있지 않는 경우, 신호등이 없거나 인도와 차도의 구분이 명확하지 않은 도로 등에서는 신뢰의 원칙이 적용되지 않는다. 또한 상대방이 교통법규를 위반하여 운전하고 있는 것을 발견한 경우와 같이 주의의무위반을 미리 인식한 경우, 노인이나 어린이처럼 상대방에게 주의의무의 준수를 기대할 수 없는 특별한 사정이 있는 경우, 행위자 자신이 교통법규를 위반하여 운전하는 등 스스로 주의의무를 위반한 경우 등에 있어서도 적용되지 않는다.

(2) 신뢰의 원칙의 적용범위

신뢰의 원칙은 처음 교통관여자, 특히 자동차 운전자 상호간에 적용되는 원칙이었다. 그러나 판례는 오늘날 자동차와 자동차뿐만 아니라 자동차와 자전거, 자동차와 보행자까지 그 적용범위를 넓히고 있다. 따라서 운전자가 고속도로 등 자동차전용도로나 육교 밑을 무단횡단하는 보행자를 다치게 하더라도 운전자에게 원칙적으로 과실책임을 묻지 않는다(판례). 최근에는 그 적용범위를 더욱 확대하여 다수인이 관여하는 의료행위나 공장작업과 같은 분업적 공동작업에서 발생한 사고에도 적용되고 있다. 다만, 분업관계에 있더라도 의사와 수련의 또는 의사와 간호사 관계와 같이 지휘·복종의 관계에 있는 사람이나 생산자 또는 식품업자와 소비자 관계에서는 기본적으로 신뢰가 형성될 수 없으므로 신뢰의 원칙이 적용되지 않는다.

제6절 결과적 가중범

1. 결과적 가중범의 의의와 종류

결과적 가중범이란 고의에 의한 기본범죄에 의하여 행위자가 예견하지 못한 중한 결과가 발생한 경우에 그 형이 가중되는 범죄를 말한다. 형법 제15조 제2

항에서는 "결과 때문에 형이 무거워지는 죄의 경우에 그 결과의 발생을 예견할 수 없었을 때에는 무거운 죄로 벌하지 아니한다"고 규정함으로써 중한 결과발생에 대한 과실을 결과적 가중범의 요건으로 하고 있다. 즉, 상해의 고의로 상해행위(제257조 제1항)를 하였는데 중한 결과인 피해자의 사망이 초래된 경우에는 형이 가중된 상해치사죄(제259조 제1항)가 성립한다. 이때 상해죄는 기본범죄, 상해치사죄는 결과적 가중범이 된다.

결과적 가중범에는 진정결과적 가중범과 부진정결과적 가중범이 있다. **진정 결과적 가중범**이란 고의의 기본범죄와 과실의 중한 결과발생의 결합으로 이루어지는 결과적 가중범을 말한다. 이때 행위자가 중한 결과에 대해 고의를 가진 경우에는 결과적 가중범이 성립하지 않는다. 상해치사죄 등 대부분의 결과적 가중범이 이에 해당한다. **부진정결과적 가중범**이란 고의의 기본범죄에 의하여 과실뿐만 아니라 고의로 중한 결과를 발생케 한 경우에 성립하는 결과적 가중범을 말한다. 현주건조물방화치사상죄(제164조 제2항), 교통방해치상죄(제188조), 중상해죄(제258조) 등이 이에 해당한다. 부진정결과적 가중범을 인정하는 경우에 중한 결과는 고의에 의해 발생한 범죄라는 점에서 부진정결과적 가중범 외에 별도의 고의범이 성립하고, 따라서 한 개의 행위로 2개의 범죄에 해당하는 결과를 초래하였다는 점에서 부진정결과적 가중범과 중한 결과의 고의범의 상상적 경합을 인정하여야 한다(다수설). 판례는 결과적 가중범만을 인정하고 있다.

[사례연구] 행위자가 교통도 방해하고 사람도 다치게 할 고의를 가지고 범죄를 범한 경우에 양 설은 법적 효과가 달라지게 된다. 부진정결과적 가중범 성립부정설에 따르면 형법상 교통방해상해죄가 없으므로 교통방해죄(제185조 – 10년 이하의 징역 또는 1천 500만원 이하의 벌금)와 상해죄(제257조 제1항 – 7년 이하의 징역, 10년 이하의 자격정지 또는 1천만원 이하의 벌금)의 상상적 경합이 성립되고, 따라서 중한 죄인 교통방해죄로 처벌된다. 이것은 교통방해를 하려다가 실수로 사람을 다치게 하여 교통방해치상죄(제188조 – 무기 또는 3년 이상의 징역)를 범한 경우보다 법정형이 가볍다. 그러나 부진정결과적 가중범 성립긍정설에 따르면 교통방해치상죄는 부진정결과적 가중범으로서 상해의 과실뿐만 아니라 고의가 있는 경우를 포함하므로 교통방해치상죄로 처벌(판례)되거나 교통방해치상죄와 상해죄의 상상적 경합이 성립되어 중한 죄인 교통방해치상죄로 처벌(다수설)됨으로써 진정결과적 가중범의 경우와 최소한의 형의 균형은 유지할 수 있게 된다.

2. 결과적 가중범의 구성요건

결과적 가중범의 객관적 구성요건에 해당하기 위해서는 (ⅰ) 고의의 기본범죄행위가 있어야 하고, (ⅱ) 중한 결과가 발생해야 하며, (ⅲ) 기본범죄행위와 중한 결과발생 사이에 인과관계 및 객관적 귀속(직접성의 원칙)이 인정되어야 한다. 중한 결과가 기본범죄로부터 직접 초래되었거나 중한 결과가 기본범죄에 내포된 전형적인 위험의 실현에 해당한다면 직접성이 인정된다(객관적 귀속론에 따르면서도 형법 제15조 제2항의 문언에 충실하여 직접성의 원칙을 요하지 않는다는 견해도 있다).

한편, 진정결과적 가중범의 경우에는 주관적 구성요건으로 중한 결과의 발생에 대하여 과실(객관적 예견가능성)이 있어야 한다. 다만, 중한 결과에 대한 과실은 기본범죄, 즉 기본적 구성요건의 실행시에 존재해야 한다. 부진정결과적 가중범의 경우에는 기본범죄에 대한 고의 외에 중한 결과에 대해서도 고의가 있어야 한다.

3. 관련문제

가. 결과적 가중범과 공범

판례는 결과적 가중범의 공동정범은 기본행위를 공동으로 할 의사가 있으면 성립하고, 결과를 공동으로 할 의사는 요하지 않는다고 하면서, 중한 결과발생을 예견할 수 없는 경우가 아니라면 중한 결과발생에 대해 공동정범을 인정한다. 그러나 결과적 가중범에 있어서 책임주의를 관철하기 위해서는 공범자 각자에게 중한 결과발생에 대한 예견가능성이 있는 경우에 한하여 책임을 인정하여야 한다. 따라서 甲과 乙이 강도를 모의하여 실행하던 중 甲이 잘못하여 강도피해자에게 상해를 입혔을 경우에는 乙에게 상해의 결과발생에 대한 예견가능성이 있어야만 강도치상죄의 공동정범이 성립한다. 만약, 이때 甲에게 상해의 고의가 있었던 경우에는 甲에게는 강도상해죄가 성립하지만 乙에게는 상해의 고의가 인정되지 않으므로 중한 결과발생에 대한 예견가능성이 있는 경우에 한하여 강도치상죄가 성립한다.

또한 결과적 가중범은 단순한 과실범이 아니고 중한 결과의 발생 때문에 형이 가중되는 기본범이므로 결과적 가중범의 교사범이나 종범도 성립할 수 있다. 다만, 결과적 가중범에 대한 교사 또는 방조가 되기 위해서는 기본범죄에 대한 교사 또는 방조 이외에 교사범 또는 종범에게도 중한 결과에 대한 과실, 즉 예견가능성이 있어야 한다.

나. 결과적 가중범의 미수

진정결과적 가중범은 과실범이므로 과실범의 경우와 마찬가지로 미수범이 성립하지 않는다. 그러나 형법에서는 인질상해·치상죄(제324조의3)와 인질살인·치사죄(제324조의4) 및 강도상해·치상죄(제337조)와 강도살인·치사죄(제338조)에서 각각 미수범처벌규정(제324조의5, 제342조)을 두고 있다. 그러나 이들 규정은 고의범에 한하여 적용하여야 한다(판례).

그러나 부진정결과적 가중범에 있어서는 고의가 있는 중한 결과가 발생하지 않게 되면 이론상으로 미수범의 성립이 가능하다. 다만, 형법상 부진정결과적 가중범으로 해석되는 범죄 중에서 미수범처벌규정이 있는 경우는 현주건조물일수치사상죄(제177조 제2항, 제182조)뿐이다.

제7절   부작위범

1. 형법상 부작위의 의의

형법상 행위에는 일정한 동작을 한다는 적극적인 태도로서의 작위와 규범적으로 요구(기대)된 일정한 동작을 하지 아니한다는 소극적 태도로서의 부작위가 있다(사회적 행위론).

그러나 사람의 행위가 작위와 부작위의 양면적인 성질을 지니면서 범죄가 성립하는 경우에 작위범으로 볼 것인가 부작위범으로 볼 것인가가 문제된다. 판례는 부작위는 작위에 대하여 보충적 관계에 있으므로 행위자의 작위와 부작위가 경합할 경우에는 작위범의 성립이 부정될 때에만 부작위범의 성립 여부를 판

단한다. 하지만 부작위범의 경우에는 범죄의 성부가 작위의무와 관계에서 논의
된다는 점에서 보면 작위와 부작위는 규범적 척도, 즉 사회적 의미의 중점이 어
디 있느냐에 따라 구분하여야 한다. 이에 따르면, 갓 낳은 자신의 영아를 살해함
에 있어서 입과 코를 막아 질식사시키는 것은 작위이고, 젖을 주지 않아 굶겨
죽이는 것은 부작위가 된다.

[부작위 개념과 행위론]

1. **인과적 행위론** : 행위개념에서 '거동성'을 배제하고 '의사성'만으로 구성하면서, 형법
   상 부작위는 '무엇인가 해야 할 것을 하지 않는 것'으로 정의하여 작위와 부작위를
   행위개념아래 포섭하고, 부진정부작위범을 '…을 하지 마라'라는 금지규범위반 또는
   금지규범과 '…을 하라'라는 명령규범의 위반으로 파악한다.
2. **목적적 행위론** : 작위와 부작위의 존재론적 구조를 다른 것으로 보고, 행위는 작위
   만을 의미한다고 하면서 부작위를 행위개념에서 배제하되, '행태'라는 개념에 양자는
   포괄된다고 한다. 따라서 부진정부작위범의 경우에 있어서는 부작위에 의하여 결과
   발생을 방지하지 않는 것이 작위에 의한 구성요건실현과 당벌성(當罰性)에 있어서
   동가치성이 인정될 때 작위범의 규정을 유추적용하여 처벌한다고 한다(기술되지 않
   은 (부작위의) 구성요건 인정).
3. **사회적 행위론** : 행위개념 속에 인간의 적극적 태도로서 작위와 소극적 태도로서 부
   작위가 포함된다고 하면서, 규범논리적으로 보면 금지규범 속에는 작위에 의해서 뿐
   만 아니라 작위에 의한 침해와 동일한 부정적 가치판단을 지니는 부작위에 의한 침
   해로부터의 보호도 목적으로 하고 있다고 한다. 따라서 부진정부작위범은 법문의 해
   석상 작위를 예정한 규정의 실행행위의 문언 속에는 부작위도 언어로서의 객관적인
   이해가능한 범위에 포함된다고 한다.

---

2. 부작위범의 의의와 종류

부작위범이란 어떤 행위를 해야 할 사람(작위의무자)이 해야 할 행위를 하지
않음으로써 성립하는 범죄이다. 부작위범은 법률의 규정형식에 따라 진정부작위
범과 부진정부작위범으로 구분된다(판례). 즉, 진정부작위범은 법문의 형식상 부
작위 자체를 범죄로 예정하고 있는 것을 말하고, 부진정부작위범은 법문상으로
는 통상 작위로서 범죄가 실현될 것을 예정하고 있는 것을 부작위로 실현하는
경우를 말한다. 따라서 부진정부작위범은 부작위에 의한 작위범이라고도 한다.

형법상 진정부작위범으로는 다중불해산죄(제116조), 퇴거불응죄(제319조 제2항), 전시군수계약불이행죄(제103조 제1항), 전시공수계약불이행죄(제117조 제1항), 집합명령위반죄(제145조 제2항) 등이 있다.

진정부작위범은 법문에서 행위주체의 작위의무 내용이 명시되어 있기 때문에 구성요건의 해석에 따라 그 범죄의 성부를 판단하면 된다. 그러나 부진정부작위범의 경우는 개별 범죄구성요건에서 작위를 예정하여 규정하고 있을 뿐 작위의무의 내용이 기술되어 있지 않기 때문에 그 성격과 범죄의 성부가 문제된다. 형법 제18조에서는 "위험의 발생을 방지할 의무가 있거나 자기의 행위로 인하여 위험발생의 원인을 야기한 자가 그 위험발생을 방지하지 아니한 때에는 그 발생된 결과에 의하여 처벌한다"고 규정함으로써 부진정부작위범의 주체를 '작위의무있는 자'로 제한(신분범화)하는 한편, 부진정부작위범이 성립하기 위한 요건으로서 일정한 결과의 발생을 요구하고 있다(결과범화).

3. 부작위범의 구성요건과 인과관계

가. 부작위범의 구성요건

부작위범의 구성요건해당성을 인정하기 위해서는 다음의 요건이 갖추어져야 한다.

첫째, 작위의무 내용을 인식할 수 있는 구성요건적 상황이 전제되어야 한다. 진정부작위범의 경우에는 사실관계가 구체적으로 법문에 명시되어 있다. 전시군수계약불이행죄(제103조 제1항)에서의 '전쟁 또는 사변', 퇴거불응죄(제319조 제2항)에 있어서 '퇴거의 요구' 등이 이에 해당한다. 그러나 부진정부작위범에서 구성요건적 상황이란 부작위에 의한 구성요건적 결과발생 또는 그 위험을 의미한다.

둘째, 작위의무를 위반한 부작위가 있어야 한다. 진정부작위범에 있어서는 작위의무의 내용이 법문에 명시되어 있지만, 부진정부작위범에 있어서는 작위의무내용이 법문에 기술되어 있지 않음으로써 작위의무의 근거와 범위가 문제된다. 이외에 부진정부작위범에 있어서는 범죄에 따라서 부작위가 구성요건에 예정된 작위와 '행위정형의 동가치성'이 인정될 것이 요구되기도 한다.

셋째, 구체적 상황하에서 작위에 의하여 구성요건적 결과발생을 방지할 수 있는 가능성이 있어야 한다. 이것은 작위의무자가 명령된 행위를 수행하기 위한 외적 조건(공간적 거리, 구조수단의 존재 여부 등)이나 개인적인 능력(신체적, 정신적, 지적 능력 등) 등과 관련된 개인적인 행위가능성(개별적인 행위가능성)을 고려하여 판단하여야 한다. 다만, 작위가능성은 결과발생의 방지가 불가능한 경우뿐만 아니라 용이하지 않은 경우에도 부정된다. 때로는 법익침해를 방지할 작위행위의 필요성이 요구되기도 한다. 예를 들면, 해양구조원 甲이 물에 빠진 A를 보았으나 다른 구조원 乙이 A를 구조하기 때문에 구조하지 않고 있었으나 乙이 구조에 실패하여 A가 사망한 경우, 이때 甲에게는 작위행위의 필요성이 없으므로 부작위범이 성립하지 않는다.

넷째, **주관적 구성요건을 갖추어야 한다.** 부작위범에 있어서도 주관적 구성요건요소, 즉 고의와 과실이 있을 것을 요한다. 따라서 구성요건적 상황의 존재, 작위의무 위반의 부작위, 작위가능성 등에 대한 인식 또는 인식가능성이 있어야 한다. 이외에 부진정부작위범에 있어서는 부작위에 따른 구성요건적 결과발생과 자신에게 작위의무가 있다고 하는 보증인적 지위에 대한 인식을 요한다. 또한 동가치성 필요설에서는 동가치성에 대한 인식을 요한다.

한편, 부작위범의 경우에도 행위자에게 부작위의 결단이 요구되므로 부작위의 고의에 있어서도 의지적 요소, 즉 의식적으로 부작위를 하였을 것이 요구된다.

[부작위와 과실범] 진정부작위범은 과실범 처벌규정이 없으므로 과실에 의한 부작위범은 범죄가 되지 않는다. 그러나 부진정부작위범은 과실범 처벌규정이 있는 경우에는 부작위에 의한 과실범이 성립할 수 있다. 다만, 과실범이 성립하기 위해서는 과실범의 일반적인 성립요건인 주의의무위반에 따른 부작위와 보증인적 지위에 대한 인식을 포함하여 구성요건적 상황에 대한 예견가능성이 있어야 한다. 따라서 해수욕장에서 자기 아들이 수영이 미숙한 것을 알면서도 제대로 지켜보지 않아서 익사하게 된 때에는 부작위에 의한 과실치사죄가 성립할 수 있다.

나. 부작위범의 인과관계와 객관적 귀속

진정부작위범은 일반적으로 순수한 거동범적 성격을 갖기 때문에 인과관계가 거의 문제되지 않지만, 부진정부작위범은 작위범과 마찬가지로 결과(법익침해 또는 침해의 위험성)가 발생하여야 기수가 되므로 부작위와 발생결과 사이에 인과관계 및 객관적 귀속이 인정되어야 범죄가 성립한다.

판례는 종래 상당인과관계설에 따르고 있었다. 그러나 합법칙적 조건설에 따르면 '기대된 행위를 하였더라면 그 결과가 발생되지 않았을 것이다'라는 조건이 성립되면 규범적 관점에서 그 부작위와 발생한 결과 사이에 인과관계, 즉 합법칙적 연관이 인정된다(가설적 인과관계론, 예기행위결여설). 따라서 물에 빠진 아이를 구조하지 않고 바라본 사람들은 누구든지 그 아이를 구조하였더라면 아이는 죽지 않았을 것이라는 관계가 설정되면 인과관계가 인정된다. 다만, 이에 따르면 인과관계가 지나치게 넓게 인정될 수 있으므로 부진정부작위범의 성립에 있어서는 작위의무의 존재, 부작위의 실행행위성 또는 작위가능성의 인정 등이 중요한 의미를 가지게 된다. 근래 판례는 태도를 변경하여 부작위가 작위에 의한 행위와 동등한 형법적 가치를 가지고, 작위의무를 이행하였다면 결과가 발생하지 않았을 것이라는 관계가 인정될 경우에는 작위를 하지 않은 부작위와 결과 사이에 인과관계를 인정하였다.

한편, 부작위범의 경우에도 부작위와 결과 사이에 인과관계 외에 객관적 귀속이 인정되어야 한다. 즉, 부작위범에 있어서도 과실범의 경우와 마찬가지로 부작위자가 요구되는 작위를 행하였더라도 결과가 발생하였을 가능성이 인정되면 의무위반관련성을 부정하여야 하고, 따라서 '의심스러운 때에는 피고인의 이익으로'의 원칙에 따라 무죄로 하여야 한다. 다만, 부진정부작위범의 경우에는 객관적 귀속판단의 척도에 있어서 규범의 보호목적이 특히 중요한 의미를 가진다.

4. 작위의무

가. 작위의무의 체계적 지위

작위의무는 종래 위법요소로 인식되기도 하였으나 구성요건요소로 파악하여야 한다. 즉, 피침해법익과 사회생활상 긴밀한 관계를 가지고, 이 법익이 침해되지 않도록 법적으로 보증하여야 할 일정한 지위에 있는 사람을 보증인이라고 하고, 이러한 보증인의 부작위만이 작위에 의한 구성요건실현과 동가치로 인정되어 작위범의 구성요건해당성을 가지므로 보증의무는 구성요건요소로 이해하여야 한다(보증인설). 다만, 보증인적 지위와 보증의무를 구별하여, 구성요건해당성은 유형적인 가치에 관계된 유형적 사실판단이므로 보증의무를 일으키는 법적·사실적 사정인 보증인적 지위는 구성요건요소이고, 보증의무 자체는 고의의 인식대상이 아니라는 점에서 위법요소로 파악하는 견해(이분설)가 있다.

나. 작위의무의 발생근거와 내용

형법 제18조에서는 '위험발생을 방지할 의무가 있거나 자기의 행위로 인하여 위험발생의 원인을 야기한'(선행행위로 인한 경우) 경우만 규정하고 있어서 작위의무의 발생근거와 그 내용이 무엇인가가 문제된다. 판례는 "부작위범의 작위의무는 법적인 작위의무이어야 하므로 단순한 도덕상 또는 종교상의 의무는 포함되지 않으나 법적인 의무인 한 성문법이건 불문법이건 상관이 없고, 또 공법이건 사법이건 불문하므로 법령·법률행위·선행행위로 인한 경우는 물론이고 기타 신의성실의 원칙이나 사회상규 혹은 조리상 작위의무가 기대되는 경우"에도 법적인 작위의무를 인정하고 있다. 작위의무의 발생근거는 형식적인 근거를 기초로 하되, 실질설의 내용으로 한계를 지움으로써 작위의무의 범위를 합리적으로 한정하여야 한다.

(1) 형식설

작위의무의 발생근거를 그 형식에 중점을 둔 견해이다. 즉, (ⅰ) 법령에 의한 경우로는 민법상 친권자의 보호의무(제913조)와 부부간의 부양의무(제826조) 및 친족간의 부양의무(제974조), 경찰관직무집행법상 경찰관의 보호조치의무(제4

조), 의료법상 의사의 진료·응급조치의무(제15조), 도로교통법상의 운전자의 구호의무(제54조) 등을 들 수 있다. (ⅱ) 계약에 의한 경우로는 고용계약에 따른 사용자의 피고용인 보호의무, 간호사의 환자간호의무 등을 들 수 있다. (ⅲ) 지배인수에 의한 경우로는 계약 등에 의한 의무 없이 부상자나 노약자를 인수하여 관리한 경우 계속해서 보호할 의무 등을 들 수 있다. (ⅳ) 지배영역성이 인정되는 경우로는 가옥의 소유자 또는 관리자가 자기가 지배·관리하는 장소의 불을 끌 의무, 자동차로 친 사람을 차에 태운 경우에 계속해서 보호할 의무 등을 들 수 있다. (ⅴ) 선행행위로 인한 경우로는 실화를 한 사람에게는 소화의무가 발생하고, 자동차를 운전하여 사람을 다치게 한 사람에게는 피해자를 구호해야 할 의무가 발생하는 경우 등을 들 수 있다. 이외에 (ⅵ) 밀접한 가족관계나 생활공동체 관계에 근거한 특별한 신뢰관계 또는 사회상규나 조리에서 기대되는 경우 등을 들 수 있다.

(2) 실질설

작위의무를 기능적 관점에서 고려하여, 보호기능에 의한 보증인의 의무인 보호의무와 위험에 대한 감시의무에 따른 안전의무(지배의무)로 분류하는 입장이다.

보호의무의 내용으로는 (ⅰ) 긴밀한 자연적 연분관계에 의한 보증의무(예, 가족적 혈연관계에 따른 보호의무), (ⅱ) 단체직위에 의한 보증의무(예, 담당공무원의 형사구금자 또는 정신병원수용자의 보호의무), (ⅲ) 긴밀한 공동체관계에 의한 보증의무(예, 탐험대원이나 등산대원 상호간의 보호의무), (ⅳ) 자의적인 인수에 의한 보호관계에 따른 보증의무(예, 수영교사와 학생간 또는 등산안내자와 등산객간 보호의무, 자의에 의한 병자의 보호의무) 등을 들 수 있다. 또한 (ⅴ) 보호기능의 인수에 의한 보증의무로서 요보호자가 상대방의 구조약속을 신뢰하고 행위하다가 결과가 발생하거나(예, 맹인에 대한 안내를 약속하고 방치하여 사고가 발생한 경우) 다른 구호조치를 취하지 않게 됨으로써 결과가 발생한 경우(예, 의사의 치료약속을 믿고 다른 의사에게 부탁하지 않았지만 그 의사가 치료를 제대로 하지 않아 사망한 경우) 등을 들 수 있다.

안전의무의 내용으로서는 (ⅰ) 선행행위로 인한 보증의무, (ⅱ) 지배영역 내에 있는 위험원에 대한 감독책임에 따른 보증의무(예, 위험한 물건이나 기계 또는 동물을 소유하거나 점유하고 있는 사람의 보증의무, 공사현장감독의 안전시설의무 등), (iii) 타인의 행위에 대한 감독책임에 따른 보증의무(예, 교사의 학생에 대한 감독의무, 상관의 부하직원에 대한 보증의무, 선장의 선원에 대한 보증의무 등) 등을 들 수 있다.

다. 작위의무의 정도

작위의무는 당해 구성요건적 결과의 발생을 방지하기 위한 의무이므로 일정한 부작위자에게 그 법익에 대한 보호가 사실상 특별히 위임되어 있고, 그 부작위가 작위에 의한 구성요건실현과 동일시할 만한 정도의 유형적 위법을 갖춘 경우에 인정된다. 따라서 작위의무는 당해 작위범에 상당한 정도로 강도의 것이어야 한다.

5. 행위정형의 동가치성

부진정부작위범의 성립에 있어서는 부작위가 작위에 의한 구성요건적 실현과 동가치할 것이 요구된다. 이것은 기술되지 아니한 규범적 구성요건요소로서 '행위정형의 상응성(相應性)'이라고도 한다. 판례는 부작위범이 성립하기 위해서는 작위의무 외에 동가치성이 요구된다고 한다. 하지만 범죄양태에 따라, 단순한 결과범의 경우에는 범죄성립에 있어서 결과발생 자체가 중요하므로 동가치성 판단이 의미가 없으므로, 특정 행위방법이 문제되는 범죄에서만 보증인적 지위와는 별개로 행위정형에 있어서의 동가치성에 대한 판단을 통해 부작위범의 성립 여부를 판단하면 충분하다. 다만, 동가치성의 유무는 형법각칙상 개별 구성요건 등을 기준으로 하여 주관적 사정과 객관적 사정을 종합적으로 고려하여 판단하여야 한다.

6. 부작위범의 미수

진정부작위범은 거동범이므로 그 성격상 미수범 성립이 불가능하다. 따라서 형법상 퇴거불응죄의 경우에 미수범을 처벌하고 있는 것(제319조 제2항)은 입법상 오류이다. 그러나 부진정부작위범은 작위의무위반에 따른 결과범이므로 미수범성립이 가능하고, 따라서 부작위를 하였지만 결과가 발생하지 아니하거나 부작위와 당해 결과 사이에 인과관계가 인정되지 아니한 경우에는 미수범이 성립한다. 이때 부진정부작위범의 실행의 착수시기는 부작위로 인해 위험이 증대된 때로 하여야 한다.

7. 부작위범과 공범

가. 부작위범에 대한 공범

부작위범에 관여하는 공범은 주로 작위의 형태로 행하여지고, 이 경우는 부작위범에게 현실적인 영향을 미칠 수 있다는 점에서 작위를 전제로 한 공범론이 그대로 적용된다. 이때 부진정부작위범은 일종의 신분범(보증인)이므로 신분 없는 사람의 가담행위는 형법 제33조(공범과 신분)에 의하여 규율된다. 따라서 乙의 친구인 甲이 미혼모인 乙과 상의한 후 乙의 묵인 하에 乙의 영아를 살해하면 乙은 부작위에 의한 영아살해죄가 성립하며, 甲은 작위에 의한 보통살인죄의 공동정범이 성립한다. 또한 甲이 설득하여 乙로 하여금 자신의 영아를 굶겨 죽게 하였다면 보통살인죄의 교사범이 된다. 다만, 공동정범이 모두 부작위범인 경우에는 공범자 모두에게 공통된 의무가 부과되어 있어야 하고, 그 의무를 공동으로 이행할 수 있어야 한다. 부작위범에 대한 방조는 정신적 방조뿐만 아니라 물리적 방조도 가능하며, 편면적 방조도 인정된다.

한편, 공범자가 폭력, 협박, 기망 등 방법으로 작위의무자로 하여금 부작위를 강요한 경우에는 공범자에게 간접정범(제34조 제1항)이 성립할 수 있다. 부작위범에 대하여 작위의무 있는 사람이 부작위로 가담한 경우에는 그 기여 정도에 따라 정범과 공범이 성립하게 된다.

나. 부작위에 의한 공범

부작위자에게 기능적 행위지배를 인정할 수 있는 경우에는 공동정범의 성립이 인정된다. 즉, 甲과 乙이 A(甲의 父)를 살해하기로 모의한 후, 乙이 A를 살해하는 것을 목격하고도 甲이 모른 척 한 경우에는 甲은 부작위에 의한 존속살해죄, 乙은 작위에 의한 보통살인죄의 공동정범이 성립할 수 있다(다수설). 또한 방조의 경우에도 부작위자에게 작위의무가 있고, 이를 위반하여 부작위를 통해 범죄결과발생을 촉진하거나 이에 기여하게 되면 종범이 성립할 수 있다. 즉, 甲이 자기 아버지가 乙에 의해 살해당하는 것을 우연히 목격하고도 모른 척하여 사망하게 한 경우에는 乙은 작위에 의한 보통살인죄가 성립하고, 甲은 부작위에 의한 존속살해죄의 종범이 성립할 수 있다.

그러나 부작위에 의해서 행위자에게 애초에 없던 범죄결의를 갖게 하는 것은 현실적으로 불가능하므로 부작위에 의한 교사는 성립하지 않는다.

제 4 장 위법성론

제1절 위법성 일반이론

1. 위법성의 의의

위법성이란 구성요건에 해당하는 행위가 전체 법질서에 반하는 성질을 말한다. 즉, 위법성이란 전체법질서의 관점에서 구성요건해당행위에 대해 부정적으로 평가하고 그 행위를 허용하지 않는다는 것으로서, 행위에 대한 비난가능성을 의미한다. 구성요건에 해당하는 행위는 원칙적으로 위법성이 있는 것으로 추정되지만, 위법성조각사유가 있는 경우에는 위법성이 부정된다. 위법성은 불법 개념과 구분되기도 한다. 즉, 위법성은 법질서에 반하는 행위의 속성을 의미하는 것(관계개념)이라면, 불법은 위법하게 평가된 행위 그 자체, 즉 구성요건에 해당하고 정당화사유가 존재하지 않는 행위의 성질을 의미하는 것(실체 개념)으로서 '가벌적 위법유형'으로 정의된다.

2. 위법성의 본질

형식적 위법성론은 위법성을 형식적인 법규에 대한 위반으로 이해하는 견해이다. **실질적 위법성론**은 위법성은 단순히 행위와 규범 사이에 관계만을 의미하는 것이 아니라 일정한 내용을 가지고 있다고 주장하는 견해이다. 오늘날 형법의 기능에 있어서 보호적 기능과 관련하여 법익보호와 사회윤리보호를 내용으로 하는 것으로 이해하므로, 위법성의 실질도 법익침해(결과반가치)와 사회윤리위반(행위반가치)의 요소를 모두 내포하고 있는 것으로 이해하고 있다. 즉, 결과반가치론은 불법은 법익침해 또는 법익침해의 위험이라는 결과반가치에 그 본질이 있다고 하며, 행위반가치론은 불법의 본질이 결과가 아니라 행위의 반사회성에 있다고 한다.

3. 위법성의 평가방법

객관적 위법성론은 형법이 평가규범이라는 점을 이유로 행위자의 능력은 고려함이 없이 객관적인 평가규범을 위반하면 위법이 된다는 견해이다. **주관적 위법성론**은 형법이 의사결정규범이라는 점을 이유로 법규범을 이해할 수 있는 사람의 행위만이 위법이 된다는 견해이다. 전자에 따르면 책임무능력자의 행위도 위법행위가 될 수 있으므로 이들의 위법한 침해에 대하여는 정당방위가 가능하지만, 후자의 입장에서는 책임무능력자는 위법행위를 할 수 없으므로 이들의 행위에 대하여는 정당방위는 할 수 없고, 따라서 긴급피난만이 가능하게 된다.

범죄론체계를 고려하여 위법성은 행위에 대한 객관적인 법적 반가치판단이고, 책임은 위법한 행위를 한 행위자에 대한 주관적인 법적 반가치판단으로 이해하는 객관적 위법성론에 따른다. 위법성 여부의 판단은 범행시를 기준으로 한다. 다만, 위법성판단에 있어서는 구성요건해당성에 의해 징표된 잠정적 반가치판단을 배제하고 행위의 허용(정당화) 여부를 검토해야 하기 때문에 위법성판단의 대상은 객관적 정당화요소와 주관적 정당화요소를 포함한다.

4. 위법성조각사유의 일반이론

위법성조각사유란 구성요건해당성에 의해 추정되는 위법성을 배제하는 특별한 사유를 말한다. 형법에서 위법성조각사유를 인정하는 근거가 무엇인가에 대하여는 ① 행위가 '정당한 목적을 위한 적합한 수단'일 때에는 위법하지 않다고 하는 목적설, ② 사회생활에 있어서 역사적으로 형성된 사회윤리적 질서, 즉 사회적 상당성에 반하지 않는다는 사회상당성설, ③ 법익형량설에서 발전한 것으로 이익의 교량에 의하여 경미한 이익을 희생하고 우월한 이익을 보호하려는 것이므로 적법하다는 이익형량(또는 교량)설 등이 있다.

이에 대해 위법성조각사유를 여러 원리에 의하여 개별적으로 규명하거나, 위법성조각사유를 형태별로 분류하여 그 형태에 적응하는 원리로 설명하는 견해가 있다(다원론). 대표적으로 메츠거(Mezger)의 2분설에 따르면 위법성조각사유의 일반원리를 우월적 이익의 원칙과 이익흠결의 원칙으로 구분한다. 정당방위, 긴급피난, 자구행위는 전자에 의하여, 피해자의 승낙과 추정적 승낙은 후자에 의해 위법성이 조각된다고 한다.

5. 주관적 정당화요소

위법성조각사유에 해당하는가 여부를 판단함에 있어서 주관적 정당화요소를 필요로 하는가에 대하여는 ① 객관적 위법성론을 철저히 관철하는 입장에서는 주관적 정당화요소를 요하지 않는다고 하지만, ② 위법성판단에 있어서 객관적 요소 외에 주관적 요소를 고려하는 것처럼 위법성조각사유가 인정되기 위해서는 객관적 요건인 정당화상황이 있어야 하고, 주관적 요건으로서 주관적 정당화요소가 존재해야 한다(판례). 이때 주관적 정당화요소는 행위자가 위법성이 조각되는 행위를 함에 있어서 위법성조각사유에 해당하는 객관적 상황에 대한 인식(정당화상황에 대한 인식)과 이러한 인식을 바탕으로 하여 정당화행위를 하는 것을 의욕하거나 인용하는 정당화의사(정당화목적)를 내용으로 한다.

따라서 객관적 정당화상황이 있다고 하더라도 주관적 정당화요소를 결여하게 되면 결과반가치는 없더라도 행위반가치는 있기 때문에 구조적으로 불능미수

와 유사하므로 이에 준하여 취급하여야 하고, 따라서 미수범처벌 규정이 없는
경우에는 무죄가 된다. 다만, 주관적 정당화요소 불요설(결과반가치론의 입장)에서
는 주관적 정당화요소의 결여와 관계없이 객관적 정당화상황만 있으면 위법성이
조각된다고 한다.

제2절 정당행위

1. 정당행위의 의의와 법적 성격

정당행위란 법령에 의한 행위·업무로 인한 행위·기타 법질서 전체의 정신
이나 사회윤리에 비추어 용인될 수 있는 행위를 의미한다. 형법 제20조에서는
"법령에 의한 행위 또는 업무로 인한 행위 기타 사회상규에 위배되지 아니하는
행위는 벌하지 아니한다"고 규정하여 위법성조각사유로 인정하고 있다.

판례는 사회상규불위배행위를 정당행위의 모든 유형을 포함한 일반적 요건
으로 인정하고 있을 뿐만 아니라 개별적 위법성조각사유의 판단에 있어서도 사
회상규불위배행위일 것을 요건으로 하는 등, 모든 위법성조각사유를 포섭하는
일반적 위법성조각사유로 인정하고 있다. 그러나 형법체계상 형법 제20조는 사
회상규불위배행위를 위법성조각사유의 하나의 독자적인 유형으로서 다른 위법
성조각사유에 관한 규정들과 병렬적인 지위를 가진 것으로 해석하여야 한다. 설
령, 판례의 태도에 따르더라도 '사회상규불위배행위'가 매우 추상적인 개념이므
로 위법성을 근거지우는 적극적 기준이 아니라 다른 위법성조각사유에 해당되지
않는 경우에도 위법성조각이 될 수 있는 영역을 인정하는 보충적 기능을 하는
위법성조각사유로 활용하여야 한다.

2. 정당행위의 내용

가. 법령에 의한 행위

법령에 의한 행위란 법령에 근거를 두고 권리(권한) 또는 의무로서 행하여지는 행위를 말한다. '법령'은 우리나라의 법령뿐만 아니라 외국의 법령 중에서 우리나라 법령에 의해 국내법적 효력이 인정되는 법령을 포함한다.

법령에 의한 행위로는 공무원의 직무집행행위, 징계행위, 사인(私人)에 의한 현행범인 체포, 노동쟁의행위, 모자보건법상 인공임신중절수술(제14조), 장기등이식에 관한 법률에 따른 장기적출행위(제22조), 호스피스·완화의료 및 임종과정에 있는 환자의 연명의료결정에 관한 법률에 따른 연명의료중단행위(제19조), 정신건강증진 및 정신질환자 복지서비스 지원에 관한 법률에 따른 강제입원(제44조, 제45조), 한국마사회법에 의한 승마투표권의 발매행위(제6조), 기타 특별법에 따른 각종 복권의 발매행위 등이 있다.

(1) 공무원의 직무집행행위

공무원의 직무집행행위는 법령에 근거한 경우와 상관의 명령에 의한 경우가 있다.

법령에 의한 공무원의 직무집행행위가 위법성이 조각되기 위해서는 (i) 그 행위가 근거로 한 법령에 규정된 요건을 갖추고, (ii) 명령의 내용이 공무원의 직무범위 내에 속하며, (iii) 적법한 절차에 따라 행하여져야 한다. 따라서 직무집행행위가 남용된 때에는 위법으로 된다. 법령에 의한 공무원의 직무집행행위로는 형사소송법에 의한 경찰관의 체포·구속·압수·수색 등 강제처분, 경찰관직무집행법에 의한 불심검문 등 경찰관의 직무행위, 민사집행법에 의한 집행관의 압류 등 강제집행, 형사소송법·형의 집행 및 수용자의 처우에 관한 법률에 의한 교도관의 사형집행 등이 있다.

한편, 상관의 명령에 의한 직무집행행위가 위법성이 조각되기 위해서는, 그 명령이 직무상 추상적·일반적 권한이 있는 사람에 의해 발해지고, 적법한 명령이어야 한다. 따라서 위법한 명령에 따른 행위는 위법성이 조각되지 않는다. 다만, 상관의 명령에 절대적 구속력이 있는 경우에는 적법행위에 대한 기대가능성이 없다고 인정되는 경우에 한하여 책임이 조각될 수 있을 뿐이다(판례).

(2) 징계행위

학교의 장은 교육상 필요한 경우에는 법령과 학칙으로 정하는 바에 따라 학생을 징계할 수 있다(초·중등교육법 제18조 제1항, 고등교육법 제13조 제1항). 또한 소년원장 또는 소년분류심사원장에게는 소년원에 수용된 보호소년에 대한 징계권(보호소년 등의 처우에 관한 법률 제15조)이 인정되고 있다. 따라서 징계권자의 적법한 징계행위는 법령에 의한 행위로서 위법성이 조각된다. 다만, 징계행위가 위법성을 조각하기 위해서는 (i) 객관적으로 충분한 징계사유가 있어야 하고, (ii) 교육목적을 달성하기 위하여 필요하여야 하며, (iii) 징계의 정도가 적절하여야 하고, (iv) 주관적으로 교육을 위한 의사로 행하여져야 한다(판례). 종래 판례는 친권자의 체벌은 물론, 교사에 의한 체벌도 제한적이지만 징계행위로서 허용되는 경우를 인정하였었다. 그러나 최근에는 징계행위를 이유로 체벌 등 부적절한 방법을 이용하는 경우는 물론, 징계권의 행사가 그 정도를 초과하거나 교육목적으로 행한 것이 아닌 때에는 위법성조각이 인정되지 않는다.

(3) 사인에 의한 현행범인 체포

형사소송법 제212조에서는 "현행범인은 누구든지 영장없이 체포할 수 있다"고 규정하고 있다. 따라서 사인(私人)에 의한 현행범인의 체포행위는 위법성을 조각하며, 체포과정에서 필요한 최소한의 범위 내의 실력행사는 허용된다. 다만, 현행범인의 체포가 정당화되기 위해서는 정당행위의 일반적 요건을 충족하여야 한다(판례). 따라서 사인이 현행범인을 체포하기 위하여 타인의 주거에 침입하거나 흉기 등을 사용하여 범인을 살해 또는 상해를 한 경우에는 위법성이 조각되지 않는다.

(4) 노동쟁의행위

노동조합 및 노동관계조정법에서는 헌법 제33조에 근거하여 근로자에게 단결권과 단체교섭권 및 쟁의권을 인정하고 있다(제37조 이하). 따라서 근로자의 쟁의행위가 동법의 요건을 충족한 경우에는 법령에 의한 행위로서 위법성이 조각된다. 다만, 노동조합의 쟁의행위가 정당하기 위해서는 (i) 그 주체가 단체교섭

의 주체로 될 수 있는 사람이어야 하고, (ⅱ) 노동조합과 사용자의 교섭과정에서
노사대등의 입장에서 근로조건의 향상 등 근로자의 경제적 지위를 향상시키려는
목적에서 나온 것이어야 하며, (ⅲ) 사용자가 근로자의 근로조건 개선에 관한 구
체적인 요구에 대하여 단체교섭을 거부하거나 단체교섭에서 그와 같은 요구에
반대의 의사표시를 하거나 묵살하고 반대하고 있는 것을 분명하게 하고 있을 경
우에 개시할 수 있으며, (ⅳ) 특별한 사정이 없는 한 법령이 규정한 절차를 밟아
야 하고, 그 수단과 방법이 사용자의 재산권과 조화를 이루어야 할 뿐 아니라,
다른 기본적 인권을 침해하지 아니하는 등 그 밖의 헌법상 요청과 조화되어야
한다(판례).

(5) 연명의료 중단행위

호스피스·완화의료 및 임종과정에 있는 환자의 연명의료결정에 관한 법률
에 따르면 담당의사는 임종과정에 있는 환자가 (ⅰ) 동법 제17조에 따라 연명의
료계획서, 사전연명의료의향서 또는 환자가족의 진술을 통하여 환자의 의사로
보는 의사가 연명의료중단 등 결정을 원하는 것이고, 임종과정에 있는 환자의
의사에도 반하지 아니하는 경우 또는 (ⅱ) 동법 제18조에 따라 연명의료중단 등
결정이 있는 것으로 보는 경우에는 연명의료중단 등 결정을 이행할 수 있다(법
제15조).

나. 업무로 인한 행위

업무로 인한 행위는 개개의 행위에 대하여 법령에 규정되어 있지 않은 경우
에도 사회상규에 비추어 정당하다고 인정되는 때에는 위법성이 조각된다. '업무'란
사람이 사회생활상의 지위에 의하여 계속·반복의 의사로 행하는 사무를 말한다.

(1) 의사의 치료행위
(가) 치료행위의 의의와 법적 성격

의사의 치료행위는 의사가 환자의 건강을 회복·개선시키기 위해 의술의 법
칙에 따라 행하는 의료활동을 말한다. 의사의 치료행위에 대한 법적 성격에 대
하여는 ① 의사의 치료행위를 실질적·전체적으로 파악하여 치료행위가 성공한

경우에는 상해죄의 구성요건해당성을 부정하는 견해가 있다. 그러나 ② 의사의 치료행위가 형법상 문제되는 것은 치료행위가 성공한 경우가 아니라 실패한 경우이고, 의사의 치료행위를 구성요건해당성조각사유라고 하게 되면 의료과실에 대하여 처음부터 형법적 개입이 불가능하게 되므로 의사의 치료행위는 위법성조각사유로 이해하여야 한다. 다만, 의사의 (실패한) 치료행위가 위법성이 조각되기 위해서는 (ⅰ) 의사가 설명의무를 충실히 이행하여야 하고, (ⅱ) 치료를 개시하기 전에 환자의 사전 동의를 받아야 하며, (ⅲ) 의학적 방법에 의하여 최선을 다하여야 할 것이 요구된다. 다만, 생명이 위급하여 피해자나 보호자의 동의 없이 행하는 전단(專斷)적 치료행위나 환자의 동의를 받아 행하는 실험적 의료행위가 실패한 경우에도 의사가 의술의 법칙에 따라 최선을 다하였다면 위법성조각을 인정하여야 한다. 이러한 법적 논리는 치료유사행위에도 마찬가지로 적용될 수 있다.

(나) 안락사와 존엄사

안락사는 죽음에 임박한 중환자의 고통을 덜어주기 위해 사기(死期)를 앞당겨 사망하게 하는 행위를 말한다. 안락사의 유형에는 (ⅰ) 생명단축을 수반하지 않고 고통을 제거하여 안락하게 자연사하도록 하는 경우인 진정안락사(협의의 안락사), (ⅱ) 불치의 환자에 대해 고통을 제거하기 위한 치료가 생명단축을 가져오게 결과를 초래한 경우인 간접적 안락사(소극적 안락사), (ⅲ) 치료행위 중단에 의해 사망에 이르게 하는 경우인 부작위에 의한 안락사, (ⅳ) 환자의 고통을 덜어주기 위해 적극적으로 생명을 단축하게 하는 경우인 적극적 안락사 등이 있다.

이러한 안락사에 대하여 위법성조각이 인정되는가가 문제된다. 학설상 다툼은 있으나 현행법상 연명치료 중단행위가 허용되고 있는 현실을 고려하면 사실상 형법적으로 문제되는 안락사는 적극적 안락사의 경우이다. 환자의 고통이나 의료기술의 현실적 한계 등을 고려하면 적극적 안락사를 전면적으로 금지하는 것만이 최선은 아닐 것이다. 이미 일부 국가들에서는 적극적 안락사를 법적·제도적으로 허용하고 있다. 다만, 적극적 안락사가 위법성이 조각되기 위해서는 (ⅰ) 환자가 불치의 병으로 사기에 임박했을 것, (ⅱ) 환자의 육체적 고통이 극심할 것, (ⅲ) 그 고통을 완화하기 위한 목적으로 행할 것, (ⅳ) 환자의 의식이 명료한 때에는 본인의 진지한 촉탁 또는 승낙이 있을 것, (ⅴ) 원칙적으로 의사에 의해 시행되고, 그 방법이 윤리적으로 타당한 것으로 인정할 수 있을 것 등의 요건이 충족되어야 한다(일본 판례).

한편, 존엄사는 불치의 병에 걸린 환자가 오랫동안 식물인간상태로 의식이 없거나 혹은 지적·정신적 판단능력이 사실상 상실된 경우에 인공적인 생명연장 장치를 제거하거나 생명연장을 위한 응급조치를 하지 않음으로써 사망하게 하는 것을 말한다. 일부 국가에서는 사람은 사람답게 살 권리뿐만 아니라 '사람답게 죽을 권리'도 있고, 이것은 프라이버시권의 일종이라고 하면서 환자의 자기결정 권을 존중하여 법적으로 허용하거나 위법성조각을 인정하기도 한다. 우리나라에서는 종래 절대적 생명보호의 원칙은 유지되어야 한다는 점에서 존엄사를 허용하는 법률규정은 없지만 (ⅰ) 자연적 생명력이 감퇴되어 생존의 가능성이 희박할 것, (ⅱ) 환자가 생전에 동의하거나 가족의 동의가 있어야 할 것, (ⅲ) 의사가 의학적 방법에 따라 처치할 것 등의 요건이 충족되면 위법성이 조각되는 것으로 이해하여 왔다. 하지만 전술한 것처럼 호스피스·완화의료 및 임종과정에 있는 환자의 연명의료결정에 관한 법률이 제정·시행됨에 따라 존엄사는 동법상 연명 의료 중단행위에 해당하는 경우에 한하여 '법령에 의한 행위'로서 위법성이 조각 되는 것으로 해석하여야 한다.

(2) 변호사 또는 성직자의 업무행위

변호사가 변호인으로서 피고인을 위해 변호활동을 하는 것은 정당한 업무행 위에 속한다(변호사법 제3조 참조). 따라서 변호사가 법정에서 변론하던 중에 타인 의 명예를 훼손하는 사실을 말하거나 변호업무를 처리하면서 알게 된 타인의 비 밀을 누설한 경우에도 업무로 인한 정당행위로서 위법성이 조각된다. 또한 성직 자가 고해성사를 통해 알게 된 범죄사실을 고발하지 않거나 묵비한 경우에도 업 무로 인한 행위로서 위법성이 조각된다. 오히려 성직자가 직무상 취득한 비밀을 누설하게 되면 형법상 업무상비밀누설죄(제317조)가 성립할 수 있다. 그러나 성 직자가 적극적으로 범인을 은닉, 도피하게 한 것은 성직자의 직무범위를 벗어난 것으로서 위법성이 조각되지 않는다(판례).

다. 사회상규에 위배되지 아니하는 행위

사회상규는 사회생활에 있어서 일반적으로 인정되는 정상적 규칙을 말한다. 따라서 사회상규불위배행위란 법질서 전체의 정신이나 그 배후를 이루는 사회윤리에 비추어 용인될 수 있는 범위 내의 행위를 의미한다. 판례는 "사회상규에 반하지 않는 행위라 함은 국가질서의 존중이라는 인식을 바탕으로 한 국민일반의 건전한 도의적 감정에 반하지 아니한 행위" 또는 "법질서 전체의 정신이나 그 배후에 놓여 있는 사회윤리 내지 사회통념에 비추어 용인될 수 있는 행위"라고 한다.

어떠한 행위가 사회상규에 위배되지 아니하는 정당한 행위로서 위법성이 조각되기 위해서는 (i) 행위의 동기나 목적의 정당성, (ii) 행위의 수단이나 방법의 상당성, (iii) 보호이익과 침해이익과의 법익권형성, (iv) 긴급성, (v) 그 행위외에 다른 수단이나 방법이 없다는 보충성 등의 요건을 갖추어야 한다(판례). 판례가 사회상규불위배행위로 인정한 구체적인 행위들을 유형적으로 살펴보면, (i) 상대방의 도발이나 폭행 또는 강제연행을 피하기 위한 소극적인 저항행위, (ii) 객관적으로 징계의 범위를 벗어나지 않고 주관적으로 교육의 목적으로 행해진 징계권 없는 사람의 징계행위, (iii) 사회상규에 벗어나지 않는 정도의 자기 또는 타인의 권리를 실행하기 위한 행위, (iv) 극히 경미한 법익침해행위 등이 있다(구체적 사례는 개별 판례 참조).

3. 의무의 충돌

가. 의무의 충돌의 의의와 종류

의무의 충돌이란 2개 이상의 의무를 동시에 이행할 수 없는 긴급상태에서 그 중 하나의 의무를 이행하기 위하여 다른 의무의 이행을 방치한 결과, 방치한 의무불이행이 구성요건에 해당하는 경우를 말한다. 의무의 충돌은 종래 긴급피난의 일종으로 이해되었으나 오늘날에는 정당행위로 포섭하고 있다.

의무의 충돌은 (i) 법규 사이의 모순으로 인해 그로부터 도출되는 법적 의

무가 충돌하는 경우인 **논리적 충돌**(예, 의사의 전염병예방법에 의한 신고의무와 형법
상 업무상 비밀유지의무)과 법규와 관계없이 행위자의 일신적 사정에 의해 2개 이
상의 의무가 충돌하는 경우인 **실질적 충돌**(예, 아들 2명이 동시에 물에 빠져 익사할
위험에 처한 상황에서 아버지가 한 아이를 구하다가 다른 아이를 익사하게 한 경우), (ⅱ)
행위자가 의무형량이 가능한 경우로 적법행위인가 위법행위인가를 선택할 수 있
는 충돌인 **해결할 수 있는 충돌**과 의무형량이 불가능한 경우로서 행위자에게 선
택의 여지를 주지 않는 충돌인 **해결할 수 없는 충돌로 구분할 수 있다**. 의무의
충돌에서 특히 문제되는 것은 실질적 충돌의 경우로서 작위의무와 작위의무가
충돌하는 경우이다.

나. 의무의 충돌의 요건 및 효과

의무의 충돌이 성립하기 위해서는 다음의 요건이 갖추어져야 한다.

첫째, 동시에 이행할 수 없는 2개 이상의 의무가 충돌하여야 한다. 행위자에
게 2개 이상의 의무가 부과되어 있고, 이것을 동시에 이행할 수 없어야 한다.
'의무'는 실정법상 의무일 것을 요하지 않으며, 관습법상 인정되거나 법질서 전
체의 정신에서 도출되는 의무이면 된다. 행위자에게 책임 있는 사유로 인하여
의무의 충돌이 발생한 경우에 대하여는 ① 행위자의 고의 또는 과실에 의한 경
우에는 위법하다는 견해가 있으나, ② 경미한 과실에 의한 경우에는 상당성이
인정되면 의무의 충돌을 인정하여야 한다.

**둘째, 의무의 충돌에 있어서는 충돌하는 의무 중 높은 가치의 의무를 이행하
여야 한다.** 의무의 충돌이 위법성이 조각되기 위해서는 높은 가치의 의무를 이
행하여야 한다. 다만, 같은 가치의 다른 의무를 이행하거나 하위가치의 의무를
이행한 경우에 대하여는 ① 법이 불가능한 것을 강요할 수 없고, 어느 의무를
이행하는가는 행위자의 선택에 맡겨야 한다는 점에서 위법성조각사유로 이해하
는 견해가 있으나, ② 이익형량이 불가능하다는 점에서 위법성조각은 되지 않
고, 기대불가능성을 이유로 하여 책임이 조각·감경되는 것으로 하여야 한다.

**셋째, 주관적 정당화요소로서 의무의 충돌상황을 인식하고, 높은 가치의 의무
를 이행하고자 하는 의사를 가져야 한다.** 이때 이행하는 의무를 선택한 동기는
묻지 않는다.

제3절 정당방위

1. 정당방위의 의의

정당방위란 자기 또는 타인의 법익에 대한 현재의 부당한 침해를 방위하기 위한 상당한 이유가 있는 행위를 말한다. 형법 제21조 제1항에서는 "현재의 부당한 침해로부터 자기 또는 타인의 법익(法益)을 방위하기 위하여 한 행위는 상당한 이유가 있는 경우에는 벌하지 아니한다"고 규정하여 정당방위를 위법성조각사유로 인정하고 있다.

정당방위는 위법한 침해에 대하여 정당화되는 행위이므로 '부정(不正)' 대 '정(正)'의 관계에 있고, "정(正)은 부정(不正)에 양보할 필요가 없다"라는 사상, 즉 자기보호의 원리와 법수호의 원리를 위법성조각의 근거로 한다.

2. 정당방위의 성립요건

가. 현재의 부당한 침해

침해란 법익에 대한 사람의 공격 또는 그 위험을 말한다. 침해가 범죄구성요건상 행위가 아니더라도 가능하지만, 단순한 욕설만으로는 이에 해당하지 않는다. 침해는 사람의 행위를 말하므로, 자연재해에 의한 침해나 동물에 의한 침해에 대하여는 긴급피난만이 가능하다. 다만, 동물의 침해가 주인의 사주 또는 고의·과실에 의한 경우에는 정당방위가 가능하다. 또한 침해는 고의행위·과실행위에 의한 경우를 불문하며, 행위자의 책임능력의 유무도 고려되지 않는다. 부작위에 의한 침해에 대해서도 정당방위가 가능하다. 그러나 채무불이행과 같은 단순한 의무불이행은 부작위에 의한 침해에 해당되지 않는다.

침해는 현재에 있어야 한다. 현재의 침해란 침해가 지금 행해지고 있는 경우뿐만 아니라 곧 행해지려 하고 있는 급박한 상태이거나 아직 계속 중인 경우를 포함한다. 범죄가 이미 형식적으로 기수에 도달한 이후에도 법익침해가 현장에서 계속되는 상태에 있으면 현재의 침해가 인정된다. 따라서 절도의 현행범인을 추격하여 도품을 탈취하는 것은 자구행위가 아니라 정당방위에 해당한다. 현재성의 판단은 객관적인 상황에 따라 결정하여야 하고, 침해행위시를 기준으로 한다. 따라서 사전에 담벼락에 전기철조망을 설치해 둔 경우에도 타인이 주거에 침입할 때 감전을 당하였다면 침해의 현재성이 인정될 수 있다. 그러나 예방적 정당방위, 즉 침해를 예견하고 사전에 미리 방위행위를 하는 것은 정당방위가 되지 않는다. 다만, 폭력행위 등 처벌에 관한 법률 제8조 제1항에서는 "이 법에 규정된 죄를 범한 사람이 흉기나 그 밖의 위험한 물건 등으로 사람에게 위해(危害)를 가하거나 가하려 할 때 이를 예방하거나 방위(防衛)하기 위하여 한 행위는 벌하지 아니한다"고 규정하여 예외적으로 예방적 정당방위를 인정하고 있다.

> **[지속적 위험의 현재성 여부]** 지속적 위험이란 과거부터 침해가 지속되어 왔고, 장래에도 침해가 반복하여 계속될 우려가 있는 경우를 말한다. 이러한 지속적 위험이 있는 경우에 정당방위의 현재성을 인정할 수 있는가가 문제된다. 예를 들면, 가정폭력을 일삼는 남편으로부터 벗어나기 위해 남편이 잠든 틈을 타서 살해한 경우에는 피해자가 다른 방법으로 긴급구조를 요청할 여지도 있다는 점에서 긴급피난이 성립하는 것은 별론으로 하고, 정당방위는 되지 않는다.

침해는 부당하여야 한다. '부당한 침해'란 형법뿐만 아니라 법질서 전체에 반하는 모든 침해를 포괄하는 것으로 객관적으로 판단한다. 따라서 민사법상 불법행위나 미수범 처벌규정이 없는 범죄의 미수행위, 형법상 처벌되지 않는 사용절도와 같은 행위, 처벌되지 않는 과실행위에 관여하여 결과를 발생시킨 행위 등에 대해서도 정당방위가 가능하다. 침해행위가 범죄구성요건에 해당하는 경우에도 위법하면 충분하고, 유책할 필요는 없다. 따라서 정당행위, 정당방위, 긴급피난 등에 대하여는 정당방위가 허용되지 않지만, 명정자·정신병자 또는 유아 등 책임무능력자의 침해에 대하여는 정당방위가 가능하다. 싸움에 있어서는 방위행위와 침해행위가 교차하기 때문에 원칙적으로 정당방위가 인정되지 않는다. 다만, 예외적으로 전혀 싸울 의사 없이 소극적인 방어에 그친 경우, 싸움 도중 상대방이 갑자기 예상하지 못했던 과도한 공격수단으로 나온 경우 등에 있어서는 정당방위가 인정된다. 또한 형식적으로는 싸움이지만 일방적으로 공격을 당하는 경우의 방어적 방위행위는 정당방위가 될 수 있다(판례).

나. 자기 또는 타인의 법익을 방위하기 위한 행위

(1) 자기 또는 타인의 법익

정당방위는 자기 또는 타인의 법익을 대상으로 한다. '법익'이란 권리에 한정하지 않고 법에 의해 보호되는 모든 이익을 말하며, 형법에 국한되지 않고 다른 법규에 의하여 보호되는 법익도 포함한다. 따라서 생명, 신체, 명예, 재산, 자유 등 형법상 법익 이외에 민법상 점유, 가족관계나 일반적 인격권의 대상이 되는 사적 생활영역도 방위의 대상이 된다.

정당방위는 자기 또는 타인의 법익을 방위하기 위해 허용된다. '타인'에는 자연인 이외에 법인과 국가도 해당한다. 그러나 공공질서와 같은 국가적·사회적 법익을 위한 정당방위는 원칙적으로 허용되지 않는다. 다만, 국가의 존립에 관한 명백하고 중대한 위협에 처하여 국가가 그 기관에 의하여 스스로 보호조치를 취할 수 있는 여유가 없는 경우에는 사인(私人)에게도 예외적으로 정당방위를 인정하여야 한다.

(2) 방위하기 위한 행위

(가) 방위행위

방위행위란 위법한 침해를 막기 위한 방어행위를 말한다. 방위행위에는 침해행위에 대하여 순전히 수비적 방어에만 그치는 보호방위(방어적 방위)와 침해행위에 대하여 적극적 공격을 가하는 공격방위(적극적 방위)를 포함한다. 다만, 공격방위는 보호방위가 불가능한 부득이한 사정이 있는 경우에 한하여 인정된다. 방위행위는 성질상 침해행위자 및 그 도구에 대하여 행해져야 한다. 다만, 제3자에 대한 방위행위가 공격자에 대한 방위의 한 부분이 되는 경우에는 정당방위로 될 수 있다.

(나) 방위의사

방위행위에는 주관적 정당화요소로서 방위의사가 있어야 한다(판례). 방위의사는 방위행위의 유일한 동기일 필요는 없고, 분노, 증오, 복수심 등과 같은 동기가 함께 있어도 주된 동기가 방위의사이면 정당방위가 성립한다. 따라서 우연 방위는 정당방위가 되지 아니한다. 방위의사가 결여된 방위행위는 결과반가치는 부정되지만 행위반가치는 인정되므로 불능미수범으로 처벌될 수 있다.

[도발된 침해와 정당방위의 성부] 도발된 침해란 행위자가 상대방의 공격을 도발한 경우를 말한다.

1. **목적에 의한 도발** : 목적에 의한 도발은 행위자가 정당방위상황을 이용하여 공격자를 침해할 목적으로 공격자에게 악의적으로 침해를 유발시킨 것이어서, 방위의사가 결여되어 있으므로 정당방위가 성립하지 않는다.

2. **유책한 도발** : 유책한 도발은 행위자가 공격자의 침해를 의도하지 않았지만 상대방의 공격을 유발시킨데 책임이 있는 경우이지만 행위자가 애초 공격을 예상하였다고 볼 수 없기 때문에 방위의사를 인정할 수 있으므로 정당방위가 허용된다. 다만, 이 경우에는 행위자에게 침해에 대한 과실이 있다는 점에서 방위행위는 최후수단이어야 하며, 방어적 방위행위로 제한된다. 그러나 이때 행위자의 도발이 법질서 관점에서 부당하거나 위법한 경우에는 공격자의 행위가 정당방위가 되므로 행위자에게 정당방위가 허용되지 않는다.

다. 상당한 이유

(1) 상당성 판단

정당방위가 성립하기 위해서는 방위행위에 상당한 이유(상당성)가 있어야 한다. '상당한 이유'란 사회생활상 법적으로 허용되는 것으로 용인될 수 있는 성질을 의미한다. 판례는 상당성의 판단과 관련하여 "정당방위에 있어서는 반드시 방위행위에 보충의 원칙은 적용되지 않으나 방위에 필요한 한도 내의 행위로서 사회윤리에 위배되지 않는 상당성있는 행위임을 요한다"라고 하거나 "그 행위에 이르게 된 경위, 목적, 수단, 의사 등 제반사정에 비추어 사회통념상 허용될 만한 정도의 상당성"이 있을 것을 요함으로써 상당성의 개념 속에 사회윤리적 제한을 포함시키고 있다. 따라서 정당방위에 있어서 상당한 이유의 유무를 판단함에 있어서는 (ⅰ) 보충성의 원칙, (ⅱ) 필요성 또는 상대적 최소방위의 원칙, (ⅲ) 이익균형의 원칙, (ⅳ) 요구성 또는 사회윤리적 제한 등이 고려되어야 한다. 다만, 정당방위는 '부정' 대 '정'의 관계에서 '정'이 '부정'에 양보할 필요가 없기 때문에 정당방위에 있어서는 긴급피난의 경우와 달리 보충성의 원칙이나 법익균형의 원칙은 엄격하게 요구되지 않는다. 따라서 사실상 방위행위가 상대적 최소방위의 원칙을 충족하였다면 상당성이 있다고 판단할 수 있다.

(2) 정당방위의 제한사유

정당방위는 다음의 경우에는 제한된다.

첫째, 책임무능력자에 의한 침해이다. 즉 아이·정신병자·술에 만취된 자와 같이 책임능력이 결여된 사람으로부터 공격을 받았을 때에는 부당한 침해에 해당하므로 정당방위가 가능하지만 공격을 피할 수 없는 특별한 사정이 있는 경우에 한하여 예외적으로 방어적 정당방위가 허용된다.

둘째, 부부 간이나 부자 간 등과 같이 긴밀한 인적 관계에서의 침해이다. 이들 상호간에는 서로 보호할 보증의무가 있으므로 상대방의 침해에 대하여 원칙적으로 정당방위가 인정되지 않는다.

셋째, 경미한 침해의 경우이다. 정당방위는 '부정' 대 '정'의 관계이므로 경미한 침해에 대해서도 정당방위가 허용되지만, 그 침해의 정도가 극히 경미한 경우에는 법수호의 이익이 감소되므로 정당방위가 제한된다.

3. 과잉방위

과잉방위란 방위행위가 그 정도를 초과한 경우로서, '상당한 이유'의 요건을 충족시키지 못한 경우이다. 형법에서는 과잉방위에 대하여 "그 정황에 따라 형을 감경 또는 면제할 수 있다"(제21조 제2항)라고 규정하여 형의 임의적 감경 또는 면제사유로 하고 있다. 그러나 야간이나 그 밖의 불안한 상태에서 공포를 느끼거나 경악(驚愕)하거나 흥분하거나 당황하였기 때문에 과잉방위행위를 하였을 때에는 벌하지 아니한다(동조 제3항). 과잉방위는 정당방위의 요건을 충족하지 못하여 위법성은 조각되지 않지만, 급박한 사정으로 인해 행위자에게 적법행위에 대한 기대가능성이 감소되거나 없기 때문에 책임이 감소·소멸된 것으로 간주하는 것이다.

4. 오상방위와 오상과잉방위

오상방위란 정당방위의 객관적 요건이 존재하지 않음에도 불구하고 존재한다고 오신하고 행한 방위행위를 말한다. 예를 들면, 빌려갔던 식칼을 돌려주려고 한밤중에 집안으로 들어오는 이웃집 사람을 강도로 오신하고 때려눕힌 경우이다. 오상방위는 정당방위 상황이 객관적으로 존재하지 않지만 주관적으로 방위의사가 존재하는 경우로서 위법성조각사유의 전제사실에 관한 착오에 해당한다(후술 책임론 참조).

오상과잉방위란 현재의 위법한 침해가 없음에도 불구하고 이를 존재한다고 오신하고 상당성을 초과하는 방위행위를 한 경우를 말한다. 즉, 오상과잉방위는 오상방위와 과잉방위가 결합된 형태로서, 위법성인식에 착오가 있는 것은 아니므로 원칙적으로 과잉방위로 취급하되 정당방위상황과 상당성에 착오가 있는 경우에는 오상방위로 취급하여야 한다.

제4절 긴급피난

1. 긴급피난의 의의와 본질

긴급피난이란 자기 또는 타인의 법익에 대한 현재의 위난에 직면한 경우에 다른 사람의 정당한 법익을 희생시킴으로써 위난을 피하는 행위가 상당한 이유가 있는 경우를 말한다. 예를 들면, 甲이 맹견에게 물릴 위험에 처하자 乙의 주거에 무단으로 침입한 경우이다. 형법 제22조 제1항에서는 "자기 또는 타인의 법익에 대한 현재의 위난을 피하기 위한 행위는 상당한 이유가 있는 때에는 벌하지 아니한다"고 규정하여 긴급피난을 위법성조각사유로 인정하고 있다. 긴급피난은 보다 우월한 가치가 있는 이익을 보호하기 위한 유일한 방법(이익교량설)일 뿐만 아니라 정당한 목적을 위한 상당한 수단(목적설)이라는 점을 위법성조각의 근거로 한다.

긴급피난은 위난이 위법한 침해에 의하여 발생될 필요가 없다는 점에서 '정'

대 '정'의 관계로 표현되며, 위난행위는 원칙적으로 위난을 야기한 사람이 아닌 제3자의 법익을 훼손하는 형태로도 나타나기 때문에 3면관계에서 발생한다는 점에서 정당방위와 다르다. 따라서 긴급피난에 있어서는 정당방위와 달리 보호이익과 피해이익 간에 엄격한 이익교량을 요구한다.

2. 긴급피난의 성립요건

가. 자기 또는 타인의 법익에 대한 현재의 위난

(1) 자기 또는 타인의 법익

긴급피난은 정당방위와 마찬가지로 자기의 법익뿐만 아니라 타인의 법익을 보호하기 위하여 할 수 있다. 타인은 자기를 제외한 모든 자연인과 법인을 뜻한다. 긴급피난은 타인의 개인적 법익뿐만 아니라 국가적·사회적 법익을 위해서도 허용된다. '법익'은 형법상 법익뿐만 아니라 법적으로 보호되는 모든 이익을 포함한다.

(2) 현재의 위난

위난이란 법익에 대한 침해가 발생할 위험이 있는 상태를 의미한다. 위난은 장래에 발생하게 될 법익침해를 사전에 예측하여 판단하는 것이므로 위난이 곧 법익침해를 의미하는 것은 아니며, 침해의 위험성이 있는 경우에도 위난이 인정될 수 있다. 위난의 원인은 불문하며, 위법할 것도 요하지 않는다. 다만, 위법한 위난에 대하여는 정당방위와 긴급피난 모두 가능하다. 또한 위난은 사람의 행위뿐만 아니라 동물에 의해 야기된 것은 물론, 천재지변 등 자연현상에 의하여 발생한 위난도 포함된다.

위난은 현재의 위난이어야 한다. '현재성'이란 침해가 즉시 또는 곧 발생할 것으로 예상되는 경우뿐만 아니라 이미 발생한 침해가 증폭되거나 반복될 가능성이 있는 때를 포함한다. 위난이 현실화되기까지는 일정한 시간의 경과를 요하지만 사전에 실효성 있게 대처하기 위해 즉시 행동하여야 할 경우에도 현재성이 인정될 수 있다. 한편, 전술한 지속적 위험에 대하여 긴급피난의 성립을 인정하기도 한다. 위난 여부의 판단은 피난행위에 앞선 시점을 기준으로 하되, 행위자의 특별한 지식을 고려하여 일반인의 관점에서 객관적으로 행하여야 한다.

나. 위난을 피하기 위한 행위

(1) 피난행위

피난행위란 현재의 위난을 피하기 위한 일체의 행위를 말한다. 피난행위는 원칙적으로 위난과 관계없는 제3자에 대하여 행하여진다(공격적 피난). 그러나 예외적으로 위난을 유발한 사람에 대해서도 가능하며(방어적 긴급피난), 이때에도 긴급피난의 요건이 그대로 적용된다. 동물에 의한 침해에 대해서도 방어적 긴급피난이 가능하다.

방어적 긴급피난의 경우로서 위난행위가 위법하지 않은 경우는 피난행위와 '정 대 정'의 관계가 되므로 긴급피난의 요건을 충족하여야 하고, 이때 긴급피난에 대하여는 다시 긴급피난이 가능하다. 그러나 이때 위난행위가 위법한 경우(예, 지속적 위험)는 피난행위와 '부정 대 정'의 관계가 되므로 전자에 비해 우월한 이익의 원칙은 다소 완화된다. 그러나 이 경우에도 이익형량의 원칙 외에 보충성의 원칙 등 다른 상당성의 요건은 그대로 적용된다.

(2) 피난의사

피난행위에는 주관적 정당화요소로서 위난을 피하기 위한 의사, 즉 피난의사가 있어야 한다. 즉, 행위자는 현재의 위난을 인식하고 적어도 보다 높은 가치의 이익을 보호하기 위하여 행위하여야 한다. 피난의사가 결여된 피난행위는 결과반가치는 부정되지만 행위반가치는 인정되므로 불능미수범으로 처벌될 수 있다.

행위자가 위난을 스스로 초래한 자초위난의 경우 중 행위자가 긴급피난을 통해 타인의 법익을 침해할 목적 또는 의도가 있는 경우에는 피난의사가 없으므로 긴급피난이 허용되지 않는다. 그러나 행위자에게 단지 책임 있는 사유로 인해 위난이 초래된 경우에는 피난의사가 인정되므로 상당성이 인정되는 한 긴급피난이 허용된다. 예를 들면, 임산부가 자신의 신체에 대한 위험을 유책하게 야기한 때에도 임산부의 생명을 유지하기 위해 긴급피난으로서 낙태행위가 허용될 수 있다(도발된 침해 참조).

다. 상당한 이유

긴급피난이 성립하기 위해서는 피난행위에 상당한 이유가 있어야 한다. 긴급피난은 '정' 대 '정'의 관계이므로 상당한 이유를 판단함에 있어서 엄격한 기준이 요구된다.

첫째, 보충성의 원칙이다. 피난행위가 위난에 처한 법익을 보전하기 위한 유일한 수단이어야 한다. 따라서 타인의 정당한 법익을 침해하지 않고 위난을 회피할 수 있는 다른 수단이 있을 때에는 먼저 이 수단을 선택해야 하며(회피의 원칙), 피난의 방법도 피해자에게 가장 피해가 적은 방법을 선택해야 한다(상대적 최소피난의 원칙). 보충성요건을 판단함에 있어서는 사회통념을 기준으로 하여 객관적인 사전판단에 의하여야 한다.

둘째, 우월적 이익의 원칙이다. 피난행위에 의하여 보전되는 이익이 피난행위로 인하여 희생되는 이익보다 우월하여야 한다. 이익교량에 있어서는 법익가치뿐만 아니라 이들과 관련 있는 모든 이익, 즉 법익에 대한 위난의 종류와 정도, 침해받는 법익의 가치와 침해정도, 특별한 보호의무 및 피난행위를 통한 법익보호가능성 등을 고려하여 비교, 검토하여야 한다. 일반적으로 사람의 생명은 태아의 생명이나 신체·자유와 같은 인격적 법익보다 우월하고, 인격적 법익은 재산적 법익보다 우월한 것으로 본다.

셋째, 수단의 적합성 원칙이다. 피난행위는 피난목적에 적합하고 사회상규에 위배되지 않는 수단에 의해 행하여져야 한다. 위난을 피하기 위한 법적 절차가 마련되어 있으면 피난행위는 그 절차에 따라야 한다(적법절차의 원칙). 따라서 다른 사람을 구하기 위하여 동의 없이 강제로 채혈하거나 장기를 적출하여 이식하는 행위는 긴급피난이 성립하지 않는다.

3. 긴급피난의 특칙

위난을 피하지 못할 책임이 있는 사람에게는 긴급피난이 허용되지 않는다(제22조 제2항). '위난을 피하지 못할 책임이 있는 사람'이란 경찰관, 소방관, 군인, 의사 등과 같이 그 직무를 수행함에 있어서 일반인보다 위난을 감수할 의무가 높은 사람을 말한다. 다만, 이들도 직무를 수행함에 있어서 감수해야 할 의무의 범위를 초과한 위난에 대하여는 긴급피난이 허용된다.

4. 과잉피난, 오상피난, 오상과잉피난

과잉피난이란 피난행위가 그 정도를 초과하여 '상당한 이유'의 요건을 충족시키지 못한 경우이다. 과잉피난의 경우도 그 정황에 따라 형을 감경 또는 면제할 수 있고, 야간이나 그 밖의 불안한 상태에서 공포를 느끼거나 경악(驚愕)하거나 흥분하거나 당황하였기 때문에 과잉피난행위를 하였을 때에는 벌하지 아니한다(제22조 제3항).

오상피난은 현재의 위난이 없음에도 불구하고 이를 존재한다고 오신하고 행한 피난행위를 말한다. **오상과잉피난**이란 현재의 위난이 없음에도 불구하고 이를 존재한다고 오신하고 상당성을 초과하는 방위행위를 한 경우를 말한다. 오상피난과 과잉피난이 결합된 형태이다(오상피난과 오상과잉피난의 법적 효과에 대하여는 오상방위와 오상과잉방위 참조).

제5절 자구행위

1. 자구행위의 의의

자구행위란 권리자가 자신의 권리에 대하여 불법한 침해를 받았으나 법정절차에 의하여 청구권을 보전하기 불능한 경우에 자력에 의하여 자신의 권리를 구제·실현하는 행위를 말한다. 형법 제23조 제1항에서는 "법률에서 정한 절차에 따라서는 청구권을 보전(保全)할 수 없는 경우에 그 청구권의 실행이 불가능해지거나 현저히 곤란해지는 상황을 피하기 위하여 한 행위는 상당한 이유가 있는 때에는 벌하지 아니한다"고 규정하여 자구행위를 위법성조각사유로 인정하고 있다. 자구행위는 국가공권력에 의해 구제를 기다릴 수 없는 긴급상황하에서 허용되는 긴급행위의 일종으로서, 국가권력의 대행으로서의 성격을 가진다.

자구행위는 위법한 권리침해에 대한 청구권의 사후보전행위이므로 '부정' 대 '정'의 관계라는 점에서 긴급피난과 다르고, 이미 침해된 청구권을 보전하기 위한 사후적 긴급구제이며, 자기의 회복가능한 청구권에 대해서만 가능하다는 점에서 사전적 긴급행위로서 자기 또는 타인의 모든 법익에 대하여 가능한 정당 방위 및 긴급피난과 다르다.

2. 자구행위의 성립요건

가. 법률에서 정한 절차에 따라서는 청구권을 보전할 수 없는 경우

(1) 청구권의 침해

자구행위의 보호대상은 청구권이다. '청구권'이란 민법상 개념으로서 특정인에게 일정한 행위를 요구하는 권리를 말한다. 자구행위의 대상이 되는 청구권의 대부분은 재산권이지만 이에 제한되지 않는다. 다만, 청구권은 자구행위에 의하여 회복될 수 있는 권리이어야 하므로 생명·신체·자유·성적 자기결정권, 명예 등은 자구행위의 대상이 되지 않는다. 또한 청구권은 자기의 청구권에 한한다. 다만, 청구권자로부터 자구행위의 실행을 위임받은 경우에는 타인을 위한 자구행위가 가능하다.

청구권에 대한 침해는 과거의 침해로서, 불법한 것이어야 한다. 따라서 자구행위는 청구권의 보전불능이나 실행곤란의 상태가 상대방의 귀책사유로 인한 경우로 제한되며, 적법행위나 자연현상으로 인한 경우는 긴급피난이 가능할 뿐이다. 한편, 자구행위는 부작위에 의한 침해에 대하여도 가능하지만 정당방위가 성립하는 경우에는 자구행위가 문제되지 않는다. 따라서 퇴거불응자를 강제퇴거시키는 행위는 현재의 침해상태에 있고, 부작위에 의해 부당한 침해를 하고 있는 상황이므로 자구행위가 아니라 정당방위가 된다.

(2) 법률에서 정한 절차에 따라서는 청구권을 보전할 수 없는 경우

자구행위는 법률에서 정한 절차에 따라서는 청구권을 보전할 수 없는 긴급상황에서 허용된다. '법률에서 정한 절차'는 국가기관에 의한 각종의 권리구제절차, 즉 청구권을 실현하기 위하여 법규에 정해진 절차로서 민사소송법상 강제집

행절차, 가처분, 가압류뿐만 아니라 행정공무원이나 경찰공무원에 의한 청구권 보전절차도 포함한다. 재판상 절차에 한정되지도 않는다.

'법률에서 정한 절차에 따라서는 청구권을 보전할 수 없는 경우'란 장소 또는 시간관계상 공적 구제를 강구할 여유가 없고, 채무자가 지금 도망가려고 하는 경우와 같이 후일에 공적 수단에 의하더라도 그 실효를 거두지 못할 긴급한 사정이 있는 경우를 말한다(보충성의 원칙).

나. 청구권의 실행이 불가능해지거나 현저히 곤란해지는 상황을 피하기 위하여 한 행위

(1) 자구행위

'피하기 위하여 한 행위'란 자구행위를 말하는데, 이는 공적 구제가 불가능한 상황에서 청구권을 보전하기 위하여 필요한 조치를 취하는 행위를 의미한다. 자구행위는 법률에서 정한 절차에 따라서는 청구권을 보전할 수 없는 긴급상황 외에도 즉시 자력에 의하여 구제하지 않으면 청구권실행이 불가능해지거나 현저히 곤란해지는 긴급상황까지 요구된다(이중의 긴급성). 따라서 법률에서 정한 절차에 따라서는 청구권을 보전할 수 없는 경우라고 하더라도 그 청구권에 충분한 인적·물적 담보가 확보되어 있는 때에는 청구권의 실행이 가능하므로 자구행위가 허용되지 않는다.

자구행위에 있어서는 사회상규에 반하지 않는 범위 내에서 실력행사가 허용된다. 그러나 자구행위를 하는 과정에서 폭행, 협박, 체포, 감금, 손괴, 재물의 강제적 탈취·보관, 강요, 주거침입 등의 행위를 한 경우에는 자구행위에 해당하지 않고, 상당성을 일탈한 것으로서 정당행위(형법 제20조)에의 해당 여부만이 문제된다(판례).

한편, 자구행위는 청구권의 보전행위에 그쳐야 하며, 청구권을 실행하는 행위는 허용되지 않는다(판례). 따라서 무전숙박 후 손님이 도주하는 경우에 이를 체포하는 것에 그쳐야 하고, 손님이 차고 있던 시계를 빼앗거나 이를 빼앗아 그 매각대금을 숙박요금의 변제에 충당하는 것은 허용되지 않는다.

(2) 자구의사

자구행위를 함에 있어서는 주관적 정당화요소로서 자구의사, 즉 청구권의 실행이 불가능해지거나 현저히 곤란해지는 상황을 피하기 위한 의사가 있어야 한다. 자구의사가 결여된 자구행위는 결과반가치는 부정되지만 행위반가치는 인정되므로 불능미수범으로 처벌될 수 있다.

다. 상당한 이유

자구행위가 성립하기 위해서는 청구권의 보전을 위한 상당한 이유가 있어야 한다. 상당한 이유를 판단함에 있어서는 다음의 원칙이 고려되어야 한다.

첫째, 보충성의 원칙이다. 자구행위는 법률에서 정한 절차에 따라서는 청구권을 보전할 수 없는 경우일 뿐만 아니라 그 청구권의 실행이 불가능해지거나 현저히 곤란해지는 긴급상황하에서 최후의 수단으로 허용된다.

둘째, 이익형량의 원칙이다. 자구행위에 있어서는 보호되는 법익과 침해되는 법익 사이에 균형성이 요구된다. 다만, 자구행위는 '부정' 대 '정'의 관계에 있으므로 이익형량의 원칙은 엄격하게 요구되지 않는다.

셋째, 수단의 적합성의 원칙이다. 자구행위는 사회상규에 비추어 적합한 수단으로 이루어져야 한다.

3. 과잉자구행위, 오상자구행위, 오상과잉자구행위

과잉자구행위는 자구행위가 그 정도를 초과하여 '상당한 이유'의 요건을 충족시키지 못한 경우로서, 그 정황에 따라 형을 감경 또는 면제할 수 있다(제23조 제2항). 그러나 과잉자구행위에 대하여는 형법 제21조 제3항은 준용되지 않으므로 과잉자구행위가 '야간이나 그 밖의 불안한 상태에서 공포를 느끼거나 경악(驚愕)하거나 흥분하거나 당황하였기 때문에 그 행위를 하였을 때'에도 책임이 조각되지 않는다.

오상자구행위는 자구행위가 허용되는 객관적인 상황이 아닌데도 불구하고 오신하고 행한 자구행위를 말한다.

　　오상과잉자구행위란 자구행위가 허용되는 객관적인 상황이 아닌데도 불구하고 오신하고 상당성을 초과하는 자구행위를 한 경우를 말한다. 오상자구행위와 과잉자구행위가 결합된 형태이다(오상자구행위와 오상과잉자구행위의 법적 효과에 대하여는 오상방위와 오상과잉방위 참조).

[정당방위, 긴급피난, 자구행위의 비교]

	정당방위	긴급피난	자구행위
성격	부정 대 정	정 대 정	부정 대 정
	사전적 긴급행위		사후적 긴급행위
위법성조각 근거	자기보호의 원리 법질서수호의 원리	이익교량의 원칙 목적설	국가권력의 대행
침해원인	사람의 행위	제한 없음	타인의 침해
침해대상	자기 또는 타인의 법익		자기의 (회복가능한) 청구권
	(원칙) 개인적 법익 (예외) 국가적·사회적 법익	모든 법익	
행위대상	침해자	제3자, 침해자	침해자
현재성	필요		불요(과거의 침해)
	현재의 부당한 침해	현재의 위난	
주관적 정당화요소	방위의사	피난의사	자구의사
상당한 이유	필요성/(완화된)이익균형성/요구성	보충성/(엄격한)이익균형성/수단의 적합성	보충성/(완화된)이익균형성/수단의 적합성
과잉행위	과잉방위(§21②)/ 불가벌적 과잉방위(§21③)	과잉피난(§22③)/ 불가벌적 과잉피난(§22③)	과잉자구행위(§23②)/ 불가벌적 과잉자구행위 불인정
특칙	주체 제한 없음	위난을 피하지 못할 책임 있는 사람(§22②) 불허용	주체 제한 없음

제6절 피해자의 승낙

1. 피해자의 승낙의 의의와 체계적 지위

가. 피해자의 승낙의 의의

피해자의 승낙이란 피해자가 가해자에 대하여 자기의 법익을 침해하는 것에 대하여 동의하는 경우를 말한다. 형법 제24조에서는 "처분할 수 있는 자의 승낙에 의하여 그 법익을 훼손한 행위는 법률에 특별한 규정이 없는 한 벌하지 아니한다"고 규정하여 피해자의 승낙에 의한 행위를 위법성조각사유로 하고 있다. 피해자의 승낙에 의한 행위는 법익보호 여부에 대한 개인의 자기결정권과 법익을 보호하려는 사회적 이익이 충돌되는 경우 전자를 우선하는 것이 합리적이라는 법률정책적 판단에 따른 것이라는 점을 위법성조각의 근거로 한다(법률정책설, 이익형량설).

[**피해자의 동의와 형법상 효과**] 형법에서는 법익침해행위에 대하여 피해자의 동의가 있는 경우 다음 4가지 형태로 취급하고 있다.
1. **구성요건해당성을 조각하는 경우** : 이때의 피해자의 동의를 양해라고 한다.
2. **위법성을 조각하는 경우** : 형법 제24조의 피해자의 승낙에 의한 행위를 말한다.
3. **구성요건의 변경, 즉 감경적 구성요건에 해당하는 경우** : 보통살인죄에 대한 촉탁·승낙살인죄(제252조 제2항), 타인소유일반건조물방화죄에 대한 자기소유일반건조물방화죄(제166조 제2항), 타인소유일반물건방화죄에 대한 자기소유일반물건방화죄(제167조 제2항), 부동의 낙태죄에 대한 동의낙태죄(제269조 제2항, 제270조 제1항) 등이다.
4. **범죄성립에 아무런 영향이 없는 경우** : 미성년자의제강간·강제추행죄(제305조), 피구금자간음죄(제303조) 등이다.

나. 피해자의 승낙과 양해의 구별

(1) 양해의 의의

양해란 피해자가 처분할 수 있는 법익에 대한 침해행위가 있는 경우에 피해자의 동의가 있으면 구성요건해당성을 조각시키는 경우를 말한다. 피해자의 동의가 당해 법익이 오로지 피해자 개인의 처분에 맡겨져 있는 경우에는 양해에 해당하고, 당해 법익이 사회적 의미를 가질 때에는 승낙에 해당한다. 따라서 절도죄(제329조), 강간죄(제297조), 주거침입죄(제319조), 횡령죄(제355조), 비밀침해죄(제316조) 등 형법 각칙상 개인적 법익에 관한 범죄 중 자유권이나 재산권을 보호법익으로 하는 범죄는 양해의 대상이 된다. 판례는 문서위조죄의 경우도 사회적 법익이지만 사문서위조뿐만 아니라 공문서위조의 경우에도 양해의 대상으로 하고 있다. 그러나 개인적 법익의 경우에도 신체의 완전성, 개인의 명예, 신용 또는 비밀과 같은 법익은 사회적 생활이익으로서 보장되어야 할 법익이므로 양해가 아닌 승낙의 대상이 된다.

(2) 양해의 법적 성격

양해의 법적 성격에 대하여는 ① 순수하게 사실적·자연적 성격을 갖는다는 견해가 있으나, ② 양해와 관련된 당해 구성요건의 해석을 통해 개별적으로 파악하여야 한다. 즉, 강간·감금·절도와 같이 자연적인 행동의 자유와 의사결정의 자유 또는 사실상의 지배관계를 침해하는 구성요건인 경우에는 양해자에게 자연적 의사능력만 있으면 충분하다. 하지만 의료적 침해나 모욕 등에서는 유효한 양해가 되기 위해서는 피해자는 자연적 통찰력과 판단능력 또는 법률행위능력이 있어야 한다. 또한 절도죄나 주거침입죄의 경우에는 의사(意思)의 하자가 있더라도 양해가 성립할 수 있지만, 미성년자 약취유인죄, 강간죄, 강제추행죄와 같은 성적 자유의 침해의 경우에는 의사의 하자에 의한 동의라면 양해가 인정되지 않는다(판례).

(3) 양해의 요건

양해가 유효하기 위해서는 법익을 임의로 처분할 수 있는 사람에 의하여 동의가 있어야 하고, 이때 양해자에게는 최소한 자연적 의사능력이 있어야 한다. 자연적 의사만으로 충분한 경우에는 양해는 내적 동의로서 충분하다. 하지만, 유효한 양해가 되기 위해 피해자가 자연적 통찰력과 판단능력을 요하는 경우에는 양해의사가 외부에 표시되어야 하고, 행위자는 양해가 있다는 사실을 인식하고 행위하여야 한다. 양해의 표시방법도 구성요건에 따라 다르기 때문에 절도의 경우 묵시적 동의로 충분하지만, 배임죄에서는 명시적으로 표시될 것을 요한다. 양해는 행위전이거나 적어도 행위시에 있어야 한다.

양해가 인정되면 행위자의 행위는 구성요건해당성이 조각된다. 다만, 추정적 양해의 경우는 행위당시에 행위자가 양해가 있다고 오인한 경우가 아닌 한 고의가 인정되므로 구성요건해당성은 조각되지 않고, 추정적 승낙의 요건을 갖춘 경우에 한하여 위법성이 조각된다.

2. 피해자의 승낙의 성립요건

가. 법익을 처분할 수 있는 자의 유효한 승낙

(1) 승낙의 주체

승낙자는 법익의 주체이어야 한다. 대리승낙은 허용되지 않지만 법익에 대하여 처분권이 인정된 사람(법정대리인 등)은 예외적으로 승낙자가 될 수 있다. 다만, 이때 대리승낙자의 의사표시는 가능한 한 법익주체의 의사에 부합하여야 한다. 법익의 처분권자가 여러 사람인 경우에는 처분권자 모두의 승낙이 있어야 한다.

승낙자는 승낙능력이 있어야 한다. 승낙능력이란 법익의 의미와 그 침해의 결과를 인식하고 이성적으로 판단할 수 있는 자연적 의사능력과 판단능력을 말한다. 승낙능력은 민법상 행위능력과 구별되는 것으로서 형법의 독자적인 기준에 의하여 결정된다. 다만, 형법에서는 간음과 추행에 있어서는 13세(제305조), 아동혹사죄에 있어서는 16세(제274조), 미성년자 약취유인죄에 있어서는 미성년자 등 승낙능력의 연령을 법문에서 기술하고 있는 경우가 있다. 또한 의료행위 등과 같이 피해자의 자연적 판단능력만으로 구체적 상황을 판단하기 어려운 경우에는 유효한 설명의무가 이행되어야 한다(판례).

(2) 승낙의 대상

피해자의 승낙은 처분할 수 있는 법익에 대한 것이어야 한다. 따라서 국가적·사회적 법익은 개인이 처분할 수 있는 법익이 아니므로 원칙적으로 승낙대상이 될 수 없고, 개인적 법익만이 승낙대상이 된다. 개인적 법익과 국가적·사회적 법익이 중첩하는 경우에는 위법성이 조각되지 않지만 개인적 법익에 대한 침해부분에 대해서는 양형상 이를 고려하여야 한다.

그러나 개인적 법익 중 생명은 본질적인 가치와 비대체적인 절대성을 가지므로 처분할 수 있는 법익이 될 수 없다. 따라서 살인이나 낙태에 있어서는 피해자의 승낙이 있었다고 하더라도 위법성이 조각되지 않고, 형이 감경되는 승낙살인죄(제252조)나 동의낙태죄(제269조 제2항)가 성립한다. 신체도 생명과 같이 사람의 사회적 존립을 위한 중요한 법익으로서 사회적 의미를 가지므로 사회상규에 반하지 않는 경우에 한하여 신체의 침해에 대한 승낙이 인정된다.

(3) 승낙의 유효요건

승낙은 자유로운 의사에 의한 진지한 승낙이어야 한다. 따라서 기망·착오·강제 등 하자 있는 의사에 의하여 이루어진 승낙은 효력이 없다. 그러나 단순한 동기의 착오는 승낙의 유효성에 영향을 미치지 않는다. 승낙은 명시적으로 뿐만 아니라 묵시적으로도 가능하다(판례). 다만, 승낙의 의사표시는 민법상 법률행위에 의한 의사표시를 요하는 것은 아니지만 법적 안정성의 관점에서 어떤 방법으로든 외부에서 인식할 수 있도록 표시되어야 한다.

한편, 승낙은 법익침해행위 이전에 표시되어야 하며, 행위시까지 계속되어야 한다. 사후승낙은 위법성을 조각하지 않는다. 승낙은 행위 이전에는 언제든지 자유롭게 철회할 수 있으며, 다만 철회 이전의 행위에는 승낙의 효력이 그대로 인정된다.

나. 법률에 특별한 규정이 없을 것

승낙은 법률에 특별한 규정, 즉 각칙상 피해자의 승낙이 있더라도 처벌하는 규정이 없는 경우에 한하여 위법성이 조각된다. 형법상 특별규정으로는 승낙살인죄(제252조 제1항), 동의낙태죄(제269조 제2항, 제270조 제1항), 미성년자의제강간죄(제305조), 피구금자간음죄(제303조) 등이 있다.

다. 사회상규에 위배되지 않을 것

피해자의 승낙에 의한 행위가 위법성이 조각이 되기 위한 요건으로서 판례는 사회상규에 위배되지 않을 것을 요한다. 사회상규의 위반 여부의 판단은 법익의 종류, 행위의 동기와 방법, 침해의 강도 등 제반사정을 참작하여 법질서 전체의 기본이념에 비추어 구체적으로 결정하여야 한다.

라. 주관적 정당화요소

피해자의 승낙에 의한 행위를 함에 있어서 행위자는 피해자의 승낙이 있었다는 사실의 인식 외에 승낙에 기한 행위를 함으로써 자기행위를 정당화하는 의사도 있어야 한다(인식·의사요구설). 그러나 행위자의 승낙으로 인해 행위하였을 것은 요하지 않는다. 피해자의 승낙이 있었음에도 불구하고 없었던 것으로 오인한 때에는 불능미수범이 성립할 수 있고(다수설), 피해자의 승낙이 없었음에도 불구하고 있었던 것으로 오인한 때에는 위법성조각사유의 전제되는 사실의 착오가 된다.

3. 추정적 승낙

가. 추정적 승낙의 의의와 법적 성격

추정적 승낙이란 피해자가 현실적으로 승낙하지는 않았지만, 행위당시의 객관적 사정을 종합하여 볼 때 피해자가 당연히 승낙하였을 것이라고 추정되는 경우를 말한다. 추정적 승낙은 피해자의 현실적인 승낙이 없다는 점에서 피해자의 승낙과 구별되며, 객관적인 이익교량의 문제가 아니라 법익주체의 가정적(假定的) 의사에 대한 규범적 판단이라는 점에서 긴급피난과도 성질을 달리한다. 추정적 승낙은 종래 독자적인 초법규적 위법성조각사유라고 이해되기도 하였으나, 사회상규불위배행위로서 제20조의 정당행위로 포섭하여야 한다.

나. 추정적 승낙의 유형

추정적 승낙의 유형으로 (ⅰ) 피해자의 이익을 위하여 법익을 침해한 경우와 (ⅱ) 자신 또는 제3자의 이익을 위하여 법익을 침해한 경우가 있다. 전자는 피해자의 높은 가치의 이익을 위해 이보다 낮은 가치의 법익을 침해하는 형태로서, 예를 들면, 의사가 생명이 위중한 환자를 살리기 위해 환자나 보호자의 동의 없이 수술하는 경우 등이다. 후자는 피해법익의 경미성 내지 피해자와 행위자의 관계 때문에 피해자의 승낙이 추정되는 경우로서, 예를 들면, 기차를 놓치지 않기 위하여 친한 친구의 자전거를 무단으로 타고 가거나 가정부가 주인의 헌옷을 주인의 허락 없이 거지에게 주는 경우 등이다.

다. 추정적 승낙의 성립요건

추정적 승낙이 성립하기 위해서는 피해자의 승낙의 요건을 충족하는 것 외에 피해자의 승낙을 받을 수 없어야 하고, 그럼에도 불구하고 피해자의 승낙이 확실히 기대되는 경우이어야 한다. 따라서 피해자의 명시적인 반대의사가 있는 경우에는 추정적 승낙이 인정되지 않는다. 다만, 행위자에게 추정적 승낙상황에 대한 인식과 추정적 승낙에 기한 행위를 하려는 의사만 있으면 주관적 정당화요소는 충족된다.

제 5 장 책임론

제1절 책임 일반이론

1. 책임의 의의와 책임주의

가. 책임의 의의

책임은 구성요건에 해당하고 위법한 행위를 한 사람에게 가해지는 비난 내지 비난가능성을 말한다. 형사책임은 법적 책임이므로 윤리적 책임이나 종교적 책임과 구별된다. 형사책임은 행위자에 대한 비난에 중점이 있으므로 행위자가 어떤 의사를 가졌는지가 중요시된다. 따라서 고의와 과실을 달리 취급하여 과실범은 예외적으로 처벌하고, 그 형벌도 고의범에 비하여 가볍게 처벌한다.

나. 책임주의

형법상 책임은 근대 이전에는 객관적 책임(결과책임) 및 단체책임이었다. 그러나 근대 이후 개인적 자유주의 사상의 영향을 받아 위법행위에 대하여 행위자에게 비난(또는 비난가능성)이 인정되는 경우에만 책임을 인정하는 주관적 책임·개인책임으로 변화되면서, 행위자를 비난할 만한 경우가 아닌 한 형벌을 가하여서는 아니 된다는 원칙이 확립되었다. 이를 책임주의라고 한다.

책임주의는 책임이 있는 경우에 형벌을 가하여야 한다는 의미의 적극적 책임주의(책임 있으면 형벌 있다. 형벌근거적 책임)에서 책임의 범위 내에서 예방의 목적을 고려하여 형벌을 부과하여야 한다는 소극적 책임주의(책임 없으면 형벌 없다. 형벌제한적 책임)로 발전하였다. 따라서 오늘날 책임주의는 위법행위의 정도에 따라 책임비난의 상한이 정하여지고, 그 범위 내에서 특별예방과 일반예방을 고려하여 필요최소한의 범위 내에서 형벌로서의 책임을 부담하게 하여야 한다는 것을 의미한다.

2. 책임의 근거

도의적 책임론은 객관주의에 기초한 것으로서, 인간에게 자유의사가 있다는 것을 전제로 하여 책임의 근거가 자유의사에 있다는 견해이다. 따라서 책임은 행위자가 위법한 행위를 하기로 의사결정한 것에 대한 도의적 비난이라고 한다(의사책임, 행위책임). 이 이론에서는 책임능력은 범죄능력 또는 유책행위능력을 의미하고, 형벌의 목적은 응보에 있다고 하며(응보형론), 형벌과 책임무능력자에게 부과되는 행정처분으로서의 보안처분은 그 성질을 달리한다고 한다(형벌과 보안처분의 이원론).

사회적 책임론은 주관주의에 기초한 것으로서, 인간의 의사와 행위는 소질과 환경에 의하여 결정된다고 하면서, 책임의 근거가 행위자의 반사회적 위험성(惡性)에 있다는 견해이다(성격책임). 따라서 책임은 사회적 위험성이 있는 행위자가 법적 제재를 받아야 할 지위를 의미한다. 이 이론에서는 책임능력은 형벌적응능력을 의미하고, 형벌의 목적은 범죄인의 재사회화에 있다고 하며(목적형론), 형벌과 보안처분을 동일시하되 책임능력자에게는 형벌을, 책임무능력자에게는 사회방위처분으로서 보안처분을 가하여야 한다고 한다(형벌과 보안처분의 일원론).

오늘날 대부분은 양 이론을 절충하여 설명하고 있다. 따라서 인간은 의사를 자유로 결정하면서 한편에서는 소질과 환경에 의하여 결정당하는 존재라고 하는 상대적 의사결정론을 근거로 하여 책임의 근거도 도의적 비난과 사회적 책임에 있다고 하고, 책임능력도 유책행위능력임과 동시에 형벌적응능력으로 이해하고 있다. 그러나 형법상 책임은 행위책임이며, 책임판단의 대상은 구체적인 행위이므로 형사책임은 개별적 행위책임이어야 한다. 따라서 형법상 책임은 구성요건 해당행위에 대하여 사회공동생활의 질서유지라고 하는 법적 관점에서 내리는 비난(또는 비난가능성), 즉 법적 책임(가벌적 책임론, 사회규범적 책임론)이어야 한다. 즉, 책임은 행위자가 구체적인 행위를 통하여 형법규범을 위반하였다는 사실 때문에 내려지는 행위자 개인에 대한 법적 비난이라고 할 수 있다.

한편, 인간의 의사는 인과적으로 결정되면서도, 한편에서는 자유롭다(유성결정론)고 할 것이므로 행위자에 대한 비난은 가능하게 된다. 다만, '자유'가 인정되기 위해서는 행위자에게 정상적인 행위주체로서 법규범을 준수할 수 있을 정도의 판단능력, 즉 정상적인 의사결정을 할 수 있는 능력이 있어야 한다. 따라서 책임능력은 법적 유책행위능력이 된다.

> **[유성결정론과 상대적 의사결정론]** 유성결정론은 행위의 인과성을 인정하면서도 그 지배요소에 따라서 행위의 자유성을 긍정한다는 점에서 '결정되면서도 주체적으로 결정하는 영역이 있다'고 하는 상대적 결정론(상대적 의사자유론)과는 구별된다. 유성결정론에서의 '자유'는 원인이 없다는 의미에서의 무한정적인 자유가 아니고 생리적·물리적인 강제를 받지 않고 규범심리적으로 결정할 수 있는 상태를 말한다.

3. 책임의 본질

종래는 책임의 본질을 행위자의 행위에 대한 심리적 사실관계로 이해하였기 때문에 고의와 과실이 있으면 책임이 있다고 하였다(심리적 책임론). 그러나 20세기 들어 신칸트학파의 규범학의 영향을 받아 책임의 본질을 행위자의 심리과정에 대한 규범적 평가로 이해하고 있다(규범적 책임론). 즉, 책임의 본질은 고의와 과실을 전제로 하여, 행위자가 적법행위를 할 수 있었음에도 불구하고 그렇게 하지 않았다는 비난에 있다고 한다. 따라서 오늘날 책임은 위법한 행위를 한 사람에 대한 비난가능성으로 이해하고 있다.

4. 책임요소

규범적 책임론에 따르더라도 범죄론체계에 대한 태도에 따라 책임의 구성요소는 다르게 된다. ① 초기에는 책임은 책임능력과 고의·과실로 구성된다고 하였으나 규범적 책임론으로 되면서 적법행위의 기대가능성이라는 요소가 추가되었다(고전주의적 범죄론체계). 그러나 ② 목적적 행위론에서는 책임의 본질은 순수한 규범적 요소로서의 비난가능성에 있다고 하면서 고의·과실은 주관적 구성요건요소로 위치시키고, 책임에는 책임능력과 위법성인식(또는 인식가능성) 및 적법행위의 기대가능성이라는 요소만 남겨두었다(규범적 범죄론체계). 하지만 최근 ③ 사회적 행위론에서는 책임의 본질을 행위자에 대한 비난가능성, 즉 비난가능한 행태 그 자체를 포괄하는 복합적 요소로 이루어진다고 한다. 즉, 고의·과실의 이중기능을 인정하여, 책임은 그 전제요소로서 책임능력, 책임조건으로서 책임 고의·과실과 위법성인식(또는 인식가능성), 초법규적 책임조각사유로서 적법행위에 대한 기대가능성으로 구성한다(합일태적 범죄론체계).

제2절 책임능력

1. 책임능력의 의의

책임능력이란 행위자가 법규범에 따라 행위할 수 있는 능력을 말한다. 책임능력은 행위자가 규범의 의미내용을 이해하여 명령과 금지를 분별·통찰할 수 있는 지적 능력과 그 분별한 바에 따라 의사를 결정하고 행동을 제어할 수 있는 의지적 능력을 내용으로 한다(고의의 본질 참조). 책임무능력자도 행위능력은 있을 수 있다.

책임능력은 책임의 전제조건으로서(판례), 행위시에 요구된다는 점에서 형의 집행을 받을 능력으로서 형의 집행시에 존재하여야 하는 수형능력과 구별된다. 다만, 책임능력을 형벌적응능력으로 이해하는 입장에서는 책임능력은 형벌에 의하여 동기전환의 효과를 얻을 수 있는 능력이라고 보고 수형능력과 동일시하게 된다. 또한 책임능력은 범죄성립을 위한 능력으로서 범죄행위시에 존재하여야 하는 것이므로, 소송을 수행하면서 자신의 이익과 권리를 방어할 수 있는 사실 상의 능력으로서 형사절차상 소송행위시에 요구되는 소송능력(또는 소송행위능력)과 구별된다.

2. 책임능력의 본질

책임능력의 본질에 대하여는 ① **도의적 책임론**의 입장에서는 책임능력은 의 사자유론을 전제로 하여 행위의 시비를 변별하고 그 변별에 따라서 행동할 수 있는 능력, 즉 도의적 규범에 따라서 의사를 결정하고 행동을 결정하는 능력, 즉 유책행위능력(범죄능력, 귀책능력)으로 이해한다. 그러나 ② **사회적 책임론**의 입장 에서는 책임능력은 의사결정론을 전제로 하여 범죄인에게 형벌을 과함으로써 형 벌의 목적을 달성할 수 있는 능력, 즉 형벌적응능력(수형능력)으로 이해한다. 그 러나 ③ **법적 책임론**에 따라 책임능력은 유성결정론을 전제로 하여 정상적인 행 위주체로서 법규범을 준수할 수 있을 정도의 판단능력으로서의 정상적인 의사결 정을 할 수 있는 능력, 즉 법적인 유책행위능력으로 이해하여야 한다. 따라서 책 임능력은 행위시에 의사결정규범(평가규범을 전제로 하고)인 법규범의 내용, 즉 명 령·금지의 의미를 인식·이해하고, 그 인식한 바에 따라서 의사를 결정하고 이 에 따라 행동을 할 수 있는 능력을 의미한다.

3. 책임무능력자와 한정책임능력자

책임무능력자에는 형사미성년자(제9조)와 심신상실자(제10조 제1항)가 있고, 한정책임능력자에는 심신미약자(제10조 제2항)와 청각 및 언어 장애인(제11조)이 있다. 책임무능력은 책임조각사유로서 범죄가 성립하지 않게 되고, 한정책임능 력은 책임감경사유로서 형의 감경사유가 된다.

가. 형사미성년자

형사미성년자, 즉 14세 미만자의 행위는 벌하지 아니한다. 14세는 만 나이를 말하며, 실제 나이를 기준으로 한다. 다만, 형사미성년자이더라도 만 10세 이상 만 14세 미만의 소년이 범죄를 범한 경우(촉법소년)에는 소년법상 보호처분을 과할 수 있다(법 제4조).

나. 심신장애인

(1) 심신장애인의 의의

심신장애인이란 범죄행위시에 심신장애로 인하여 사물변별능력 또는 의사결정능력이 없거나(심신상실자) 또는 사물변별능력 또는 의사결정능력이 미약한 사람(심신미약자)을 말한다. 형법에서는 심신상실자는 처벌하지 않고(제10조 제1항), 심신미약자는 형의 임의적 감경을 인정하고 있다(동조 제2항).

(2) 심신장애인의 판단요소

형법에서는 심신장애인에의 해당 여부를 판단함에 있어서 심신장애라고 하는 생물학적 요소와 사물변별능력과 의사결정능력이라고 하는 심리적 요소를 고려하도록 하고 있다(제10조 제1항, 혼합적 방법).

심신장애란 정신병, 정신병질, 중대한 의식장애, 정신박약 기타 중대한 정신적 장애 또는 정신적 기능의 장애를 의미한다. 신체적 장애는 심신장애에 포함되지 않는다. 정신병에는 정신분열증, 조울증, 간질, 뇌손상, 노인성치매 등이 있다. 정신병질은 감정, 의사 또는 성격장애를 말한다. 중대한 의식장애란 병적 장애가 아닌 자아의식 또는 외계에 대한 의식에 심한 손상 내지 단절이 있는 경우로서, 실신, 마취, 혼수상태, 만취(명정상태), 극심한 피로, 심한 심리적 충격상태 등이 이에 해당한다. 정신박약이란 백치 등의 선천성지능박약을 말한다. 기타 중대한 정신이상 상태로는 심한 노이로제, 중증의 충동조절장애, 중한 정신신경적 상태 등이 이에 해당한다. 다만, 의식장애 또는 정신병질은 그 정도가 심하여 병적 가치를 인정할 수 있는 정도에 이르거나 다른 심신장애사유와 경합된 경우에 심신장애가 될 수 있다(판례).

한편, **사물변별능력**이란 행위의 불법 여부를 인식할 수 있는 능력 또는 행위의 시비선악을 분별할 수 있는 능력으로서, 지적 능력을 말한다. **의사결정능력**이란 사물을 변별한 바에 따라 의사를 결정하고, 자신의 행동을 제어할 수 있는 의지적 능력을 말한다(조종능력, 행위통제능력). 사물변별능력은 의사결정능력 유무의 판단에 앞서서 먼저 판단하여야 한다.

(3) 심신장애의 판단시기와 판단방법

심신상실 여부의 판단은 행위와 책임의 동시존재의 원칙에 의거하여 행위시를 기준으로 하되, 평균인의 일반적 능력을 기준으로 한다. 따라서 평소에는 정상적인 사람이라도 행위시에 심신장애 상태에 있었다면 심신상실자가 될 수 있다. 마찬가지로 심신장애가 있는 사람이라고 하더라도 범행당시에 정상적인 사물변별능력이나 행위통제능력이 있었다면 심신상실자로 볼 수 없다(판례).

형법에서는 심신상실 여부의 판단에 있어서 혼합적 방법, 즉 심신장애라는 생물학적 요소를 기초로 하되, 사물변별능력과 의사결정능력이라는 심리학적 요소에 대한 판단에 의하도록 함으로써 최종적으로는 법적·규범적 관점에서 법률판단에 의하도록 하고 있다. 따라서 심신장애의 판단은 법관의 재량에 속하므로, 법관은 생물학적 기초의 존부를 판단하기 위하여 의사 등 전문가의 감정을 받지 않더라도 상관없으며, 의사 등 감정인의 의견은 법관의 판단에 있어서 하나의 참고자료에 불과하므로 법관이 이에 구속되는 것은 아니다(판례).

(4) 심신장애의 효과

심신상실자의 행위는 벌하지 아니한다(제10조 제1항). 즉, 심신상실자는 책임능력이 없으므로 책임이 조각된다. 심신미약자의 행위는 형을 감경한다(동조 제2항). 다만, 심신상실자나 심신미약자에게 재범의 위험성이 있는 경우에는 치료감호 등에 관한 법률에 따른 치료감호처분을 부과할 수 있다(법 제2조 제1항 제1호).

다. 청각 및 언어 장애인

듣거나 말하는 데 모두 장애가 있는 사람의 행위에 대해서는 형을 감경한다(제11조). 청각과 언어에 모두 장애가 있는 사람을 말한다. 따라서 청각에만 장애가 있거나 언어에만 장애가 있는 사람은 해당되지 않는다. 장애가 선천적이든 후천적이든 상관없다. 입법론적으로 삭제가 요구된다.

> **[성폭력범죄와 책임능력]** 음주 또는 약물로 인한 심신장애상태에서 성폭력범죄의 처벌 등에 관한 특례법상 성폭력범죄(형법 제2편 제22장 성풍속에 관한 죄 중 제242조(음행매개), 제243조(음화반포등), 제244조(음화제조등) 및 제245조(공연음란)의 죄는 제외한다)를 범한 때에는 형법 제10조 제1항·제2항 및 제11조를 적용하지 아니할 수 있다(제20조).

4. 원인에 있어서 자유로운 행위

가. 원인에 있어서 자유로운 행위의 의의

원인에 있어서 자유로운 행위란 책임능력이 있는 사람이 고의 또는 과실로 스스로를 심신장애상태에 빠지게 하고, 이 상태에서 범죄를 실현하는 것을 말한다. 예를 들면, 사람을 상해할 의도로 미리 술을 마셔 명정상태에 빠진 후, 이 상태에서 사람을 상해하는 경우이다.

행위와 책임의 동시존재의 원칙에 따르면 원인에 있어서 자유로운 행위의 경우에는 행위자가 행위시에 책임무능력상태이므로 이를 처벌할 수 없게 된다. 그러나 이것은 사회적 타당성이 없고, 사회통념이나 일반시민의 건전한 법감정에도 반하며, 음주나 약물 등의 남용에 따른 범죄의 예방이라는 형사정책적 요청에도 적합하지 않다. 따라서 형법 제10조 제3항에서는 "위험의 발생을 예견하고 자의로 심신장애를 야기한 자의 행위에는 전2항(심신상실과 심신미약)의 규정을 적용하지 아니한다"라고 규정하고 있다.

나. 원인에 있어서 자유로운 행위의 가벌성의 근거

행위자는 행위시에 책임능력이 있어야 한다(행위와 책임의 동시존재원칙). 그런데 원인에 있어서 자유로운 행위에 있어서는 원인설정행위시에는 책임능력이 있으나 범죄의 구성요건을 실현하는 행위시에는 책임능력이 없거나 미약하다. 따라서 원인에 있어서 자유로운 행위의 가벌성의 근거에 대하여 종래에는 원인설정행위에 두었으나(구성요건적 모델), 원인설정행위는 책임능력 없는 상태에서의 실행행위와 불가분의 관련을 갖는다는 점에 가벌성의 근거를 두어야 한다(예외모델). 이외에 실행행위에서 가벌성의 근거를 찾는 견해도 있다.

다. 원인에 있어서 자유로운 행위의 성립요건

(1) 위험발생의 예견

'위험의 발생'은 판례는 객관적 구성요건적 사실에 대한 인식은 구체적으로 특정한 구성요건과 관련되어 있지만 위험의 발생은 반드시 특정한 구성요건적 사실을 전제로 하지 않으므로 위험발생은 원인설정행위에 전형적으로 수반되는 법익침해가능성을 모두 포함하는 개념으로 이해하고 있다. 그러나 '위험의 발생'을 확대해석할 경우에는 행위와 책임의 동시존재의 원칙의 예외규정인 형법 제10조 제3항의 적용범위가 넓어지기 때문에 처벌범위가 확대될 수 있다. 따라서 '위험의 발생'은 구성요건적 결과실현을 의미하는 것으로 제한되어야 한다. 따라서 위험발생의 '예견'은 구성요건에 해당하는 범죄를 행할 것을 인식한 경우(고의) 뿐만 아니라 그 가능성을 예견한 경우(과실)도 포함한다(판례). 다만, 인식 없는 과실의 경우는 원인행위시에 위험발생의 '예견가능성'은 있을지언정 '예견'은 하지 못했던 경우이므로 형법 제10조 제3항의 적용대상에서 제외하여야 한다.

[과실에 의한 원인에 있어서 자유로운 행위] 판례에 따르면 과실에 의한 원인에 있어서 자유로운 행위는 구성요건의 실현가능성(실행행위)을 예견할 수 있었음에도 불구하고 이를 부주의로 예견하지 못하고 고의 또는 과실로 책임무능력(한정책임능력) 상태를 야기하여 과실범의 구성요건을 실현한 경우를 말한다. 예를 들면, 자동차를 운전해야 한다는 사실을 미처 생각하지 못하고 고의 또는 과실에 의해 만취된 후에 그 상태에서 운전하다가 사고를 낸 경우이다.

　그러나 이렇게 되면 과실로 심신장애 상태를 야기한 후에 미리 의도했던 범행을 실행한 경우의 법적 책임이 문제된다. 즉, 乙을 살해할 고의를 가지고 乙을 기다리면서 술을 마시다가 과실로 책임무능력상태에 빠진 상태에서 乙을 살해한 경우에 대하여는 ① 행위자에게 애초에 살해의 고의가 있었다는 것을 이유로 살인죄의 고의범이 성립한다는 견해와 ② 과실치사죄가 성립한다는 견해 등이 있다. 위 사례에서 乙에게는 원인설정행위에 대한 고의밖에 인정되지 않고, 만취한 상태에서 범행을 하려는 의도로 술을 마신 것도 아니며, 행위시에는 만취한 상태이었기 때문에 애초에 의도했던 살해의 고의를 실현한 것이라고도 할 수 없다. 따라서 이 사례에서 乙의 살해행위는 과실에 의한 원인에 있어서 자유로운 행위로 인정하여야 한다.

(2) 자의에 의한 심신장애상태의 야기

'자의'란 문언적으로 해석하면 원인설정행위를 강요에 의하지 않고 자발적으로 야기한 경우를 가리킨다. 따라서 '자의'는 고의로 심신장애상태를 야기한 경우뿐만 아니라 과실로 심신장애상태를 야기한 경우를 포함한다.

(3) 심신장애상태하의 구성요건실현행위

행위자가 자의로 야기한 심신장애상태하에서 구성요건실현행위를 하여 위험(범죄결과)을 발생시켜야 한다. 심신장애를 야기한 행위와 구성요건실현행위(실행행위) 및 위험발생 사이에는 인과관계가 있어야 한다. 구성요건실현행위에는 고의·과실, 작위·부작위가 모두 포함된다. 원인에 있어서 자유로운 행위의 실행의 착수시기에 대하여는 ① 구성요건적 모델에서는 실행의 착수도 원인설정행위시에 있다고 하였으나 실행의 착수시기는 객관적인 구성요건의 정형을 떠나서는 논증하기 어렵다는 점에서 구성요건실현행위를 실행행위로 보아야 하고, 이 실행행위를 개시한 때에 실행의 착수를 인정하여야 한다(예외모델).

한편, 행위자의 예견내용과 심신장애상태하에서의 인식내용이 불일치한 경우가 문제된다. 원인에 있어서 자유로운 행위에 있어서는 행위자가 원인행위시의 예견내용이 아니라 심신장애상태하에서 실행행위시에 인식한 사실이 고의가 되고, 이때 실행의 착수가 인정되므로 예견내용과 발생결과는 아무런 관계가 없다. 따라서 원인에 있어서 자유로운 행위에 있어서는 실행행위시의 인식사실과 발생결과가 다를 경우에 한하여 사실의 착오의 문제가 발생한다. 따라서 甲이 A를 살해할 것을 예견하고, 심신장애상태를 야기하였으나 심신장애상태하에서는 B에 대한 살인의 고의를 가지고 B를 살해하였다면 사실의 착오의 문제는 발생하지 않고, B에 대한 살인죄의 기수가 된다. 그러나 甲이 A를 살해할 것을 예견하고, 심신장애상태를 야기하였으나 심신장애상태하에서는 B에 대한 살인고의를 가지고 B를 살해하였다면 B에 대한 살인죄의 기수가 된다.

한편, 원인행위시의 예견내용과 실행행위시의 고의내용이 다른 종류의 구성요건에 해당하는 경우, 즉 절도를 예견하였으나 심신장애상태하에서는 살인의 고의를 가지고 살인을 한 경우에는 형법 제10조 제3항의 '위험발생의 예견', 즉 구성요건의 실현이라는 요건 자체가 충족되지 않기 때문에 사실의 착오의 문제는 발생하지 않고, 실행행위시의 심신장애의 정도에 따라 실행한 범죄의 책임이 감소·조각될 수 있을 뿐이다.

라. 원인에 있어서 자유로운 행위의 효과

원인에 있어서 자유로운 행위는 책임능력이 있는 상태에서 범행을 한 것과 동일하게 취급한다. 즉, 책임무능력상태에서의 행위일지라도 처벌하고, 한정책임능력상태에서의 행위라도 형을 감경하지 않는다.

제3절 책임고의·책임과실

1. 책임고의

책임고의는 위법성을 기초지우는 사실의 인식으로서, 행위자가 구성요건적 고의를 가지고 내심적으로 법질서 전체에 대하여 반사회적 태도를 보여줄 때 인정되는 행위자의 심정적 반가치를 의미한다(책임요소로서의 고의). 책임고의는 대부분의 범죄에서는 구성요건에 해당하는 사실을 인식하는 것(구성요건적 고의)으로 충족되지만, 일부 범죄에서는 구성요건적 고의 외에 별개로 행위의 위법성을 기초지우는 사실을 인식할 것을 요구한다.

적극적 사실의 예는 다음과 같다. 즉, 추상적 위험범에서 (추상적) 위험의 발생을 독자적 위법요소로 해석하는 경우에 그 위험발생은 책임고의의 대상이 된다. 따라서 공공의 위험발생을 예견하지 못하고 불을 지른 경우에는 방화죄가 아니라 손괴죄의 책임밖에 묻지 못한다. 또한 위증죄에서 자기의 기억에 반하는 진술의 인식 외에 객관적 진실에 반한다는 인식과 절도죄 등의 영득죄에 있어서 본권설(本權說)에서 불법영득의사를 고의에 해소하는 경우에 있어서 영득사실은 책임고의의 대상이 된다.

소극적 사실의 예는 다음과 같다. 정당방위 등 정당화사유를 기초지우는 사실이 존재하지 않음에도 존재한다고 오인한 경우(예, 오상방위)에는 책임고의가 조각된다. 한편, 기대가능성을 기초지우는 사실도 소극적인 형태로서 책임고의의 대상으로 되고, 따라서 기대가능성을 부정하는 사실이 부존재함에도 불구하고 존재한다고 오신한 때에는 책임고의가 부정된다.

2. 책임과실

책임과실은 행위자의 주의능력을 기준으로 하는 개별적 주의의무(주관적 주의의무)에 위반해서 구성요건해당성 또는 위법성을 기초지우는 사실을 인식하지 못한 것을 말한다(책임요소로서의 과실). 책임과실은 주관적 예견의무와 주관적 회피의무를 그 내용으로 한다.

책임과실이 인정되기 위해서는 구성요건적 고의의 부존재와 위법성을 기초지우는 사실의 불인식을 요하며, 이 중에서 어느 하나의 요건에 해당하면 책임고의가 부정된다(소극면). 또한 무과실과 구별하기 위한 요건으로서 개별적(주관적) 예견의무위반이 요구된다(적극면). 즉, 행위자 개인의 주의능력을 기준으로 한 개별적(주관적) 예견가능성이 주의의무의 전제로 된다. 따라서 책임과실은 행위자에게 주의능력이 있으면 사실상 인정된다.

3. 원인에 있어서 주의능력 있는 행위

원인에 있어서 주의능력 있는 행위란, 예를 들면, 근시이면서 부주의로 안경 쓰는 것을 잊고 사고를 발생시킨 자동차운전자와 같이, 위험이 현실화한 시점에서는 주의능력을 흠결하고 있더라도 사전에 주의의무의 전제로 되는 사실에 대해 주의능력이 있는 경우에는 발생한 결과에 대하여 예견가능성이 있었던 것으로서 과실을 인정할 수 있다. 이것은 원인에 있어서 자유로운 행위와 같은 논리구조를 가진다.

제4절 위법성인식

1. 위법성인식의 의의

위법성인식이란 자신의 행위가 전체 법질서에 위반하여 법적으로 허용되지 않는다는 행위자의 인식을 말한다. 다만, 위법성인식의 대상은 위반하게 될 구체적인 형법규정이나 구성요건 자체가 아니고, 자신의 행위가 공동체의 법질서에 위배된다는 것, 즉 실질적으로 위법하다는 것 또는 법적으로 허용되지 않는다고 하는 인식을 가지면 충분하다. 판례는 위법성인식은 범죄사실이 사회정의와 조리에 어긋난다는 것을 인식하는 것으로 충분하다고 한다. 또한 자기의 행위가 법적으로 금지되었다는 사실을 인식하는 것으로 충분하고, 행위의 가벌성까지 인식할 것은 요하지 아니한다. 다만, 위법성인식의 정도는 확정적일 필요는 없고 위법일 가능성을 인식하고 감수하겠다는 미필적 인식으로도 충분하며, 행위자가 행위시에 갖는 현재적 인식뿐만 아니라 그 보다 정도가 낮은 잠재적 인식이어도 된다.

2. 위법성인식의 체계적 지위

인과적 행위론에서는 위법성인식이 범죄사실에 대한 인식(사회적 행위론상 구성요건적 고의)과 함께 고의의 요소라고 하였다(고의설). 다만, 이 입장에서는 ① 고의가 인정되기 위해서는 현실적인 위법성인식이 있어야 한다는 견해(엄격고의설)와 ② '위법성인식 가능성'만 있으면 위법성인식을 인정하는 견해(제한고의설) 등이 있다.

그러나 목적적 행위론에서는 고의가 주관적 구성요건요소로 하면서 위법성인식은 고의와는 별개의 독자적인 책임요소로 인정하였다(책임설). 다만, 이 입장에서도 위법성인식의 정도에 대하여는 위법성인식가능성으로 충분하다고 한다. 이 입장은 다시 위법성조각사유의 전제되는 사실의 착오에 대하여 ① 위법성인식에 관한 것이므로 위법성의 착오라고 하는 견해(엄격책임설)와 ② 위법성조각사유의 전제되는 사실은 구성요건사실에 유사하므로 이에 관한 착오는 사실의 착오에 준하여 처벌하여야 한다는 견해(법효과제한적 책임설)로 나뉜다.

형법 제16조에서는 위법성인식의 체계적 지위에 대하여 명확하게 규정하고 있지 않다. 판례는 "자기의 행위가 법령에 의하여 죄가 되지 아니하는 것으로 오인하였다 하더라도 피고인에게 범의가 없었다고는 할 수 없다"고 하면서 고의와 별개의 요소로 인정하는 것이 있는 반면, 위법성인식을 고의의 요소로 인정하는 것도 있다. 그러나 범죄론체계와 관련하여 보면 위법성인식은 고의와는 분리된 것으로서 책임고의·과실과 구분되는 독자적인 책임요소로 파악하여야 한다(사회적 행위론). 그리고 위법성인식의 정도는 행위당시에 현실적인 위법성인식이 있었을 것을 요하게 되면 사실상 형사처벌이 불가능하게 된다는 점에서 위법성인식가능성으로 충분하다고 해야 한다. 따라서 책임설 중 제한책임설에 따른다(후술 참조).

3. 위법성의 착오

가. 위법성착오의 의의

위법성의 착오란 행위자가 자기의 행위가 위법함에도 불구하고 법적으로 허용된다고 오인한 경우를 말한다(금지착오). 형법 제16조에서는 '법률의 착오'라는 표제하에 "자기의 행위가 법령에 의하여 죄가 되지 아니하는 것으로 오인한 행위는 그 오인에 정당한 이유가 있는 때에 한하여 벌하지 아니한다"라고 규정하고 있다.

나. 위법성착오의 유형

(1) 직접적 착오

직접적 착오란 행위자가 자기의 행위 대하여 직접 적용되는 금지규범을 잘못 이해하여 그 행위가 허용되는 것으로 오인한 경우를 말한다. 직접적 착오에는 행위자가 (i) 금지규범 자체를 인식하지 못한 경우(법률의 부지), (ii) 금지규범의 존재는 인식하였지만 그 규범이 일정한 사유로 인해 규범으로서의 효력이 없다고 오인한 경우(효력의 착오), (ⅲ) 행위자가 금지규범은 유효하지만 그 효력 범위를 잘못 해석하여 자신의 행위는 금지규범의 적용대상이 되지 않고 허용되는 것으로 오인한 경우(포섭의 착오)가 있다.

법률의 부지에 대하여 ① 판례는 법률의 착오에 해당하지 않는다고 하지만, ② 금지규범 자체를 인식하지 못함으로써 불법의식이 없는 행위자에게 형사책임을 인정한다는 것은 책임주의 원칙에 반하므로 착오로 인정하여야 한다.

(2) 간접적 착오

간접적 착오란 자기 행위가 금지된 것은 인식하였으나 구체적인 경우에 위법성조각사유에 관하여 잘못 이해하여 위법성조각사유에 의하여 자신의 행위가 허용되는 것으로 오인하는 경우를 말한다(위법성조각사유에 대한 착오). 간접적 착오에는 ① 위법성조각사유의 범위와 한계에 관한 착오(허용한계의 착오)와 ② 위법성조각사유의 전제되는 사실의 착오에 대한 착오(허용구성요건의 착오)가 있다. 전자는 위법성착오에 해당하지만, 후자는 법효과제한책임설에 따라 사실의 착오는 아니지만 사실의 착오에 준하여 취급한다. 전자의 예로는 과거의 침해나 정당한 행위에 대하여도 정당방위가 허용된다고 오인한 경우 등이 있고, 후자의 예로는 오상방위, 오상피난, 오상자구행위 등이 있다.

다. 형법 제16조의 해석

형법 제16조에서 '자기의 행위가 법령에 의하여 죄가 되지 아니하는 것으로 오인한 행위'란 자기의 행위가 위법하지 않은 것으로 오인한 행위, 즉 위법성을 인식하지 못한 위법성의 착오를 말한다. 이 규정은 위법성인식의 결여가 직접적 착오에 의한 것이든 간접적 착오에 의한 것이든 모두 적용된다.

'그 오인에 정당한 이유가 있는 때'란 위법성인식가능성을 토대로 한 착오의 회피가능성이 없는 경우를 의미한다. 따라서 정당한 이유가 있는지 여부는 행위자에게 자기 행위의 위법의 가능성에 대해 심사숙고하거나 조회할 수 있는 계기가 있어 자신의 지적능력을 다하여 이를 회피하기 위한 진지한 노력을 다하였더라면 스스로의 행위에 대하여 위법성을 인식할 수 있는 가능성이 있었음에도 이를 다하지 못한 결과 자기 행위의 위법성을 인식하지 못한 것인지 여부에 따라 판단하여야 할 것이고, 이러한 위법성인식에 필요한 노력의 정도는 구체적인 행위정황과 행위자 개인의 인식능력 그리고 행위자가 속한 사회집단에 따라 달리 평가되어야 한다(판례).

구체적으로 살펴보면, ① 일반적으로 행위가 법률위반뿐만 아니라 도덕질서에 대한 중대한 침해가 되는 경우에는 정당성이 인정되지 않는다. 또한 ② 오인의 내용이 행위자의 업무와 관련되어 있거나 그에게 특히 중요한 사안일 경우(운전 등의 경우)에는 행위자에게 법규정을 조사하고 확인할 의무(양심긴장의무)가 있으므로 정당성이 인정되지 않는다. 이때에는 회피가능성을 행위자의 개별적 기준능력에 의하지 않고 규범적으로 설정한 일반적 기준에 따라 판단하기 때문이다. 그러나 ③ 변호사나 담당공무원 등 법률전문가나 관계기관의 조회(조회의무)에 의하여 적법하다고 인정되거나, 법원의 판례를 신뢰하여 행한 경우 등에 있어서는 정당한 이유가 인정된다.

> **[양심긴장의무와 조회의무]** 양심긴장의무와 조회의무는 행위자의 위법성인식에 대한 주의의무의 구체적 내용과 관련하여 독일 판례에서 제시하고 있는 것이다. 양심긴장의무는 행위자가 모든 지적 인식능력과 가치관을 총동원하여 양심적인 숙고를 해야 한다는 의무를 말한다. 조회의무는 필요한 경우에 전문가나 해당 기관에 금지법규의 내용이나 의미를 문의해야 한다는 것을 말한다. 후자는 주로 법률과 관계를 맺는 전문가집단에서 요구되지만(이때 인정되는 책임을 인수책임이라고 한다), 최근에는 행위자의 직업생활영역이나 법적으로 특별하게 규율되고 있는 생활영역(도로교통 등)에 속하는 행위자에게도 조회의무가 인정되고 있다.

4. 위법성조각사유의 전제사실에 관한 착오

가. 위법성조각사유의 전제사실에 관한 착오의 의의

위법성조각사유의 전제사실에 관한 착오란 위법성조각사유의 객관적 성립요건을 충족하는 사실이 없음에도 불구하고 행위자가 그러한 사실이 있다고 오인하여 방위행위, 피난행위 등을 한 경우를 말한다. 오상방위, 오상피난, 오상자구행위가 이에 해당한다.

나. 위법성조각사유의 전제사실에 관한 착오의 효과

위법성조각사유의 전제사실에 관한 착오의 법적 성격에 대하여는 견해가 나뉘어져 있다.

첫째, 사실의 착오로 보는 견해이다. ① **철저한 객관주의 입장**에서는 구성요건의 내용이 되는 사실이건 그 외의 위법성에 관한 사실에 대한 착오이건 사실인 점에서는 차이가 없으므로 모두 사실의 착오에 해당하고, 따라서 위법성조각사유의 전제사실에 관한 착오는 사실의 착오가 된다. 또한 ② **소극적 구성요건요소이론**에서는 위법성조각사유의 요건은 소극적 구성요건요소가 되므로 위법성을 조각하는 행위상황에 대한 착오는 구성요건적 착오가 되고, 따라서 고의가 조각된다고 한다.

둘째, 위법성의 착오로 보는 견해이다. 엄격책임설에서는 위법성조각사유의 전제되는 사실의 착오를 포함하여 모든 위법성조각사유의 착오는 구성요건해당사실에 대한 인식을 결여한 것이 아니고, 단지 존재하지 않는 위법성조각사유의 요건이 되는 사실을 오인하여 그 행위가 허용된다고 믿었기 때문에 위법성의 착오에 해당한다고 한다.

셋째, 절충설로서, 사실의 착오는 아니지만 사실의 착오와의 구조적 유사성을 근거로 구성요건적 착오의 규정이 적용되어야 한다는 견해이다. ① **유추적용제한책임설**에서는 구성요건요소와 허용구성요건 사이에는 질적인 차이가 없고, 위법성조각사유의 전제되는 사실의 착오의 경우에는 행위자에게 고의의 본질이 되는 구성요건적 불법을 실현하려는 결단이 없으므로 행위불법이 부정되므로 구성요건적 착오에 관한 규정이 유추적용되어 고의가 조각된다고 한다. ② **법효과제한책임설**에서는 위법성조각의 전제되는 사실의 착오의 경우에 구성요건적 고의는 영향을 받지 않으므로 고의범을 인정하지만, 그 법적 효과에 있어서는 사실의 착오에 있어서와 같이 과실범으로 처벌하고자 한다. ③ **비독립책임설**은 법효과제한책임설을 기초로 하되 법효과에 있어서 과실범의 형에 종속하여 고의범의 형을 현실화하려는 견해로서, 과실범 처벌규정이 있는 경우에는 과실범이 아니라 고의범으로 보되, 처벌만은 과실범의 형량범위로 제한한다. ④ **감경처벌설**은 위법성조각사유의 전제되는 사실의 착오에 기한 행위는 고의행위이지만 그 독자적 성격에 비추어 독립적으로 형벌범위를 결정하여야 한다는 견해로서, 모든 고의범의 형량을 필요적으로 감경하여야 한다고 한다(법효과독립적 책임설).

판례는 위법성조각사유의 전제되는 사실의 착오에 관하여 책임조각사유가 아니라 위법성조각사유로 인정하되, 착오에 정당한 이유가 있을 것을 요건으로 하고 있다. 그러나 위법성조각사유의 전제되는 사실에 대한 착오는 행위자가 구성요건해당사실을 인식하면서도 동시에 이것을 정당화하는 사실을 인식하고 있는 것이기 때문에 결국에는 위법하지 않은 사실을 인식한 경우이고, 따라서 자기 행위가 법적으로 허용된다는 평가의 착오가 아니라 그것을 정당화하는 사실을 착오한 것이므로 규범적 억지를 기대할 수 없게 된다. 따라서 위법성조각사유의 전제되는 사실의 착오는 구성요건적 착오와 위법성의 착오의 중간에 위치하면서도(준구성요건적 착오) 전자와 유사한 성격을 가지는 것이므로 이론적 귀결에 있어서는 고의를 조각하는 것으로 보아야 한다(법효과제한책임설). 따라서 위법성조각사유의 전제되는 사실의 착오의 경우에는 책임고의는 부정되지만 구성요건적 고의는 그대로 존재하므로 이 착오에 빠진 행위자를 과실범처벌규정이 없어서 처벌할 수 없는 경우에도 제한종속성설에 의하면 이를 교사·방조한 사람은 처벌할 수 있게 된다.

제5절 기대가능성

1. 기대가능성의 의의

기대가능성이란 적법행위의 기대가능성, 즉 행위당시의 구체적 사정으로 미루어 범죄행위 대신 적법행위를 기대할 수 있는 가능성을 말한다. 적법행위의 기대가능성이 없거나 적은 때에는 비난가능성, 즉 책임이 조각되거나 감경된다. 기대가능성은 규범적 책임론의 핵심개념으로서, 1897년 3월 23일 독일의 소위 '말꼬리사건'(Leinenfänger사건)에 대한 제국법원(Reichsgericht)의 판결에서 유래되었으며, 오늘날 초법규적 책임조각사유로 인정되고 있다.

2. 기대가능성의 판단기준

　기대가능성의 판단기준에 대하여는 ① 형사책임의 일반원칙과 기대가능성의 본질에 비추어 행위자의 개인적 능력과 개인적 사정을 기초로 판단해야 한다는 견해(행위자표준설), ② 기대가능성의 판단은 구체적인 행위자의 개별적 평가의 문제가 아니라 법질서와 법률에 의한 객관적 평가의 문제이므로 국가이념에 따라 기대가능성의 유무를 판단해야 한다는 견해(국가표준설) 등이 있으나, ③ 기대가능성의 판단대상은 행위자이지만 그것은 평균인에 의한 객관적 판단이어야 하므로 평균인을 표준으로 하여 판단하여야 한다(평균인표준설, 판례).

3. 기대가능성의 착오

가. 기대가능성의 존재와 한계에 관한 착오

　기대가능성의 존재와 한계에 관한 착오가 있는 경우에도 책임은 조각되지 않는다. 책임조각사유는 고의의 인식대상도 아니고 기대가능성의 존재나 한계는 행위자가 아니라 객관적(평균인)으로 판단되는 것이기 때문이다.

나. 기대가능성의 기초가 되는 사정에 대한 착오

　기대가능성의 기초가 되는 사정에 대한 착오(책임을 조각하는 허용상황에 대한 착오)의 법적 효과는 그 유형에 따라 다르다.

　첫째, **적극적 착오**, 즉 기대가능성을 결여하는 사실이 존재하지 않는데도 불구하고 존재한다고 오신한 경우는 행위자가 착오로 인해 자기 행위의 위법성을 인식하지 못한 것이므로 형법 제16조를 유추적용하여 정당한 이유가 있는 경우에 한하여 기대불가능성을 이유로 책임이 조각된다.

　둘째, **소극적 착오**, 즉 기대가능성을 결여하는 사실이 존재하는데도 불구하고 존재하지 않는다고 오신한 경우는 사실상 결과불법이 없고, 기대가능성 여부의 판단은 평균인을 기준으로 되므로 객관적으로 기대가능성을 결여하게 하는 사실이 존재하였다면 책임조각을 인정하여야 한다.

4. 기대불가능으로 인한 책임조각사유

가. 형법상 책임조각사유

형법총칙에서 기대불가능성을 이유로 책임조각 또는 감소를 인정하는 것으로는 강요된 행위(제12조), 과잉방위(제21조 제2항, 제3항), 과잉피난(제22조 제2항, 제3항), 과잉자구행위(제23조 제2항) 등이 있다.

형법각칙에서 기대불가능성을 이유로 책임조각을 인정하는 것으로는 친족 간의 범인은닉·증거인멸죄(제151조 제2항, 제155조 제4항) 및 범인자신의 범인은닉과 증거인멸이 있다. 또한 단순도주죄(제145조)는 도주원조죄(제147조)보다, 위조통화취득후 지정행사죄(제210조)는 위조통화행사죄(제207조 제4항)보다 법정형을 가볍게 규정하고 있는 것도 기대가능성의 감소를 이유로 책임이 감경된 경우라고 할 수 있다.

나. 강요된 행위

(1) 강요된 행위의 의의와 법적 성격

형법 제12조에서는 "저항할 수 없는 폭력이나 자기 또는 친족의 생명·신체에 대한 위해를 방어할 방법이 없는 협박에 의하여 강요된 행위는 벌하지 아니한다"라고 규정하고 있다. 즉, 강요된 행위는 강제상태로 인하여 행위자에게 적법행위에 대한 기대가능성이 없다는 이유로 책임조각사유로 명문화하고 있다.

강요된 행위는 긴급상태하에서 위난을 피하기 위한 행위라는 점에서는 긴급피난과 유사하다. 하지만 (i) 긴급피난은 그 원인을 불문하고 현재의 위난이 있으면 인정됨에 반해, 강요된 행위는 강요의 원인이 부당할 것을 요하고, (ii) 긴급피난에는 이익형량의 원칙이 강하게 요구되는 반면, 강요된 행위에 있어서는 강요상태로 인해 적법행위의 기대가능성이 없는 것으로 충분하다는 점에서 양자는 구분된다.

(2) 강요된 행위의 성립요건
(가) 저항할 수 없는 폭력

'폭력'은 일반적으로 사람의 의사나 행동을 제압하기 위하여 행사되는 일체의 유형력을 말한다. 폭력에는 사람을 육체적으로 저항할 수 없게 하는 물리력의 행사를 의미하는 절대적 폭력과 상대방의 의사형성에 영향을 미쳐 일정한 행위를 하게 하는 유형력을 말하는 강제적 폭력이 있다. 본조의 폭력은 강제적 폭력을 말한다(판례).

'저항할 수 없는 폭력'이란 피강요자가 강제에 대항할 수 없는 정도의 폭력으로서, 물리적으로 대항할 수 없는 경우는 물론, 사실상 거부할 수 없는 경우도 포함된다. 폭력의 수단과 방법에는 제한이 없으며, 현실적으로 피강요자가 저항을 시도하였는가의 여부는 불문한다. '저항불능'은 피강요자와 관련되어 구체적으로 평가되는 상대적 불능을 의미하므로, 저항불능의 여부는 폭력의 성질과 수단·방법 및 피강요자의 인격 등, 그 당시의 모든 사정을 고려하여 행위자를 기준으로 판단하여야 한다.

(나) 자기 또는 친족의 생명·신체에 대한 위해를 방어할 방법이 없는 협박

'협박'은 사람에게 공포심을 일으킬 만한 해악의 고지를 말한다. 단순한 경고와는 구별되지만, 반드시 명시적·외형적인 협박이 있을 것은 요하지 않는다. 이때 협박은 현실로 상대방에게 공포심을 주어 의사결정과 활동의 자유를 침해할 정도에 이르러야 한다.

협박의 내용은 자기 또는 친족의 생명·신체에 대한 위해를 내용으로 하는 것이어야 한다. '생명·신체에 대한 위해'란 살해하거나 신체의 완전성을 현저히 침해하는 것을 말한다. 따라서 자유, 비밀, 명예, 신용, 정조, 재산 등의 법익에 대한 위해는 이에 해당되지 않는다. 다만, 일시적인 침해의 위협으로서도 충분하다. '친족'의 범위는 민법(제777조)에 의하여 결정되며, 예외적으로 사실혼관계에 있는 부부나 사생아도 포함되지만 약혼자, 애인, 친구는 포함되지 않는다. 친족의 유무는 행위당시를 기준으로 한다.

'방어할 방법이 없는 협박'이란 강요자가 강요하는 대로 범죄를 하는 것 외에 달리 위해를 저지하거나 피할 수 없다는 것을 의미한다. 도망가능성이 있는 경우에는 이에 해당되지 않는다. 그 판단에 있어서는 '저항할 수 없는 폭력'에서와 같이 협박자의 성질, 협박내용, 협박의 수단과 방법, 피협박자의 상황 등 그 당시의 모든 사정을 고려하여 행위자를 기준으로 결정하여야 한다.

(다) 강요된 행위

강요된 행위란 외부로부터의 폭력이나 협박에 의하여 피강요자의 의사결정 이나 활동의 자유가 침해되어 강요자가 요구하는 일정한 행위를 하는 것을 말한 다. 행위자가 성장과정을 통하여 형성된 내재적인 확신이나 관념으로 인하여 스 스로 의사결정이 강제된 경우나 피강요자의 책임 있는 사유로 인하여 강제상태 를 자초한 경우(자초된 강제상태. 예, 자진월북한 경우 등)에는 강요된 행위에 해당 하지 않는다. 다만, 행위자가 강제상태를 자초한 경우에도 강요된 행위를 전혀 예견할 수 없었던 경우에는 강요된 행위가 될 수 있다(판례). 이때 강요된 행위 는 개인의 법익을 침해하는 위법행위이어야 한다.

한편, 폭력 또는 협박과 강요된 행위 사이에는 인과관계가 있어야 하며, 그 렇지 않으면 강요자와 공범관계가 성립하게 된다. 따라서 피강요자는 강요된 상 태에서 위해를 피하기 위하여 어쩔 수 없다는 인식을 갖고 행동하여야 한다.

(3) 효과

강요된 행위는 적법행위의 기대가능성이 없으므로 피강요자는 책임이 조각 되어 벌하지 아니한다. 다만, 강요된 행위에 대하여 피침해자는 정당방위를 할 수 있다. 이때 강요자는 '처벌되지 않는 자'를 이용한 것이 되므로 강요된 행위 의 간접정범으로 처벌된다.

다. 초법규적 책임조각사유

법령에 규정이 없는 경우에도 기대불가능성을 이유로 하여 초법규적 책임조 각사유로 논의되는 것들이 있다.

첫째, 상관의 위법한 명령에 따른 행위이다. 상관의 명령에 의한 행위라도 그것이 위법하다면 원칙적으로 위법성이 조각되지 않는다. 그러나 군대, 경찰, 정보기관 등과 같이 상관의 명령이 절대적 구속력(법적 구속력은 없지만)을 가진 집단에서 상관의 위법한 명령을 수행한 때에는 생명·신체에 대한 위해를 내용 으로 하는 것으로서 적법행위의 기대가능성이 없는 경우에는 책임조각을 인정할 수 있다. 다만, 판례는 위법한 명령에 따른 행위에 대하여는 원칙적으로 위법성 조각은 물론, 책임조각을 인정하지 않는다.

둘째, 면책적 긴급피난행위이다. 긴급피난에 있어서 침해법익과 보호법익이 동등하거나 침해법익이 보호법익보다 큰 경우 또는 생명과 생명, 신체와 신체 등 비교형량할 수 없는 법익침해의 경우에는 상당성 요건이 충족되지 않으므로 긴급피난으로서 위법성이 조각되지 않는다. 따라서 이러한 경우에는 구체적 사정하에서 적법행위의 기대가능성이 없는 경우에 한하여 책임조각을 인정하여야 한다. 의무의 충돌에 있어서 동가치의 의무나 낮은 가치의 의무를 수행한 경우에도 마찬가지이다.

셋째, 생명·신체 이외의 법익에 대한 강요행위이다. '자기 또는 친족의 생명과 신체'를 제외한 법익, 즉, 자유, 비밀, 명예, 신용, 정조, 재산 등에 대한 방어할 방법이 없는 협박은 형법 제12조의 적용대상이 아니다. 그러나 이들 법익에 대하여도 적법행위의 기대가능성이 없는 경우에는 초법규적으로 책임조각을 인정하여야 한다. 자기 또는 친족이 아닌 친한 친구나 애인 등, 자신과 밀접한 관계에 있는 사람의 생명과 신체에 대한 위해의 경우에도 마찬가지이다.

제6장 미수론

제1절 미수범 일반이론

1. 범죄의 실현단계

형법상 범죄의 기본형태는 고의·기수범이다. 고의범에서 범죄의 실현은 범행의 결의에서 시작하여 예비·음모, 실행의 착수, 결과의 발생, 범죄의 종료 순으로 진행된다. 범행의 결의 또는 범죄의 의사는 외부로 드러나지 않고 내심에 있는 한 형법의 대상이 아니므로 범죄가 되기 위해서는 최소한 범죄의사가 외부적 행위로 나타나야 한다.

2. 미수범의 의의

미수범이란 실행에 착수하여 행위를 종료하지 못하였거나 범죄행위를 종료하였지만 결과를 발생시키지 못한 범죄유형을 말한다. 미수범은 형법각칙의 각 죄에서 정한 경우에 한하여 처벌할 수 있다(제29조). 미수범에 있어서도 형법상 위법성조각사유와 책임조각사유는 그대로 적용된다.

3. 미수범의 처벌근거

　미수범의 처벌근거에 대하여는 ① 객관주의에 따른 것으로서, 범죄란 행위에 의하여 현실적으로 야기된 객관적 결과로 이해하므로 형법상 가벌성은 원칙적으로 기수범만 인정되지만, 미수범은 실행의 착수로 인해 보호법익에 대한 구체적 위험성이 있기 때문에 처벌한다는 견해(객관설)와 ② 주관주의에 따른 것으로서 실행행위에 착수하게 되면 범죄의사가 외부로 표출되어 행위자에게 반사회적인 위험성이 인정되므로 범죄의 기·미수와 관계없이 가벌성은 동일하므로 미수범도 기수범과 같이 처벌하여야 한다는 견해(주관설), ③ 미수범의 처벌근거는 기본적으로 행위자의 범죄의사에서 찾지만, 처벌하는 이유는 행위자의 법적대적 의사가 법질서의 효력과 일반인의 법적 안정에 대한 신뢰를 깨뜨려 일반인에게 범죄적 인상을 주었다고 하는 객관적 요소에 있다고 하는 견해(인상설) 등이 있다.
　형법은 결과발생이 가능한 경우의 미수(장애미수·중지미수) 외에 결과발생이 불가능하더라도 위험성이 있는 미수(불능미수)를 처벌하되, 장애미수는 형의 임의적 감경(제25조), 불능미수는 형의 임의적 감경·면제사유(제27조)로 함으로써 절충적인 태도를 취하고 있다. 기수범의 불법판단에 있어서 결과반가치와 행위반가치를 모두 고려하고 있는 것처럼 미수범의 처벌근거도 결과반가치와 행위반가치를 모두 고려하여 판단하여야 한다. 다만, 절충설에 따르더라도 미수범의 처벌근거는 일반인의 '법적대적 의사'라는 불명확한 기준이 아니라 행위자의 외부적 행위로 인한 법익침해의 구체적 위험성에 두어 미수범에 대한 처벌이 확대되지 않도록 경계하여야 한다.

4. 미수범의 유형

가. 착수미수와 실행미수

　착수미수란 범죄의 실행에 착수하였으나 범죄완성에 필요한 실행행위 그 자체를 종료하지 못한 경우를 말하며, **실행미수**란 범죄의 실행에 착수하여 실행행위를 종료하였지만 행위자가 의도했던 구성요건적 결과가 발생하지 않은 경우를 말한다. 형법 제25조 전단의 '행위를 종료하지 못하였거나'라는 표현은 착수미수를, 후단의 '결과가 발생하지 아니한 때'라는 표현은 실행미수를 각각 가리킨다.

착수미수와 실행미수의 구별기준에 대하여 ① 객관적으로 결과발생가능성이 있는 행위가 있으면 행위자의 의사와 관계없이 실행행위는 종료한 것이라는 견해(개별행위설), ② 행위자의 의사에 의하여 결정해야 한다는 견해(범행계획설, 전체행위설), ③ 행위자의 의사에 따르되, 실행의 착수시가 아니라 실행행위의 중지시의 의사를 기준으로 판단해야 한다는 견해(수정된 주관설) 등이 있으나, ④ 행위자의 범행계획을 고려하면서, 행위당시의 객관적 사정과 행위자의 인식을 종합하여 판단해야 한다(절충설). 이에 따르면 甲이 총을 2발 쏘아 乙을 살해하려고 계획하고 실행에 착수한 후 乙을 향해 1발을 쏘았는데 빗나가자 甲이 자의로 살해행위를 중지한 경우에는 이미 행한 행위만으로도 결과발생이 가능하다는 점에서 착수미수(중지미수)가 아니라 실행미수(장애미수)가 된다.

나. 형법상 미수범의 유형

형법에서는 기본적인 미수형태로서 장애미수(제25조)를 규정하고, 특별유형으로서 중지미수(제26조)와 불능미수(제27조)를 규정하고 있다. **장애미수**는 범인의 자의가 아닌 외부적 장애요인에 의하여 미수가 된 경우를 말하며, **중지미수**는 범인이 자의로 범행을 중지하거나 결과발생을 방지함으로써 미수가 된 경우를 말한다. **불능미수**는 범인이 범죄를 실현하려고 하였으나 대상이나 수단의 착오로 인하여 결과발생이 불가능한 경우이지만 법익침해의 위험성이 있는 경우를 말한다.

제2절 장애미수

1. 미수범의 성립요건

형법 제25조 제1항에서는 "범죄의 실행에 착수하여 행위를 종료하지 못하였거나 결과가 발생하지 아니한 때에는 미수범으로 처벌한다"고 규정하고 있다. 미수범의 성립요건은 다음과 같다.

가. 객관적 요건

(1) 실행의 착수

미수범이 성립하기 위해서는 실행의 착수가 있어야 한다. 실행의 착수는 구성요건을 실현하기 위한 행위를 개시하는 것을 의미하며, 예비와 미수를 구별하는 기준이 된다.

실행의 착수시기에 대하여는 ① 객관설로서, 구성요건에 해당하는 정형적인 행위 또는 그 일부를 개시한 때에 비로소 실행의 착수가 있다고 하는 견해(형식적 객관설)와 구성요건에 해당하는 정형적인 행위가 없더라도 그 행위가 객관적으로 구성요건적 행위와 필연적으로 결합된 행위가 있거나 보호법익에 대하여 실질적인 위험을 야기시킨 때 또는 법익침해에 밀접한 행위가 있을 때에 실행의 착수가 있다는 견해(실질적 객관설), ② 행위자의 의사를 기준으로 하여 범죄의사가 수행행위를 통하여 확정적으로 나타날 때 실행의 착수가 있다는 견해(주관설) 등이 있으나, ③ 행위자의 주관적인 범죄계획에 의하여 범죄의사가 분명하게 나타나고(주관적 측면), 객관적으로 보호법익에 대한 직접적 위험을 발생시킨 때(객관적 측면)에 실행의 착수를 인정하여야 한다(주관적 객관설 또는 개별적 객관설). 판례는 절충설의 입장을 기본으로 하면서도, 절도죄의 경우에는 객관설을, 간첩죄에 있어서는 주관설을 취하고 있는 등 개별 범죄의 종류에 따라 각각 다른 태도를 취하고 있다.

[특수유형범죄의 착수시기]
1. **결합범** : 결합범은 서로 상이한 여러 개의 행위가 결합하여 하나의 구성요건을 구성 하는 범죄로서, 범죄구성요건에서 규정한 행위 중의 어느 하나를 실행하면 전체범죄 의 실행의 착수가 인정된다. 예를 들면, 강도죄에 있어서 재물절취 또는 폭행·협박 중 어느 하나라도 실행하면 강도죄의 실행의 착수가 인정된다.
2. **가중적 구성요건** : 가중적 구성요건은 기본적 구성요건을 기준으로 실행의 착수 여 부를 판단한다. 예를 들면, 특수절도의 경우에는 기본적 구성요건인 절취행위에 착 수함으로써 실행착수가 인정된다.
3. **격지범(隔地犯)** : 격지범(또는 이격범(離隔犯))은 구성요건에 해당하는 행위와 결과 가 시간·장소적으로 괴리되어 있는 범죄로서, 행위자의 범행의사가 나타난 원인행 위 개시시점이 실행의 착수시기가 된다.

(2) 범죄의 미완성

미수범이 성립하기 위해서는 실행에 착수하였으나 범죄가 완성에 이르지 않 아야 한다. 범죄의 완성은 구성요건을 표준으로 해서 판단하고, 구성요건적 결 과가 발생하였다고 하더라도 행위와 결과 사이에 인과관계 및 객관적 귀속이 부 정되면 미수범이 성립한다. 따라서 거동범은 실행행위가 있으면 범죄가 성립하 므로 미수범이 성립될 여지가 없다. 형법에서 퇴거불응죄(제319조 제2항)의 미수 범을 처벌하고 있는 것(제322조)은 입법의 오류라고 할 수 있다.

범죄의 미완성에는 착수한 실행행위 자체를 종료하지 못한 경우(착수미수)와 실행행위는 종료하였으나 구성요건적 결과가 발생하지 아니한 경우(실행미수)가 있다.

나. 주관적 요건

미수범이 성립하기 위해서는 기수범에서 요구되는 주관적 요소들을 모두 갖 추어야 한다. 따라서 미수범의 고의는 기수의 고의를 말하며, 처음부터 미수에만 그치겠다는 '미수의 고의'(예, 함정수사)만으로는 미수범이 성립하지 않는다. 또한 미수범에 있어서도 구성요건적 고의 외에 특별한 주관적 불법요소를 요하는 범 죄의 경우에는 특별한 주관적 불법요소도 갖추어야 한다. 다만, 미수범은 고의범 에서만 인정되므로 과실범의 미수는 원칙적으로 인정되지 않는다(과실범 참조).

2. 미수범의 처벌

미수범의 형은 기수범보다 감경할 수 있다(제25조 제2항). 미수의 경우에 감경할 수 있는 형은 주형에 한하며, 부가형 또는 보안처분에 대하여는 감경할 수 없다. 그러나 주형으로 징역형과 벌금형이 병과된 경우에는 모두 감경이 가능하다.

제3절 중지미수

1. 중지미수의 의의

중지미수란 범죄의 실행에 착수한 사람이 그 범죄가 완성되기 전에 자의로 실행행위를 중지하거나 그 행위로 인한 결과발생을 방지한 경우를 말한다. 전자를 착수중지, 후자를 실행중지라고 한다. 형법 제26조에서는 "범인이 실행에 착수한 행위를 자의(自意)로 중지하거나 그 행위로 인한 결과의 발생을 자의로 방지한 경우에는 형을 감경하거나 면제한다"고 규정하여 중지미수를 형의 필요적 감경 또는 면제사유로 하고 있다.

중지미수는 자의적으로 실행행위를 중지하거나 결과발생을 방지하였다는 점에서 장애미수와 구별되며, 실행행위로 인해 결과발생이 불가능한 경우가 아니라는 점에서 불능미수와 구별된다.

2. 중지미수의 법적 성격

중지미수의 법적 성격, 즉 형법에서 중지미수에 대하여 형의 필요적 감경·면제를 인정하는 근거에 대하여는 견해가 나뉘어져 있다.

첫째, 형사정책적 관점에서의 주장이다. 이에는 ① 리스트가 주장한 것으로서, 중지미수 규정은 범죄세계에서 도덕의 세계로 돌아올 수 있는 '황금의 다리' 역할을 한다는 견해(황금의 다리이론), ② 중지미수의 형의 감면은 행위자가 스스로 범행을 중지하고 적법의 세계로 돌아온 공적에 대하여 국가가 은사를 베풀거나 또는 보상을 하는 것이라는 견해(은사설 또는 보상설), ③ 중지미수의 형의 감면은 행위자가 자의로 범행을 중지하였기 때문에 특별예방의 관점에서 보면 형벌부과의 필요성이 없어졌기 때문이라는 견해(형벌목적설), ④ 행위자가 자의로 범행을 중지하였다는 것은 이미 수행된 불법을 적법상태로 원상회복하라는 의무이행의 책임을 완수하였다는 점에서 형을 감면한다는 견해(책임이행설) 등이 있다.

둘째, 법률적 관점에서의 주장이다. 이에는 ① 자의적인 범행중지의 결의는 주관적 불법요소이자 위법성의 요소인 고의를 철회한 것과 같으므로 위법성을 감소 또는 소멸시키는 주관적 요소가 된다는 견해(위법감소·소멸설), ② 범인이 범행을 중지함으로써 비난가능성의 정도가 감소·소멸되었다는 견해(책임감소·소멸설) 등이 있다.

셋째, 결합설로서, 중지미수 규정에서 형의 면제는 형사정책적 고려에 따른 것으로 이해하고, 형의 감경은 형법이론적 판단에 근거해야 한다는 견해이다. 이에는 ① 형사정책설과 위법성 감소·소멸설, ② 형사정책설과 책임감소·소멸설, ③ 형사정책설과 위법·책임 감소·소멸설, ④ 형의 감면은 형사정책설 중 보상이라는 측면과 법률적 관점 중 책임감소·소멸설에 따라야 한다는 견해(이원설) 등이 있다.

행위자가 범행을 중지한 경우라고 하더라도 이미 발생한 위법성이 감소·소멸하는 것은 아니지만, 자의로 범행을 중지하였다는 점에서 비난가능성의 감소는 인정될 수 있다. 한편, 형벌의 주된 목적이 범죄인의 재사회화에 있다고 한다면 형벌목적이 달성된 경우에는 처벌할 필요가 없다. 따라서 중지미수의 형을 감면하는 근거는 책임감소설과 형벌목적설의 결합으로 인정하여야 한다.

3. 중지미수의 성립요건

가. 객관적 요건

중지미수가 성립하기 위한 객관적 요건으로는 실행의 착수, 실행의 중지 또는 결과의 방지, 결과의 불발생을 요한다.

(1) 실행행위의 중지 또는 결과발생의 방지

착수미수의 경우에는 실행행위의 계속을 중지하고, 이로 인해 결과가 발생하지 않아야 한다. 실행행위의 중지는 객관설에서는 범행의 종국적 포기가 아니라 이미 행하여진 실행행위를 계속하지 않는 것을 의미하므로 잠정적으로 중지한 경우에도 중지미수가 성립한다. 다만, 주관설에서는 행위자의 범행의 완전한 중지가 있는 경우에만 중지미수를 인정한다.

실행미수의 경우에는 실행행위가 종료하였기 때문에 행위자는 적극적이고 진지하게 결과발생을 방지하기 위한 행위를 하여야 하고, 이로 인해 결과가 발생하지 않아야 한다. 행위자가 단지 타인이나 주변에 도움을 요청한 것에 지나지 않고, 궁극적으로 타인이 결과발생을 방지한 경우에는 중지미수가 되지 않는다. 부작위범에 있어서는 작위의무자가 실행에 착수한 후 범행이 기수에 이르기 전에 결과발생의 방지를 위한 행위를 한 경우에만 중지미수가 성립한다.

(2) 결과의 불발생

중지미수도 미수범이므로 결과가 발생하지 않아야 한다. 착수미수의 경우에 실행행위를 중지하였지만 결과가 발생한 경우에는 중지미수가 아니라 기수가 되며, 단지 인과관계의 착오의 문제만이 남게 된다. 실행미수의 경우에도 결과가 발생하지 않아야 한다. 이때 결과불발생은 중지행위로 인한 것이어야 한다. 결과발생을 방지하기 위한 진지한 노력을 하였다고 하더라도 결과가 발생한 경우에는 기수가 되고, 양형상 고려사유가 될 수 있을 뿐이다. 행위자가 결과발생방지를 위해 진지한 노력을 하였더라도 행위자의 존재를 알지 못한 제3자의 행위에 의해 결과발생이 방지되었다면 중지미수가 되지 아니한다.

나. 주관적 요건

중지미수가 성립하기 위한 주관적 요건으로는 고의 외에 범행중지에 있어서 자의성(自意性)이 있을 것을 요한다. 자의성은 장애미수와 중지미수를 구별하는 기준이 된다.

(1) 자의성 판단기준

자의성의 판단기준에 대하여는 ① 객관설은 범행의 중지가 외부적 사정에 의한 경우는 장애미수이고, 내부적 동기에 의한 경우에는 중지미수라는 견해(객관설), ② 후회·동정·연민과 같은 주관적·윤리적 동기에 의하여 범행을 중지한 경우가 중지미수이고, 그 외의 사유로 중지한 경우는 장애미수라는 견해(주관설), ③ 행위자가 범죄를 완성할 수 있었음에도 불구하고 하기를 원하지 않아서 중지한 때에는 중지미수이고, 범행을 완성하려고 하였지만 할 수 없어서 중지한 경우에는 장애미수라는 견해(프랑크(Frank) 공식), ④ 중지범을 인정한 형법의 목적 ─중지미수의 형의 감면근거─ 과 범행중지사유가 일치되는 범위 내에서, 즉 중지동기가 그에 상응하는 보상을 받을 만한 평가를 받을 수 있을 때만 중지미수가 된다는 견해(규범설) 등이 있다. 그러나 ⑤ 일반적인 사회통념상 보통 외부적 장애사유로 인하여 범행을 중지한 때에는 장애미수이고, 외부적 장애사유가 없었음에도 불구하고 자율적 동기에 의하여 중지한 때에는 중지미수를 인정하여야 한다(절충설, 판례).

(2) 자의성의 구체적 판단

절충설에 따르면 후회·동정·공포 또는 두려움에 의한 경우는 물론, 설득이나 범행의욕 상실과 같은 동기에 의하여 중지한 때에도 자의성이 인정된다. 자의적으로 중지한 이상 그것이 윤리적으로 정당한 가치를 가질 것을 요하지 않는다. 따라서 강간을 하려다가 후에 친하게 된 후 성교를 약속하므로 이를 중지한 때에도 자의성이 인정된다(판례). 다만, 판례는 공포나 두려움에 의한 경우에는 자의성을 인정하지 않고 있다.

그러나 범죄실행 또는 범죄완성이 불가능하기 때문에 중지한 경우나 범죄실행이 가능하였지만 범죄를 중단할 수밖에 없었던 사정이 있었던 경우, 또는 당시 상황이 현저하게 불리하게 되면서 그로 인한 불이익을 우려하여 그만 둔 경우에는 자의성이 인정되지 않는다. 따라서 강간에 착수하였으나 어린 딸이 깨어나 울고 있고 피해자가 임신 중이라고 하여 그만둔 경우, 피해자가 수술한 지 얼마 되지 않아 배가 아프다고 애원하여 간음을 중단한 경우, 범행이 발각되었거나 발각되었다고 생각하고 중지한 때에는 자의성이 인정되지 않는다(판례).

한편, 자의성 판단의 대상은 행위자가 주관적으로 인식한 사실이므로, 장애사유가 없음에도 불구하고 장애사유가 있다고 생각하고 중지한 경우에는 중지미수가 되지 아니한다. 하지만, 장애사유가 있음에도 불구하고 이를 알지 못하고 자율적으로 중지한 때에는 중지미수가 된다. 마찬가지로 객관적으로 결과발생이 불가능하지만 행위자가 주관적으로 가능하다고 오인하고 중지하거나 결과발생을 방지한 때에도 중지미수가 될 수 있다.

4. 중지미수의 처벌

중지미수는 형을 감경 또는 면제한다. 이때 형의 감경 또는 면제 여부는 구체적인 경우에 있어서 범행중지의 동기·내용 그리고 피해자의 손해정도 등 제반사정을 고려하여 법관이 결정한다. 다만, 중지미수로 인한 형의 감면효과는 스스로 중지한 사람에게만 미친다. 따라서 여러 사람이 범죄에 관여한 경우에도 스스로 중지한 사람만 중지미수범이 성립하고, 스스로 중지하지 않은 다른 가담자(공동정범, 교사범, 종범, 간접정범)에게는 그 효력이 미치지 않는다.

5. 중지미수와 공범

가. 공동정범과 중지미수

공동정범의 가벌성은 공범자 전체의 행위를 기준으로 판단한다. 따라서 공범자 중 1인이 자의로 자기의 실행행위를 중지하거나 자기가 분담한 부분의 결과발생을 방지한 것만으로는 중지미수가 성립하지 않고, 다른 공범자 전원의 실행행위를 중지시키거나 자의에 의하여 범죄결과의 발생을 방지하여야만 중지미수가 성립한다. 이때 자의적으로 범행을 중지한 사람만이 중지미수가 되고, 다른 공범자는 장애미수가 된다. 그러나 공동정범 중 1인이 자의로 범행을 중지하였다고 하더라도 모의한 범행이 기수에 이르렀다면 공범자 전원이 전체범죄의 기수범의 공동정범이 된다.

나. 교사범과 종범의 중지미수

협의의 공범에 있어서는 교사의 철회나 방조의 중단만으로는 중지미수가 성립하지 않고, 자의로 정범의 실행행위를 중지하게 하거나 결과발생을 방지하여야만 중지미수가 성립한다. 이때 공범의 중지행위에 대하여 정범에게 자의성이 없으면 정범은 장애미수가 된다. 반면, 정범이 자의로 중지한 때에는 정범은 중지미수가 되지만 공범은 장애미수가 된다.

다. 간접정범의 중지미수

간접정범은 자기가 자의로 피이용자의 실행행위를 중지시키거나 결과발생을 방지한 때에 중지미수가 성립한다. 따라서 피이용자가 간접정범의 의사에 반하여 자의로 중지한 때에는 간접정범은 중지미수가 아니라 장애미수가 된다. 피이용자가 간접정범의 의사와 일치하여 자의로 중지한 때에도 피이용자의 중지행위가 간접정범의 의사대리라고 인정되는 때에 한하여 간접정범은 중지미수가 된다.

제4절 불능미수

1. 불능미수의 의의와 법적 성격

가. 불능미수의 개념과 법적 성격

불능범은 구성요건적 결과발생이 불가능한 범죄이므로 객관주의에 따르면 행위자에게 범죄의사가 있고, 그에 따른 실행행위가 있더라도 법익침해 또는 법익침해가능성이 없기 때문에 가벌성이 인정되지 않는다. 그러나 주관주의에 따르면 불능범의 경우에도 실행행위에 의해 행위자로부터 범죄의사는 표출되었으므로 가벌성은 인정된다. 형법 제27조에서는 "실행의 수단 또는 대상의 착오로 인하여 결과의 발생이 불가능하더라도 위험성이 있는 때에는 처벌한다. 단, 형을 감경 또는 면제할 수 있다"고 규정함으로써, 불능범 중에서 결과불발생이 실행의 수단 또는 대상의 착오로 인한 경우로서 위험성이 있는 경우에 한하여 형을 감경 또는 면제할 수 있도록 하고 있다. 이에 강학상 형법 제27조에 의하여 처벌되는 불능범을 불능미수(또는 위험한 불능범)라고 지칭하고, 이를 형법상 처벌되지 않는 불능범(또는 위험하지 않은 불능범)과 구별하고 있다. 동조는 장애미수와 구분되는 독립한 유형의 미수범 처벌규정으로 이해되고 있다.

나. 불능범과 구별개념

(1) 환각범과의 구별

불능미수는 결과발생이 불가능함에도 불구하고 가능하다고 오인한 경우로서 구성요건적 착오의 반대형태인 '반전된 사실의 착오'이다. 이에 반해, 환각범은 형법상 죄가 되지 않음에도 불구하고 죄가 된다고 오인하고 행위한 경우를 말한다. 환각범은 구성요건 자체가 존재하지 않으므로 결과발생이 불가능하다는 점에서 불능미수와 공통점이 있다. 다만, 불능미수는 행위자가 의도한대로 행하여졌다면 범죄가 실현될 수 있는 반면, 환각범은 행위자가 의도한대로 행하여졌더라도 구성요건 자체가 없으므로 범죄가 성립하지 않는다는 점에서 구별된다.

(2) 미신범

미신범이란 과학적으로 인과관계를 논증할 수 없는 방법, 즉, 주술이나 초자연력에 의존하여 형법상 범죄를 실현하려고 한 행위를 말한다. 미신범은 의도한 결과실현이 불가능한 점에서는 불능미수와 같다. 하지만, 미신범은 그 행위방법이 인간의 지배가능한 범위를 벗어난 태도로서 형법상 행위로 인정되지 않는다는 점에서 결과발생은 불가능하지만 구성요건적 실행행위로서 인정되는 불능미수와 구별된다. 다만, 주관주의에 따르면 미신범도 범죄의사가 표명된 경우이므로 미수범으로 처벌될 가능성이 있다.

2. 불능미수의 성립요건

불능미수가 성립하기 위해서는 미수범의 일반적 성립요건인 실행의 착수와 결과의 불발생 외에 실행의 수단 또는 대상의 착오로 결과발생이 불가능하여야 하고, 실행행위에 위험성이 있어야 한다.

가. 실행의 수단 또는 대상의 착오로 인한 결과발생의 불가능

불능미수가 성립하려면 수단의 착오 또는 대상의 착오로 인하여 결과발생이 처음부터 불가능해야 한다. '결과의 발생이 불가능'하다는 것은 범죄행위의 성질 상 어떠한 경우에도 구성요건의 실현이 불가능하다는 것을 의미한다(판례).

수단의 착오란 행위자가 의도한 결과를 발생시킬 수 없는 수단임에도 불구하고 결과를 발생시킬 수 있는 수단으로 오신한 경우를 말한다(범죄실현수단의 불가능성). 예를 들면, 공포탄이 장전되어 있는 총으로 사람을 살해하려고 한 경우 또는 치사량미달의 독약을 먹게 한 경우이다.

대상의 착오란 그 대상에 대하여는 결과발생이 불가능함에도 불구하고 결과발생이 가능한 것으로 오신한 경우를 말한다(범죄객체의 불가능성). 대상의 불가능성은 사실상 불가능한 경우(예, 죽은 사람을 산 사람으로 오인하고 살해행위를 한 경우 등)는 물론, 법률상 불가능한 경우(예, 주인이 가져가도 좋다고 승낙한 재물을 절취하려고 한 경우 등)를 포함한다.

[구성요건흠결이론] 구성요건흠결이론은 구성요건요소의 흠결을 기준으로 하여 미수범과 불능범을 구별하는 이론이다. 이 이론에 따르면 미수범은 구성요건요소 중 인과관계가 인정되지 않는 경우에만 인정되며, 다른 구성요건요소, 즉, 행위주체·행위객체·행위수단·행위상황 등이 결여되었을 경우에는 구성요건실현에 흠결이 생긴 경우이므로 처벌이 불가능한 불능범이 된다고 한다.

나. 위험성

가벌적인 불능미수가 성립하려면 위험성이 있어야 한다. 위험성이 없는 경우에는 불가벌적인 불능범이 성립한다.

(1) 위험성의 의미

미수범의 처벌근거로서의 '위험성'은 사후적·객관적인 판단에 의한 것으로서, 사실적·자연과학적으로 결과발생의 가능성 또는 위험성이 있는 경우를 의미한다. 하지만 불능미수의 위험성은 사후적으로 결과발생이 불가능하다는 것을 전제로 하여, 행위당시의 시점에서 결과발생의 가능성이 있다고 평가되는 경우이므로 구성요건적 결과발생의 가능성과 다른 독자적인 개념으로서 '위험성'을 이해하여야 한다. 따라서 형법 제27조의 '위험성'의 판단은 규범적 판단이므로, 사후적으로 결과발생이 불가능한 경우에도 예외적으로 사전적 판단을 통해 '위험성'이 있다고 인정되면 처벌할 수 있게 된다.

(2) 위험성의 판단기준

위험성의 판단기준에 대하여는 ① 결과발생의 불능을 절대적 불능과 상대적 불능으로 구별하고, 상대적 불능으로 판단되는 경우에는 위험성을 인정한다는 견해(구객관설, 절대적 불능·상대적 불능구별설), ② 불능미수에 대한 가벌성의 근거를 법익침해의 위험성에서 찾는 견해이다. 즉, 행위당시에 행위자가 인식하였던 사정(주관적 사정)과 일반인이 인식할 수 있었던 사정(객관적 사정)을 기초로 하되, 사후적으로 판단하여 일반인의 경험칙에 따라 결과발생의 가능성이 있으면 위험성이 인정된다는 견해(구체적 위험설, 신객관설), ③ 행위자가 행위당시에 인식하였던 주관적 사정을 기초로 하여 일반인의 관점에서 평가하여 위험성 유무를 판단하는 견해(추상적 위험설), ④ 행위자의 범죄의사가 실행행위를 통하여 표명된 이상 객관적인 결과발생가능성 유무와 관계없이 위험성이 있으므로 미수가 성립한다는 견해(주관설), ⑤ 행위자의 범죄의사, 즉 법을 적대시하는 의사가 일반인의 법적 안정감이나 사회적 평온을 깨뜨릴 수 있다는 인상을 심어줄 경우에는 위험성이 인정된다는 견해(인상설) 등이 있다.

형법 제27조의 위험성은 결과발생가능성과 구분되는 독자적인 개념으로 이해한다고 하더라도 결과발생가능성과 단절된 채 논의되어서는 아니 된다. 다만, 형법 제27조의 요건상 결과발생이 사실상 불가능한 경우이므로 위험성은 '평가상' 결과발생가능성으로 이해하여야 하고, 그렇다고 하면 행위당시의 시점에서 행위자가 인식한 사정을 기초로 하되 일반인의 관점에서 객관적으로 위험성 여부를 판단하여야 한다(추상적 위험설). 판례는 종래 구객관설을 취하였지만 최근에는 추상적 위험설을 따르고 있다.

> [사례] 일반인들은 모두 마네킹이라고 인식하고 있는 마네킹을 甲은 사람이라고 생각하고 살해의 고의로 총을 쏜 경우, 추상적 위험설에 따르면 행위자가 인식한 사실인 사람을 향해 총을 쏜 것이므로 이를 기초로 하여 일반인 관점에서 판단하면 살해의 가능성이 있기 때문에 위험성이 인정되어 불능미수가 성립한다. 반면, 구체적 위험설에 따르면 행위자와 달리 일반인은 사람이 아니라 마네킹임을 알고 있고, 이를 기초로 일반인의 관점에서 판단하면 사람을 살해할 가능성은 없으므로 위험성이 부정되어 불능범이 된다.

3. 불능미수의 처벌

결과발생이 불가능하고 위험성이 없는 불능범은 불처벌이지만, 형법에서는 결과발생이 불가능하더라도 위험성이 인정되는 불능미수의 경우에는 '형을 감경 또는 면제할 수 있다'라고 규정하여 임의적 감경 또는 면제 사유로 하고 있다.

> [불능미수와 중지미수의 관계] 결과발생이 불가능한 경우라고 하더라도 범인이 실행행위 종료 전에 자의로 실행행위를 중지한 경우에는 행위자에게 유리한 중지미수 규정을 적용하여야 한다. 또한 설탕을 독약으로 알고 복용하게 하였다가 이를 후회하고 결과발생을 방지하기 위하여 바로 해독조치를 한 경우에 대하여는 불능미수라는 견해가 있으나 이 경우에도 결과발생방지를 위하여 진지한 노력이 있었다면 형의 균형을 고려하여 중지미수를 인정하여야 한다.

제5절 예비죄

1. 예비의 의의

예비란 실행의 착수 이전에 행하여지는 범죄의 준비행위를 말한다. 예비는 범죄의사가 외부에 표현되었다는 점에서 단순한 범행결의와 구별되고, 아직 실행의 착수에 이르지 않았다는 점에서 미수와 구별된다. 형법 제28조에서는 "범죄의 음모 또는 예비행위가 실행의 착수에 이르지 아니한 때에는 법률에 특별한 규정이 없는 한 벌하지 아니한다"고 규정하고 있다. 형법에서는 내란죄, 살인죄, 강도죄 등, 예비행위에 의하여 예상되는 법익침해와 행위자의 위험성이 큰 범죄에 한하여 예비·음모를 처벌하는 규정을 두고 있다.

[형법상 예비·음모 처벌규정] 내란죄(제87조), 내란목적살인죄(제88조), 외환유치죄(제92조), 여적죄(제93조), 모병이적죄(제94조), 시설제공이적죄(제95조), 시설파괴이적죄(제96조), 물건제공이적죄(제97조), 간첩죄(제98조), 일반이적죄(제99조), 외국에 대한 사전죄(제111조), 폭발물사용죄(제119조), 도주원조죄(제147조), 간수자도주원조죄(제148조), 현주건조물방화죄(제164조), 공용건조물방화죄(제165조), 일반건조물방화죄(제166조 제1항), 폭발성물건파열죄(제172조), 가스·전기등 방류죄(제172조의2 제1항), 가스·전기등 공급방해죄(제173조), 현주건조물일수죄(제177조), 공용건조물일수죄(제178조), 일반건조물일수죄(제179조 제1항), 기차·선박 등 교통방해죄(제186조), 기차 등 전복죄(제187조), 음용수사용방해죄(제192조 제2항), 수도음용수사용방해죄(제193조 제2항), 수도불통죄(제195조), 통화위조죄(제207조 제1항, 제2항, 제3항), 유가증권위조죄(제214조), 자격모용에 의한 유가증권작성죄(제215조), 인지·우표위조죄(제218조 제1항), 살인죄(제250조 제1항), 존속살해죄(제250조 제2항), 위계·위력에 의한 살인죄(제253조), 약취, 유인 및 인신매매의 죄(제287조-제292조), 강도죄(제333조).

형법에서는 예비만을 처벌하는 경우(예, 관세법 제271조 제3항, 제274조 제4항 등)도 있고, 음모가 반드시 예비에 선행되는 것은 아니다. 따라서 예비와 음모는 구분된다. 즉, 음모는 심리적 준비행위이고, 예비는 그 이외의 물질적 준비행위를 말한다. 다만, 예비는 1인에 의해서도 가능하지만, 음모는 성질상 2인 이상의 사람이 가담한 경우에 성립한다. 다만, 2인 이상의 사람이 범죄의사를 교환한 경우에도 음모가 성립하기 위해서는 범죄실행에 대한 합의에 이르러야 하며, 그 합의에 실질적인 위험성이 인정되어야 한다(판례).

2. 예비죄의 법적 성격

가. 예비행위와 기본범죄의 관계

예비행위의 법적 성격에 대하여는 ① 예비행위는 기본범죄의 실행행위와는 구분되며, 기본범죄의 실행행위 전단계의 행위, 즉 구성요건실현을 위한 발현행위에 지나지 않지만 구성요건설정을 통하여 보호되는 법익보호를 위해서 가벌성을 인정한다는 견해(발현형태설)와 ② 예비죄도 독자적인 가벌성이 인정되는 독립된 범죄유형이라는 견해(독립범죄설) 등이 있다. 발현형태설에서는 예비죄는 법익보호를 위해 처벌범위를 확대하는 경우로서 구성요건의 수정형식으로 이해하는 반면, 독립범죄설에서는 예비죄는 '~죄를 범할 목적으로 예비한 자는 ~에 처한다'는 형식으로 규정되어 있는 일종의 목적범으로 이해한다. 그러나 예비죄를 독립범죄로 인정하게 되면 예비행위의 태양이 무정형·무한정이기 때문에 처벌범위가 부당하게 확대될 우려가 있으므로 미수범과 같이 구성요건의 수정형식으로 이해하여야 한다.

나. 예비행위의 실행행위성

예비행위를 독립범죄로 보게 되면 당연히 실행행위성이 인정된다. 하지만 예비죄를 구성요건의 수정형식으로 이해하는 입장에서는 실행행위성을 부정한다(판례). 그러나 후자의 입장에 따르더라도 형법상 예비죄의 처벌규정이 있을 뿐만 아니라, 예비행위도 기본범죄의 수행이라는 방향에서는 그 행위의 정형성과 범위가 인정되므로 독자적인 실행행위성을 인정할 수 있다. 다만, 이때의 실행행위는 정범의 실행행위가 아니라 예비행위 자체의 실행행위를 의미한다.

3. 예비죄의 성립요건

예비죄의 실행행위성을 인정하게 되면 예비죄가 성립하기 위해서는 실행의 착수에 이르지 않았을 것을 전제로 하여 객관적 요건과 주관적 요건이 요구된다.

가. 객관적 요건

예비죄가 성립하기 위해서는 객관적 요건으로서, 외부적 준비행위, 즉 예비행위가 있을 것을 요한다. 따라서 단순한 범죄계획이나 의사표시 또는 내심의 준비행위만으로는 예비라고 할 수 없다. 예비행위의 수단·방법에는 원칙적으로 제한이 없다. 예비행위는 무정형·무한정이지만 기본범죄 실현과의 관련성이 있어야 하므로 예비의 수단·방법은 계획된 범죄를 실현함에 적합한 조건이 되는 행위이어야 한다. 예비행위는 물적 준비행위뿐만 아니라 인적 준비행위를 포함한다. 따라서 범행을 하기 위해 타인에게 건물구조에 관한 정보를 수집하는 행위도 예비행위가 된다.

예비행위는 자신의 범죄를 실행할 목적으로 스스로 또는 타인과 공동으로 하는 예비행위인 자기예비를 말하며, 타인이 실행하려고 하는 범죄의 예비행위를 단독 또는 공동으로 하는 타인예비는 인정되지 않는다. 판례는 예비죄의 공동정범은 인정하지만 예비의 종범은 인정하지 않고 있다.

나. 주관적 요건

예비죄가 성립하기 위해서는 주관적 요건으로서 예비의 고의와 기본범죄를 범할 목적이 있어야 한다.

예비행위는 예비의 실행행위, 즉 기본범죄를 실현하기 위한 준비행위이므로 예비의 고의란 준비행위에 대한 고의를 의미한다. 또한 예비죄가 성립하기 위해서는 고의 외에 초과주관적 구성요건요소로서 '기본범죄를 범할 목적'이 있어야 한다. 예비죄 성립에 있어서 고의 외에 '기본범죄를 범할 목적'을 요구하는 것은 예비행위의 처벌범위가 부당하게 확대되는 것을 방지하기 위한 것이다. 이때 기본범죄를 범할 목적의 인식은 확정적일 것을 요한다.

4. 예비죄와 관련문제

가. 예비죄와 미수

(1) 예비죄의 미수범

예비죄에 있어서 미수범 성립이 가능한가에 대하여는 ① 예비행위는 무정형·무한정이기 때문에 예비행위를 일부만 하더라도 이미 기수범이 되므로 미수범 성립이 불가능하다는 견해와 ② 예비행위의 실행행위성을 인정하게 되면 이론적으로 미수범 성립이 가능하지만 처벌규정이 없으므로 실익이 없다는 견해 등이 있다. 예비죄의 실행행위를 인정하고, 예비행위는 계획된 범죄를 실현할 수 있는 수단이 되어야 한다는 점을 고려하면 예비죄의 미수범 성립은 이론적으로 가능하다. 이때 예비행위는 준비행위 자체가 되므로 결과발생을 요하지 않는다는 점에서 착수미수가 성립함에 지나지 않는다. 다만, 현행법상 예비죄의 미수범 처벌규정이 없으므로 예비죄의 미수범을 인정하더라도 실익은 없지만 예비죄의 중지미수 성립과 관련하여서는 의미를 가진다.

(2) 예비의 중지

예비행위를 하다가 자의로 그만 둔 경우 중지미수를 인정할 수 있을 것인가에 대하여는 긍정설과 부정설이 대립하고 있다. (가) **긍정설**은 예비죄에 대하여도 중지미수 규정의 준용을 인정하여야 한다는 견해로서, 그 준용범위에 대하여는 ① 형의 면제의 경우에는 언제나 중지미수의 규정을 준용해야 하는 반면, 형의 감경의 경우에는 예비의 형이 중지미수의 형보다 무거운 때에 한하여 형의 균형상 중지미수의 규정을 적용해야 한다는 견해(다수설)와 ② 중지미수에 관한 규정을 예비죄의 형에 그대로 적용하여야 한다는 견해 등이 있다.

(나) **부정설**은 중지미수는 실행의 착수를 전제로 하는 것이므로 실행에 착수하지 않은 예비에 대하여는 중지미수의 규정을 준용할 수 없다는 견해이다. 다만, 이 견해에서는 처벌의 불균형을 해소하기 위한 장치로서 ① 자수의 정도에 이른 때에 한해 자수의 필요적 감면규정을 유추적용하는 견해와 ② 예비를 처벌하는 경우에는 기본범죄의 중지미수에 대하여도 형의 면제를 적용하지 않아야 한다는 견해 등이 있다.

그러나 예비죄의 미수범 성립을 인정하는 경우에는 중지미수의 성립을 인정하는 것이 반드시 불가능한 것은 아니다. 더구나 예비의 중지를 인정하지 않으면 예비행위를 하다가 실행착수 전에 그만 둔 경우에는 예비죄로 처벌되는데 반해, 실행에 착수한 후에 중지하면 중지미수가 성립되어 그 형을 감경 또는 면제하게 되어 있으므로 처벌의 불균형이 초래될 수 있다. 따라서 예비행위에 대하여도 실행행위성을 인정하고 있는 만큼 예비행위의 중지미수를 인정하여야 한다. 다만, 예비의 중지범을 인정하는 경우에도 ① 형법상 예비의 중지에 관한 규정이 없음을 이유로 형의 불균형의 우려가 있는 경우에만 예외적으로 형법 제26

조를 제한적으로 적용하여야 한다는 견해가 있지만 ② 예비행위에 대하여 실행
행위성을 인정하는 경우에는 예비의 중지는 실행의 착수 후에 예비행위 자체를
중지하는 것이므로 형법 제26조의 중지미수 규정을 그대로 적용하여 예비죄에
정한 형을 감경 또는 면제하여야 한다.

나. 예비죄의 공범

(1) 예비죄의 공동정범

예비죄의 공동정범의 성립 여부에 대하여 ① 예비행위의 실행행위성을 인
정하지 않는 입장에서는 공동정범은 실행행위의 공동을 요건으로 하므로 예비죄
의 공동정범 성립을 인정하지 않는다(이 경우 각자는 독립하여 예비죄의 정범(동시
범)이 된다). 그러나 ② 전술한 것처럼 예비행위의 실행행위성이 인정되므로 예
비죄의 공동정범 성립이 가능하다(판례).

(2) 예비죄의 교사범과 종범

예비죄의 교사범은 기본범죄와 관련하여 교사의 미수가 되므로 형법상 예
비·음모에 준하여 처벌하는 것(제31조 제2항)으로 되기 때문에 예비죄의 종범의
성립 여부가 주로 문제된다.

공범독립성설에 따르면 정범이 실행의 착수에 나아가지 않고 예비단계에 그
친 경우에도 방조의 미수로 처벌할 수 있다. 하지만 공범종속성설에서는 견해가
나뉘어져 있다. 즉, ① 정범이 예비죄로 처벌되면 공범을 종범으로 처벌하는 것
은 당연하고, 예비행위의 실행행위성이 인정되므로 종범의 성립이 가능하며, 예
비와 미수의 구별은 공범의 성립에 영향을 미치지 않는다는 점에서 이를 긍정하
는 견해, ② 예비죄에는 실행행위가 인정되지 않고, 예비의 종범을 처벌하게 되
면 예비행위와 방조행위의 무정형·무제한으로 인해 처벌이 무한히 확대될 우려
가 있으며, 예비의 종범을 처벌하는 것은 법감정에 반한다는 점에서 이를 부정
하는 견해(판례), ③ 예비죄의 실행행위성을 인정하지만 형법상 기도된 교사와
같은 규정을 두고 있지 않으므로 예비행위에 대한 방조를 인정할 수 없다는 견
해 등이 있다.

전술한 것처럼 예비죄의 실행행위성이 인정되고, 개별 사례에 있어서 예비

행위의 경우에도 예비행위의 성질·정도나 행위자의 범죄의 실현의사 등을 고려하여 범죄행위에 대한 행위지배의 정도에 따라 정범과 공범을 구별할 수 있다고 할 것이므로 예비죄의 종범의 성립은 가능하다. 다만, 형법상 예비행위를 처벌하는 범죄는 극히 제한적이고, 예비행위는 무정형·무한정이므로 예비죄의 종범을 처벌하면 처벌범위가 부당하게 확대될 우려가 있으며, 예비죄의 방조행위는 형사처벌할 정도로 불법성이 있다고 보기도 어려울 것이므로 예비죄의 공동정범이 성립하는 경우가 아닌 한 예비죄의 종범을 인정하여 처벌할 필요는 없다.

다. 예비죄와 죄수

한 개의 범죄실행을 위하여 여러 개의 예비행위를 하더라도 전체가 포괄하여 한 개의 예비죄가 성립함에 그친다. 예비행위 후에 기본범죄의 실행에 착수한 경우에는 기본범죄의 미수 또는 기수가 성립하고, 예비죄는 따로 성립하지 않는다(법조경합). 만약 예비행위로 인해 행위자가 실현하려던 범죄가 아니라 의도하지 않은 다른 범죄결과를 초래한 경우에는 기본범죄에 대한 예비죄 외에 우연히 발생된 결과에 대하여 과실범의 성부가 문제된다.

제7장 공범론

제1절 공범이론

1. 범죄의 참가형태

범죄의 참가형태란 행위자가 범죄에 참가하는 형태·방식을 의미한다. 그 입법형식으로는 정범과 공범을 구별하지 않는 단일정범체계와 정범과 공범을 구별하는 체계(분리방식)로 구분된다. 형법은 분리방식을 취하고 있다. 다만, 경범죄처벌법은 경범죄를 교사하거나 방조한 사람을 정범에 준하여 벌하도록 규정하고 있으므로 단일정범체계를 취하고 있다고 할 수 있다(법 제3조 참조). 특히 형법은 제2장 제3절에서 '공범'이라는 표제하에 '공동정범, 간접정범, 교사범, 종범'에 대하여 규정하고 있다.

> **[과실범과 공범체계]** 과실범의 경우에는 주의의무에 위반하여 구성요건실현(결과발생)에 기여하면 모두 정범이 되므로 정범과 공범의 구별이 무의미하고, 따라서 단일정범체계를 취하고 있다고 할 수 있다.

2. 공범의 의의와 유형

가. 공범의 의의

공범은 다수인이 범죄에 참가하는 형태의 범죄를 말한다. 최광의의 공범은
임의적 공범과 필요적 공범을 모두 포함하는 개념이다. 광의의 공범은 임의적
공범으로서 공동정범, 교사범, 종범을 말한다. 협의의 공범은 광의의 공범 중에
서 교사범과 종범을 말한다. 일반적으로 형법학에서 공범은 협의의 공범을 의미
한다.

나. 임의적 공범과 필요적 공범

(1) 임의적 공범

임의적 공범이란 구성요건상 1인이 실현하는 것으로 규정되어 있는 범죄를
2인 이상이 협력·가공하여 실현한 경우를 말한다. 형법총칙에서 말하는 공범은
임의적 공범을 말한다.

(2) 필요적 공범

(가) 필요적 공범의 의의와 유형

필요적 공범은 구성요건상 2인 이상이 범죄를 실현하는 것으로 규정되어 있
는 범죄를 말한다. 그 참가형태는 공동정범·교사범·공범임을 묻지 않는다.

필요적 공범의 유형으로는 집합범과 대향범(對向犯)이 있다. **집합범**은 다수
인의 집합에 의한 군중범죄로서, ① 소요죄(제115조)와 같이 다수인에게 동일한
형을 부과하는 경우와 ② 내란죄(제87조)와 같이 참가자의 기능·지위·역할 및
행위태양에 따라 법정형에 차이를 두는 경우가 있다. **대향범**은 2인 이상이 서로
다른 방향에서 동일한 목표를 실현하는 경우로서, ① 아동혹사죄(제274조) 등과
같이 공범자 간에 법정형이 같은 경우, ② 뇌물죄(제129조, 제133조)나 배임수증
죄(제357조) 등과 같이 공범자 간에 법정형이 다른 경우, ③ 음화 등 반포·판매·
임대죄(제243조), 범인은닉죄(제151조) 등과 같이 대향자 중 한 사람만을 처벌하
는 경우 등이 있다.

(나) 필요적 공범과 공범의 성부

필요적 공범은 가담형태에 따라 형법상 처벌에 차이가 없는 경우도 있고, 차이가 있더라도 개별 구성요건에 규정되어 있으므로 필요적 공범에 관여한 내부참가자는 모두 정범에 해당한다. 따라서 필요적 공범 상호간에는 형법총칙상 공범에 관한 규정이 적용될 여지가 없다(판례). 다만, 필요적 공범에 있어서도 외부에서 관여한 사람에 대하여는 형법총칙상 공범이 성립할 수 있다. 즉, 3인이 도박을 한 경우 모두 도박죄가 성립하지만, 도박에 가담하지 않고 옆에서 도박을 하도록 교사한 사람에 대하여는 도박죄의 교사범이 성립될 수 있다.

한편, 대향범에 있어서 일방만을 처벌하는 경우에 처벌하지 않는 사람의 행위에 관여한 사람은 형법상 문제되지 않는다. 예를 들면, 타인에게 음화를 사도록 종용하여 이를 구매하게 하더라도 형법상 처벌되지 않는다(판례). 마찬가지로 음화를 구입하는 사람이 음화를 판매하도록 종용하여 구매하게 한 경우에도 음화판매죄의 교사범이 성립하는 것은 아니다. 다만, 공범독립성설에 따르면 불가벌적 대향범에 대하여도 교사범이나 종범의 성립을 인정하게 된다.

3. 정범과 공범의 구별

[제한적 정범개념이론과 확장적 정범개념이론]
1. **제한적 정범개념이론** : 구성요건에 해당하는 행위를 한 사람은 정범이고, 구성요건 이외의 행위에 의하여 결과발생에 기여한 사람은 공범이라는 견해이다. 이 이론은 객관주의의 태도로서, 형법은 정범을 처벌하려는 것이고, 따라서 협의의 공범은 정범이 아니지만 형법규정에 의하여 처벌하게 되는 것으로 처벌확장사유가 된다.
2. **확장적 정범개념이론** : 확장적 정범개념이론은 결과발생에 조건을 설정한 사람은 구성요건해당행위를 하였느냐에 상관없이 모두 정범이라는 견해이다. 이 이론은 주관주의의 태도로서, 협의의 공범은 정범으로 처벌되지만 형법규정에 의하여 처벌이 감경되거나 축소되는 처벌축소사유가 된다.

가. 객관설

형식적 객관설에서는 구성요건에 해당하는 행위의 전부 또는 일부를 직접 행한 사람이 정범이고, 이외의 방법으로 구성요건실현에 기여한 사람이 공범이라고 한다. 제한적 정범개념에 따른 이론이다.

실질적 객관설은 행위가담의 위험성의 정도에 따라 정범과 공범을 구별하는 견해로서, 위험성을 판단하는 객관적 기준에 대하여는 ① 결과발생에 필연적인 행위를 한 사람이 정범이고, 결과발생에 단순한 조건만 부여한 사람은 공범이라는 견해(필연설, 필요설), ② 행위시에 가담한 사람이 정범이고, 그 전후에 가담한 사람은 공범이라는 견해(동시설), ③ 구체적 사건의 정황을 고려하여 우월적이거나 동가치적으로 영향을 미친 사람이 정범이고, 종속적으로 영향을 미친 사람은 공범이라는 견해(우위설), ④ 거동범과 결과범을 구별하여, 거동범에 대하여는 형식적 객관설을 취하고, 결과범에 있어서는 물리적으로 매개된 인과성이 있으면 정범이고 심리적 인과성만 있으면 공범이라는 견해(인과성의 매개방법 구별설) 등이 있다.

나. 주관설

주관설은 인과관계에 관한 조건설을 전제로 하여, 정범과 공범은 모두 결과에 조건을 제공한 점에서는 동일하므로 양자의 구별은 주관적 요소에 의해 결정하여야 한다는 견해이다. 확장적 정범개념에 따른 이론이다.

극단적 주관설에는 ① 정범의 의사로 행위한 사람이 정범이고, 공범의 의사로 행위한 사람은 공범이라는 견해(고의설, 의사설), ② 자기의 목적이나 이익을 위하여 행위한 사람이 정범이고, 타인의 목적이나 이익을 위하여 행위한 사람은 공범이라는 견해(이익설, 목적설) 등이 있다.

제한적 주관설은 주관적으로는 범행결과에 대한 자신의 이익을 통하여 정범의사가 징표되지만, 이에 대한 객관적 징표로서 행위기여의 태양, 행위과정의 지배 등을 고려하여야 한다고 한다.

다. 행위지배설

행위지배설은 행위지배를 통하여 그의 의사에 따라 구성요건의 실현을 지시하거나 진행하게 한 사람이 정범이고, 단순히 행위를 야기하거나 촉진한 사람은 공범이라는 견해이다. '행위지배'란 구성요건에 해당하는 사건진행의 장악을 의미한다(다수설).

라. 결어

범죄이론을 고려하면 정범과 공범을 구별함에 있어서도 주관적 요소와 객관적 요소를 모두 고려하여 행위자가 범죄행위를 지배하여 실현하였는가에 따라 판단하여야 한다(판례). 다만, 행위지배는 정범의 종류에 따라 각각 다르게 나타난다. 즉, (ⅰ) 직접정범은 구성요건을 스스로 실행한 사람이기 때문에 정범이 되므로 행위지배는 실행지배로 나타난다. (ⅱ) 간접정범은 타인을 도구로 이용한 경우로서, 피이용자에 대한 의사지배의 형태로 나타난다. (ⅲ) 공동정범은 각자가 공동의 결의에 의한 기능적 역할분담을 통해 공동의 행위지배를 가진 정범이 된다(기능적 행위지배).

4. 공범의 종속성

가. 공범종속성설과 공범독립성설

공범인 교사범과 종범은 정범을 전제로 하지만(공범의 종속성원칙) 공범은 정범의 행위에 종속하여 성립하는가, 아니면 정범의 처벌과 상관없이 독립하여 성립하는가가 문제된다.

공범종속성설은 객관주의에 기초한 이론으로서, 정범에 의한 실행행위에 의하여 법익침해가 발생했을 때 범죄가 성립하므로 공범은 정범에 종속되어, 즉 정범이 범죄가 성립한 때에 한하여 성립한다고 한다. 반면, **공범독립성설**은 주관주의에 기초한 이론으로서, 교사범·종범도 그 행위에 의하여 반사회적 위험성이 징표되면 정범의 범죄성립과 관계없이 가벌성이 인정된다는 견해이다.

형법상 교사범(제31조 제1항 -'타인을 교사하여 죄를 범하게 한 자')과 종범(제32조 제1항 -'타인의 범죄를 방조한 자')은 정범을 전제로 한 개념이며, 그 처벌에 있어서 정범의 실체를 고려하지 않으면 지나치게 형벌이 확장될 수 있다는 점에서 공범의 성립은 정범의 성립에 종속되는 것으로 하여야 한다(판례). 형법도 교사의 미수를 예비·음모에 준하여 처벌하고 있을 뿐이다(제31조 제2항, 제3항).

[공범종속성설과 공범독립성설의 비교]

구 분	공범종속성설	공범독립성설
제31조 제2항과 제3항 (교사의 미수)의 의미	공범은 정범에 종속되어 처벌되므로 공범의 미수는 성립 불가능함. 따라서 이 규정은 특별규정으로 이해함	공범은 정범과 독립하여 독자적인 위법성을 가지므로 공범의 미수는 성립 가능함. 따라서 이 규정은 당연한 규정으로 이해함
제33조(공범과 신분)의 의미	공범은 정범의 처벌에 종속되므로 신분에 따른 연대성을 규정한 것으로서 본문규정을 원칙규정으로 이해함	공범은 독자적인 위법성을 가지므로 신분에 따른 개별성을 규정한 단서규정을 원칙규정으로 이해함
제252조 제2항 (자살관여죄)의 의미	정범이 자살자를 처벌하지 않음에도 예외적으로 공범인 자살관여자를 처벌하도록 한 특별규정으로 이해함	정범인 자살자와 상관없이 자살관여자를 처벌하는 것이므로 공범독립성설의 실정법적 근거로 인정함
간접정범의 성립 여부	정범을 처벌할 수 없는 경우에 의사지배를 통하여 이를 이용한 사람을 처벌하기 위하여 간접정범의 개념을 필요로 함(교사범과 구별)	정범의 처벌 여부와 상관없이 공범을 처벌할 수 있으므로 간접정범을 특별히 인정할 필요가 없음(교사범으로 흡수가능함)

나. 공범의 종속성의 정도

공범종속성설을 취하는 경우에도 공범의 정범에 대한 종속의 정도(종속형식)에 대하여는 (ⅰ) **최소한 종속형식**(정범이 구성요건에 해당하기만 하면 공범이 성립함), (ⅱ) **제한적 종속형식**(정범이 구성요건에 해당하고 위법하기만 하면 공범이 성립함), (ⅲ) **극단적 종속형식**(정범의 행위가 구성요건에 해당하고 위법·유책한 때에 공범이 성립함), (ⅳ) **초극단적 종속형식**(정범의 행위가 구성요건에 해당하고 위법·유책할 뿐만 아니라 처벌조건까지 갖추어야 공범이 성립함)으로 구분된다.

극단적 종속형식을 주장하는 입장에서는 형법에서 교사범을 '타인의 죄를 교사하여 죄를 범하게 한 자'(제31조 제1항)로, 종범을 '타인의 범죄를 방조한 자'(제32조 제1항)라고 규정함으로써 정범행위의 완전한 범죄성을 전제로 하고 있으며, 정범에게 책임이 없는 경우에는 간접정범의 성립을 인정하고 있는 것(제34조 제1항) 등을 근거로 하고 있다. 그러나 공범의 처벌근거는 정범의 불법을 야기·

촉진한데 있다고 하는 것이 개인책임의 원칙에도 적합하고, 형법 제31조의 '죄' 와 제32조의 '범죄'를 형법상 불법으로 이해하는 것도 가능하다. 또한 책임이 없 는 사람을 교사·방조한 경우에는 의사지배 여부에 따라 간접정범이 아니라 교 사범의 성립도 가능하므로 제한적 종속형식에 따라야 한다. 다만, 제한적 종속 형식에 따르더라도 형법 제34조 제1항에서 '과실범으로 처벌되는 자'를 교사·방 조한 사람도 간접정범이 성립한다고 규정하고 있으므로 형법상 교사범·종범이 종속되는 정범의 실행행위는 고의행위이다.

5. 공범의 처벌근거

공범종속성설을 취하는 경우에도 공범의 처벌근거에 대하여는 ① 극단종속 형식에 따른 견해로 공범이 정범으로 하여금 유책한 범죄행위를 야기하게 하거 나(교사) 촉진하였다(방조)는 점에서 처벌근거가 있다는 견해(책임가담설, 책임공범 설), ② 제한종속형식에 따른 견해로 공범이 정범으로 하여금 불법행위를 야기 하게 하거나 촉진하였다는 점에 처벌근거가 있다는 견해(불법가담설, 불법공범설), ③ 공범의 가벌성을 정범이 아니라 공범 자체에서 찾는 견해(야기설, 독립적 공범 설), ④ 공범의 처벌근거는 정범의 범행을 야기하거나 촉진하였다는 점에 있지 만, 공범의 불법의 근거와 정도는 정범의 불법의 근거와 정도에 따른다고 하는 견해(종속적 야기설, 수정된 야기설, 다수설), ⑤ 순수야기설과 종속적 야기설을 절 충한 것(혼합적 야기설)으로서, 공범의 불법이 일부는 정범의 행위에 의해서, 일 부는 정범에 의해 야기된 법익침해에 있다는 견해(종속적 법익침해설)와 공범의 불법 중 행위반가치는 공범 자신의 교사·방조행위에서 독립적으로 인정하고, 결과반가치는 정범에 종속한다고 주장하는 견해(행위반가치·결과반가치 구별설, 결 과불법종속설) 등이 있다.

공범종속성설에 의하면 공범은 정범의 실행행위를 전제로 하지 않고는 그 반가치를 논할 수 없으며, 따라서 공범의 처벌근거는 가담설에 따르더라도 처벌 의 정도는 법익침해, 즉 정범의 불법의 정도와 양에 기초하지 않을 수 없다. 다 만, 형법에서 교사의 미수에 대하여 정범의 실행행위가 없음에도 불구하고 예비· 음모에 준하여 처벌하고 있는 점을 고려하면 혼합적 야기설 중 행위반가치·결과반가치 구별설과 조화된다.

제2절 공동정범

1. 공동정범의 의의

공동정범이란 2인 이상이 공동하여 죄를 범하는 경우를 말한다. 공동정범은 공동의 결의에 따라 각자가 분업적으로 범죄를 실행하여 전체 범죄계획을 지배하였다는 기능적 행위지배가 있다는 점에서 정범성이 인정된다. 형법 제30조에서는 "2인 이상이 공동하여 죄를 범한 때에는 각자를 그 죄의 정범으로 처벌한다"고 규정하고 있다.

공동정범은 각자에게 기능적 행위지배가 인정된다는 점에서 실행행위에 직접 관여하지 않는 협의의 공범과 구별된다. 또 공동정범은 서로 의사연락(공동결의)에 따른 분업적 행위실행에 의하여 전체범죄를 지배한다는 점에서 간접정범과 구별되며, 행위자 간에 서로 의사연락을 전제로 한다는 점에서 동시범과 구별된다.

2. 공동정범의 본질

공동정범의 본질, 즉 공동정범에 있어서 '공동'의 의미에 대하여는 ① 범죄공동설과 ② 행위공동설이 있다. 범죄공동설은 객관주의에 따른 것으로서, 공동정범은 여러 사람이 특정범죄를 공동으로 행하는 것이라는 견해이다. 따라서 여러 사람 사이에 특정한 범죄를 공동으로 한다는 고의의 공동이 있어야 공동정범이 성립한다. 행위공동설은 주관주의에 따른 것으로서, 공동정범은 여러 사람이 행위를 공동으로 하여 범죄를 행하는 것이라는 견해이다. 이때 '공동으로 하는 행위'는 전(前)법률적인 의미, 즉 자연적 의미의 행위로서 사실상 행위를 의미하므로 공동정범의 성립에 있어서 범죄사실이 하나로 특정되거나 고의가 동일할 것을 요하지 않는다.

범죄공동설에서는 특정범죄의 공동을 요하므로 다른 종류 또는 여러 개의 구성요건 사이의 공동정범, 승계적 공동정범, 부분적 공동정범, 과실범의 공동정범, 고의범과 과실범의 공동정범은 인정되지 않는다. 반면, 행위공동설에서는 특정범죄의 실현 여부와 상관없이 사실행위 자체의 공동성 유무를 논하므로 이들의 경우에는 모두 공동정범이 인정된다. 판례는 행위공동설에 따르고 있다.

3. 공동정범의 성립요건

가. 주관적 요건

(1) 공동가공의 의사

공동정범이 성립하기 위해서는 주관적 요건으로 공동가공의 의사가 있어야 한다. 공동가공의 의사란 2인 이상의 사람이 공동으로 범행을 한다는 의사의 연락을 말한다(판례). 의사의 연락은 범죄의 공동실행이나 기능적 분담에 관하여 공동행위자 간에 서로 양해가 되어야 한다는 것을 의미한다.

의사연락의 방법에는 제한이 없다. 공동행위자는 다른 공동행위가 공동의 범행계획 아래에 작용하고 있음을 인식하면 족하고, 공동행위자가 누구인지 현실적으로 서로 알고 있을 것도 요하지 않는다. 따라서 공동행위자 전원이 일정한 장소에 집합하여 직접 모의할 것을 요하지 않으므로 의사연락이 여러 사람 사이에 순차로 있는 순차적 공동정범도 인정된다(판례). 다만, 공동행위자 사이의 의사연락은 상호적이어야 한다. 따라서 상호간에 의사연락이 없는 동시범은 물론, 범행자 중 어느 일방에게만 공동실행의 의사가 존재하는 편면적 공동정범은 공동정범이 아니다.

의사연락의 시기는 실행의 착수 전·후를 묻지 않는다. 다만, 범행이 종료되기 전에는 의사연락이 있어야 한다. 실행행위 이전에 의사연락이 있는 경우는 예모(豫謀)적 공동정범, 실행행위시에 우연히 공동의사가 생긴 경우는 우연적 공동정범, 선행자가 실행행위를 개시한 후 범행이 종료하기 전에 후행자가 의사연락하에 범행에 가담한 경우는 승계적 공동정범이라고 한다(판례).

(2) 동시범

동시범은 2인 이상의 행위자가 의사연락 없이 각자가 동일한 대상에 대하여 동시 또는 이시(異時)에 범행하는 경우를 말한다(동시정범 또는 다수정범). 형법 제 19조에서는 '독립행위의 경합'이란 표제하에 "동시 또는 이시의 독립행위가 경합한 경우에 그 결과발생의 원인된 행위가 판명되지 아니한 때는 각 행위를 미수범으로 처벌한다"고 규정하고 있다.

동시범은 고의범과 과실범의 경우에 있어서 모두 성립할 수 있으며, 타인의 범행계획을 자기가 의도하는 범행에 이용하는 경우에도 동시범이 성립된다. 동시범은 상호간에 공동의 의사연락이 없다는 점에서 공동정범과 구별되고, 다른 행위자가 단순한 도구로 이용된 것이 아니라는 점에서 간접정범과 구별된다.

동시범이 성립하기 위한 요건은 다음과 같다. (i) 2인 이상의 실행행위가 있어야 한다. (ii) 행위자 사이에 의사연락이 없어야 한다. (iii) 행위객체가 동일하여야 한다. (iv) 행위의 장소와 시간은 반드시 동일할 필요가 없다. (v) 결과발생의 원인된 행위가 판명되지 아니하여야 한다.

동시범이 성립하면 각자를 미수범으로 처벌한다. 이것은 '의심스러운 때에는 피고인의 이익으로'라는 형사소송법상 원칙에 따른 것이다. 다만, 상해죄의 동시범에 있어서는 공동정범의 예에 의한다(제263조). 다수에 의해 상해행위가 행하여진 경우에는 그 원인행위를 판명하기 어렵기 때문에 입증곤란을 구제하기 위한 정책적인 요청에 따라 예외를 인정하고 있다.

(3) 승계적 공동정범
(가) 승계적 공동정범의 의의

승계적 공동정범은 선행자에 의하여 실행행위가 개시된 후 범행이 종료되기 전에 후행자가 상호 의사연락에 의하여 후행행위를 공동 또는 단독으로 행하는 것을 말한다. 범죄공동설에서는 승계적 공동정범에게는 특정범죄에 대한 고의와 행위분담이 인정되지 않으므로 공동정범이 되지 않고 전체범죄의 방조가 된다고 한다. 하지만 행위공동설에서는 공동정범에 있어서 의사연락이 실행행위 전에 있을 것을 요하지 않으므로 행위도중에 공동의사가 성립한 경우에도 공동정범의 성립을 인정한다(판례).

(나) 후행자의 책임범위

승계적 공동정범을 인정하는 경우에도 후행자에게 책임범위에 대하여는 ①
'일부실행 전부책임'이라는 공동정범의 본질에 기초하여, 선행자의 행위를 인식
하고 이를 이용하려는 의사연락이 있었으므로 후행자에 대하여도 전체행위에 대
한 공동정범의 책임을 인정해야 한다는 견해, ② 후행자에게 그 가담 이후의 행
위에 대하여만 공동정범의 성립을 인정하는 견해(판례), ③ 전체불법을 구성하는
개개의 불법이 서로 분리될 수 있는 독립된 불법일 경우에는 소극설에 따르고,
계속범과 같이 선행행위와 후행행위가 하나의 구성요건을 실현하는 경우에는 적
극설에 따라야 한다는 견해(개별설) 등이 있다.

승계적 공동정범을 공동정범으로 인정한다고 하더라도 후행자에게 선행자
의 선행행위에 대한 기능적 행위지배를 인정하기는 어려우며, 후행자에게 선행
자의 행위에 대한 책임을 인정하는 것은 개인책임의 범위를 벗어나 형사책임을
인정하는 것으로 책임주의에 반하게 된다. 따라서 후행자에게는 자신이 행한 행
위에 대해서만 책임을 인정하여야 한다.

(4) 과실의 공동정범

과실의 공동정범이란 2인 이상이 공동의 과실로 인하여 과실범의 구성요건
적 결과를 발생하게 한 경우에 과실범의 공동정범을 인정할 것인가가 문제된다.

긍정설로서는 다음의 견해가 있다. 즉, ① **행위공동설**에서는 공동정범은 특
정범죄의 공동이 아니라 사실상의 행위공동만 있으면 족하고, 공동의사도 사실
상의 행위를 공동으로 할 의사를 의미하므로 과실의 공동정범을 인정한다(다수
설, 판례). ② **공동행위주체설**에서는 공동정범이 성립하기 위해서는 공모만으로
는 부족하고 실행행위를 공동으로 하여야 한다고 하면서, 공동행위주체가 성립
되어 실행행위를 분담한 이상 과실에 의한 경우에도 공동정범이 성립한다고 한
다. ③ **기능적 행위지배설**에서는 과실범에서도 주의의무위반의 공동과 기능적
행위지배가 있으면 공동정범이 성립한다고 한다. ④ **과실공동·행위공동설**에서는
과실범의 공동정범은 과실범의 구성요건인 주의의무위반의 공동을 의미하므로
의사연락은 필요하지 않고 주의의무의 공동과 행위의 공동이 있으면 성립한다고

한다. ⑤ **과실공동 공동행위인식설**에서는 과실범에서도 주의의무위반적 행위, 즉 과실의 공동과 행위의 공동이 있고, 행위를 공동으로 한다는 인식이 있으면 공동정범이 성립할 수 있다고 한다.

부정설로서는 다음의 견해가 있다. 즉, ① **범죄공동설**에서는 공동정범은 특정범죄를 공동으로 하는 것이므로 고의범의 경우에만 성립한다고 한다. ② **목적적 행위지배설**에서는 목적적 행위론에 따라 공동정범은 정범이므로 범죄의사와 목적적 행위지배를 요하지만 과실범의 공동정범에서는 이를 인정할 수 없다고 한다. ③ **기능적 행위지배설**에서는 공동정범의 본질은 기능적 행위지배이고, 기능적 행위지배는 공동의 결의에 기초한 역할분담을 의미하므로 과실범에서는 공동정범이 성립할 여지가 없다고 한다. ④ **공동의사주체설**에서는 공동정범의 본질은 공동의사의 주체에 있으며, 이때의 공동의사주체는 일정한 목적을 요하므로 공동정범은 고의범에 국한된다고 한다.

부정설은 과실범의 공동정범을 인정할 실익이 없다고 하면서 동시범으로 해결하여야 한다고 한다. 그러나 주의의무를 위반한 모든 경우를 과실범으로 처벌하여야 하는 것은 아니며, 형법상 의미없는 범죄행위 이전의 사실행위에 대한 의사공동을 이유로 공동정범을 인정하여 처벌성을 확장시키는 것은 형법의 책임원칙에 반한다. 공동정범의 본질과 관련하여 기능적 행위지배설에 따르게 되면 과실의 공동정범의 경우에 다수의 관여자에게는 범행에 대한 공동의 결의가 존재하지 않으므로 기능적 행위지배를 인정하기 어렵고, 다수인의 과실이 경합한 경우에도 모든 사람에게 전체 범행에 대한 기능적 행위지배를 인정하는 것은 책임주의에 반하게 된다. 따라서 과실범의 공동정범은 부정하여야 한다. 과실공동정범을 부정하더라도 결과발생에 직접 관계된 과실행위자는 대부분 특정되어 있을 것이므로 그에 따라 과실범으로 처벌될 것이고, 따라서 과실의 공동정범이 동시범이 되어 처벌되지 않는 경우는 극히 드물 것이다.

(5) 공모관계로부터의 이탈

공모관계로부터의 이탈이란 범행을 공동결의한 가담자가 다른 공범자가 범행의 실행에 착수하기 이전에 공동가담의 의사를 철회하는 경우를 말한다. 이 경우 이탈자에게는 공동정범의 성립요건 중 주관적 요건인 의사연락이 인정되지 않으므로 공동정범이 성립하지 않고, 따라서 다른 공범자에 의해 결과발생이 일어나더라도 공동정범으로서 책임을 지지 않는다. 다만, 이때 이탈자에게 공범자에 의한 결과발생에 대하여 종범이 성립하거나 또는 모의한 범죄의 예비·음모를 처벌하는 경우에 그 범죄의 예비·음모죄로 처벌할 수 있는 여지는 있다. 그러나 이탈자가 다른 공범자가 실행에 착수한 후에 이탈하게 되면 공모관계의 이탈이 인정되지 않고, 따라서 다른 공범자의 범행에 대하여 공동정범의 책임을 진다(판례).

공범관계로부터의 이탈이 인정되기 위해서는 명시적이든 묵시적이든 이탈의 의사표시가 다른 공범자에 전달되어 공범관계가 해소되었다는 것을 인식하게 하여야 한다(판례). 다만, 이 경우에도 이탈자의 이탈에 대하여 다른 공범자의 동의나 승인이 있어야 하는 것은 아니다. 그러나 이탈자가 범행결과발생에 기여한 부분이 있다면 기능적 행위지배가 인정될 수 있으므로 이탈의 의사표시만으로는 충분하지 않고, 적극적으로 결과발생을 방지하기 위한 노력을 하였을 것이 요구된다(판례).

[교사범의 공범관계로부터의 이탈] 교사범의 공범관계의 이탈이란 교사자가 피교사자로 하여금 범행을 결의하게 한 후, 피교사자가 범행의 실행행위에 나아가기 전에 교사자가 이탈한 경우를 말한다. 교사범이 그 공범관계로부터 이탈하기 위해서는 피교사자가 범죄의 실행행위에 나아가기 전에 교사범에 의하여 형성된 피교사자의 범죄실행의 결의를 해소하는 것이 필요하고, 이때 교사범이 피교사자에게 교사행위를 철회한다는 의사를 표시하고 이에 피교사자도 그 의사에 따르기로 하거나 또는 교사범이 명시적으로 교사행위를 철회함과 아울러 피교사자의 범죄실행을 방지하기 위한 진지한 노력을 다하여 당초 피교사자가 범죄를 결의하게 된 사정을 제거하는 등 제반 사정에 비추어 객관적·실질적으로 보아 교사범에게 교사의 고의가 계속 존재한다고 보기 어렵고, 당초의 교사행위에 의하여 형성된 피교사자의 범죄 실행의 결의가 더 이상 유지되지 않는 것으로 평가할 수 있다면, 설사 그 후 피교사자가 범죄를 저지르더라도 이는 당초의 교사행위에 의한 것이 아니라 새로운 범죄 실행의 결의에 따른 것이므로 교사자는 형법 제31조 제2항에 의한 죄책을 부담함은 별론으로 하고 형법 제31조 제1항에 의한 교사범으로서의 죄책을 부담하지는 않는다(2012도7407).

나. 객관적 요건

(1) 공동의 실행행위

공동의 실행행위란 공동의 범죄계획에 기초하여 구성요건의 전부 또는 일부를 분담하여 실현하는 객관적 행위기여를 말한다. 공범자 각자가 모든 구성요건을 충족할 것을 요하지는 않으며 구성요건의 일부를 실행하거나 구성요건적 행위 이외의 역할을 분담한 경우에도 전체 계획에 의하여 결과를 실현함에 있어서 불가결한 요건이 되는 기능을 분담하였다면 공동정범이 인정된다(판례). 부작위범의 경우에는 다수의 부작위범에게 공통된 작위의무가 부여되어 있고, 그 의무를 공통으로 이행할 수 있어야 한다(판례).

공동정범에 있어서 역할분담은 반드시 실행행위시에 있을 것을 요하지 않지만 적어도 실행의 착수시부터 범행이 종료되기 이전에 있어야만 한다. 분담하는 실행행위는 작위와 부작위를 불문하며, 시간적으로 선·후관계에 있을 수도 있고, 그 내용이 다른 경우도 가능하다. 다만, 예비·음모단계에서의 기여가 그 이후의 범행에 결정적이고 본질적인 영향을 미친 경우에는 공동정범이 성립할 수 있다(후술 공모공동정범 참조).

그러나 공동정범은 반드시 범행현장에 있어야 하는 것은 아니다. 따라서 범행현장이 아닌 장소에서 일반전화나 휴대폰으로 연락하여 범행을 지시한 경우에도 행위지배가 인정되면 공동정범의 성립을 인정할 수 있다(합동범은 제외).

(2) 공모공동정범

공모공동정범이란 2인 이상의 사람이 범죄를 공모한 후 그 공모자 가운데 일부가 공모에 따라 범죄의 실행에 나아간 때에 실행행위를 담당하지 않은 공모자에게 공동정범이 성립하는 경우를 말한다.

공모공동정범을 공동정범으로 인정하는 견해로는 다음의 것들이 있다. 즉, ① **공동의사주체설**은 민법상 조합이론을 응용한 것으로서, 일정한 범죄를 실현하려는 공동목적이 존재하고, 그 목적 아래 2인 이상이 일심동체(공동의사주체)로 되어 그 중 1인이 범행을 실행하면 모두가 공동정범으로 된다고 한다(판례). ② **간접정범유사설**은 공동의사에 의하여 심리적으로 실행자를 구속한 사람은 실행자를 이용하여 자기의 범죄의사를 실현한 것이므로 실행자는 다른 공모자의 도구로서 역할을 하며, 한편 실행자도 공모자의 존재에 의하여 정신적으로 지원을 받고 실행이 고무되어 범죄를 실행한 것이므로 공동정범성의 근거를 갖는다고 한다(판례). ③ **적극이용설**은 실행행위를 전체적·실질적으로 고찰하여 공범의 이용행위를 실행행위와 가치적으로 동일시하여 적극적 이용행위에서 실행행위의 행태를 인정한다. ④ **확장된 기능적 행위지배설**은 현실적으로 집단범죄의 배후세력을 정범으로 처벌할 필요성이 있다고 하면서, 공동가공의 행위를 '각자가 전체 계획의 범위 안에서 공동하여 결과를 실현하는데 불가결한 요건을 실현한 경우'로 확대해석하여 공범들을 배후에서 정신적·물질적으로 지휘·조종한 사람들에 대하여 정범성을 인정할 수 있다고 한다.

　　판례는 조직범죄 등에서 실행행위에 직접 가담하지 않고 배후에서 조종하는 사람, 즉 수괴 등을 처벌하기 위한 필요성에서 확고하게 공모공동정범을 공동정범으로 인정하고 있다. 그러나 형법 제30조에서는 공동정범의 성립에 있어서 객관적 요건으로 공동실행의 사실을 요하고 있고, 현실적으로 수괴 등에 대하여는 범죄단체조직죄(제114조) 등으로 얼마든지 처벌할 수 있으며, 이에 해당하지 않는 경우에도 형법상 교사범(제31조 제1항)을 인정하거나 특수교사·방조(제34조 제2항)의 적용을 통하여 조직범죄의 배후에 숨어있는 사람을 효과적으로 처벌할 수 있다. 따라서 형법상 실행행위를 분담하지 않은 공모공동정범을 공동정범으로 취급하는 것은 죄형법정주의와 개인책임원칙에 반한다는 점에서 공모공동정범의 공동정범성은 부정하고, 그 가공의 정도에 따라 교사나 방조의 책임을 묻는 것으로 하여야 한다.

(3) 합동범

　　합동범은 2인 이상이 합동하여 범하는 범죄이다. 1인에 의하여도 범죄가 성립하지만 2인 이상이 합동하여 범행에 관여하였음을 이유로 형이 가중된다. 형법상 특수절도죄(제331조), 특수강도죄(제334조), 특수도주죄(제146조) 등이 이에 해당한다. 합동범은 공동정범의 특수한 형태로서, 일부 범죄에 한해 2인 이상이 범행에 관여한 경우에 그 현장성으로 인해 현실적 위력과 구체적 위험성이 증가하여 가중처벌하는 것이다(판례).

합동범에 대하여도 2인 이상의 합동이 있는 이상 현장에서 범행에 가담하지 않은 사람에게도 합동범의 공동정범이 성립된다. 예를 들면, 甲, 乙, 丙이 절도를 공모한 다음, 乙과 丙만 현장에서 절취를 한 경우에 전설에서는 甲, 乙, 丙은 합동절도의 공동정범이 성립한다. 다만, 2인이 절도범행을 모의한 후, 그 중에서 1인만 절도죄를 범한 경우에는 합동범(특수절도죄)이 성립하지 않고, 공범자 모두에게 절도죄의 공동정범이 성립한다.

4. 공동정범의 처벌

공동정범은 각자를 그 죄의 정범으로 처벌한다(제30조). 공동정범은 일부의 공동실행행위로 인하여 발생한 결과의 전부에 대하여 각자가 정범으로서 책임을 진다(일부실행 전부책임의 원칙). 다만, 공동정범은 정범으로서 법정형이 동일하고, 각자의 책임에 따라 법정형의 범위 내에서 양형은 달라질 수 있다. 다만, 범죄의 실행에 가담한 사람이라고 하더라도 공동의 의사에 따라 다른 공범자를 이용하여 실현하려는 행위가 자신에게는 범죄를 구성하지 않는다면 특별한 사정이 없는 한 공동정범의 죄책을 부담하지 아니한다(판례). 공동정범의 실행의 착수시기는 '일부실행, 전부책임'이라는 공동정범의 귀속원리에 따라 공동정범자 중 1인이 구성요건적 실행행위를 개시한 시점이 된다.

한편, 정범과 공범은 법조경합의 관계에 있으므로 교사자나 방조자가 공동정범으로 된 경우에는 교사죄나 방조죄는 별도로 성립되지 않고, 공동정범에 흡수되어 공동정범만 성립된다.

5. 공동정범의 착오

공동정범의 착오란 공범자 간에 공동으로 실행하기로 한 의사의 내용과 실제로 발생한 결과가 일치하지 않는 경우를 말한다.

가. 구체적 사실의 착오

공범자 중의 1인이 행한 범죄가 구체적 사실의 착오에 해당하는 경우(객체의 착오와 방법의 착오)에는 사실의 착오에 대한 이론이 그대로 적용된다. 따라서 법정적 부합설에 따르면 발생한 결과에 대한 고의·기수범이 성립된다. 예를 들면, 甲과 乙이 A를 살해하려고 모의하였으나 甲이 착오로 B를 살해한 경우에는 甲과 乙은 B에 대한 살인죄의 기수범으로 처벌된다.

나. 추상적 사실의 착오

공동정범 중 일부가 사전에 모의한 범죄와 다른 구성요건에 해당하는 범죄를 범한 경우에 다른 공범자의 법적 책임 여부가 문제된다.

양적 차이의 경우, 즉 공동정범 중 일부가 모의한 범죄와 질적으로는 차이가 없지만 양적으로 차이가 있는 범죄를 범한 경우이다. 먼저 결과가 양적으로 초과된 경우(양적 초과)에는 다른 공동정범은 중첩되는 부분에 한하여 공동정범이 성립한다. 예를 들면, 甲과 乙이 절도를 모의했으나 乙이 강도를 행한 경우에는 절도부분이 중첩되므로 甲은 절도죄의 공동정범, 乙은 강도죄의 단독범으로 각각 처벌한다. 역으로 공동정범 중 일부가 모의한 한 범죄보다 작게 실행한 경우(양적 미달)에는 공범자 간에는 실행한 범죄의 범위 내에서 공동정범이 성립한다. 예를 들면, 甲과 乙이 강도를 모의했으나 乙이 절도를 행한 경우에는 절도부분이 중첩되므로 甲과 乙은 절도죄의 공동정범이 성립되고, 애초 모의한 중한 범죄를 실행하지 못했다는 점에서 강도예비·음모죄와 상상적 경합이 된다.

질적 차이의 경우, 즉 공동정범 중 일부가 모의한 범죄와 전혀 다른 성질의 범죄를 범한 경우에는 공범자 간에 공동정범의 성립이 부정된다. 예를 들면, 甲과 乙이 강도를 모의했으나 乙이 강간을 한 경우에는 甲은 乙의 강간행위에 대하여는 책임을 지지 않고 강도예비·음모죄만이 성립한다.

결합범의 경우, 즉 공동정범 중 일부가 모의한 범죄 외에 다른 범죄의 고의를 가지고 범죄를 실현하였는데, 이것이 결합범에 해당하는 경우에는 2개의 고의를 가진 공범자에게는 결합범의 고의범이 성립하지만, 다른 공범자는 애초에 모의한 범죄에 대하여 고의범이 성립하되, 다른 범죄에 대하여는 고의가 없었으므로 과실이 있는 경우에 한하여 과실범이 성립할 뿐이다. 예를 들면, 甲과 乙이 강도를 모의하였는데, 甲이 강도살인을 실현한 경우에 甲은 강도살인죄가 성립하지만, 乙은 살해에 대한 예견가능성이 있는 경우에 한하여 강도치사죄가 성립한다(판례).

제3절 간접정범

1. 간접정범의 의의

간접정범이란 타인을 생명 있는 도구로 이용하여 범죄를 실현하는 것을 말한다. 형법 제34조 제1항에서는 "어느 행위로 인하여 처벌되지 아니하는 자 또는 과실범으로 처벌되는 자를 교사 또는 방조하여 범죄행위의 결과를 발생하게 한 자는 교사 또는 방조의 예에 의하여 처벌한다"고 규정하고 있다.

2. 간접정범의 본질

간접정범의 본질에 대하여는 ① 간접정범은 우월적 의사지배를 통하여 처벌되지 않거나 과실범으로 처벌되는 사람을 도구로 이용하여 행하는 범죄이므로 정범이라는 견해(정범설)와 ② 형법상 간접정범은 '교사 또는 방조의 예에 의하여 처벌한다'라고 규정하고 있으며, 교사범과 종범 다음에 규정하고 있는 입법형식을 고려할 때 공범의 일종이라는 견해(공범설)가 대립하고 있다.

간접정범을 공범으로 인정하는 견해는 공범우위성원칙에서 기반한 것으로 극단적 종속형식에 의할 경우 책임무능력자에게 관여한 사람은 교사범이나 종범으로 처벌할 수 없게 되므로 간접정범은 그 처벌의 공백을 메우기 위한 보충규정으로 이해하고 있다. 그러나 형법규정은 그 처벌에 있어서 '교사 또는 방조의 예'에 의한다는 것이지 간접정범을 '교사 또는 방조로 본다'라는 의미로 해석할 수는 없으며, 형법상 간접정범의 성립에 있어서는 교사범과 종범의 경우와 달리 이용자에게 '범죄행위의 결과발생'을 요건으로 하면서 간접정범의 미수를 처벌하고 있다는 점에서 협의의 공범과 구별하고 있다. 뿐만 아니라 간접정범을 공범으로 인정하게 되면 형법 제34조 제1항의 적용사례에 있어서 정범을 처벌하지 않는 경우에는 정범없이 공범만 존재하는 부당한 결과를 초래하게 되며, 공범종속성설을 취하고 있는 형법이나 판례의 태도와도 모순된다. 따라서 정범개념의 우위성원칙에 따라, 정범과 공범의 구별에 관한 행위지배설에 근거하여, 간접정범은 사실인식을 토대로 우월적 의사를 통해 타인의 행위를 지배하고(의사지배), 이것을 통해 자신의 범행을 실현하는 정범으로 이해하여야 한다.

> **[범죄론과 간접정범의 본질]** 객관주의에서는 공범의 종속성을 인정하므로 피이용자의 가벌성을 전제로 하지 않는 간접정범은 공범과 구분된다. 반면, 주관주의에서는 공범독립성설에 따라 공범을 정범과 분리하여 공범자의 반사회적 위험성을 기초로 독자적으로 책임을 묻기 때문에 간접정범을 따로 인정할 필요가 없지만, 간접정범은 공범으로서의 독자적 범죄성을 특별히 인정한 규정이라고 한다. 다만, 주관주의에서는 형법규정은 제한적 정범개념을 취하면서 극단적 공범종속형식에 의할 경우 교사범이나 종범으로 처벌할 수 없는 결함을 보충하기 위해 도출한 개념으로 인정한다.

3. 간접정범의 성립요건

가. 피이용자

간접정범의 피이용자는 어느 행위로 인하여 처벌되지 아니하는 자 또는 과실범으로 처벌되는 자이다. '어느 행위로 인하여 처벌되지 아니하는 자'란 범죄의 성립요건인 구성요건해당성, 위법성 또는 책임이 없기 때문에 범죄가 성립하지 않는 경우를 말한다.

(1) 구성요건해당성이 없는 사람

첫째, 피이용자의 행위가 객관적 구성요건에 해당하지 않는 경우이다. 예를 들면, 이용자의 강요나 기망에 의하여 피이용자가 자살하거나 또는 자상을 한 경우이다(판례). 다만, 이때 피이용자가 자살의 의미를 아는 경우에는 형법상 위계·위력에 의한 살인죄가 성립하고, 피이용자가 자살의 의미를 모르는 경우에만 살인죄의 간접정범이 성립한다.

둘째, 피이용자의 행위가 객관적 구성요건에는 해당하지만 주관적 구성요건인 고의가 조각되는 경우이다. 예를 들면, 의사가 정을 모르는 간호사를 이용하여 환자에게 독약을 투여하게 하여 살해하거나 타인의 물건을 자기의 물건으로 속여 가져오게 하는 경우이다. 피이용자가 사실의 착오에 의하여 고의가 조각되는 경우에도 마찬가지이다. 따라서 부당한 공격이 없음에도 불구하고 있는 것으로 오인하고 있는 사람의 방위행위를 이용하여 상대방을 공격하게 하는 경우처럼 위법성조각사유의 전제되는 사실에 관한 착오에 빠진 사람(제한책임설에 따르면 사실의 착오에 준하여 취급하므로)을 이용한 경우에도 간접정범이 인정된다.

셋째, 피이용자가 목적 없는 고의 있는 도구인 경우이다. 즉, 목적범에서 목적을 가진 이용자가 목적 없는 고의 있는 사람을 이용한 경우이다(판례). 예를 들면, 행사의 목적을 가진 사람이 행사의 목적이 없는 사람으로 하여금 통화를 위조하게 한 경우이다. 영득범에 있어서 불법영득의사가 없는 사람을 이용한 경우도 마찬가지이다. 이때 고의 있는 도구인 피이용자는 '처벌되지 아니한 자'이어야 하므로 종범으로 처벌되지 않아야 한다.

넷째, 피이용자가 신분 없는 고의 있는 도구인 경우이다. 즉, 진정신분범에서 신분자가 신분 없는 고의 있는 사람을 이용한 경우이다(판례). 예를 들면, 공무원이 자신의 처를 이용하여 뇌물을 받는 경우이다.

(2) 위법성이 조각되는 사람

구성요건해당성은 있으나 위법하지 않은 행위를 이용하는 경우로는 행위가 구성요건해당성은 있지만 정당방위, 긴급피난 등 위법성이 조각되는 경우를 말한다.

첫째, 정당행위를 이용한 경우이다. 즉, 적법한 행위를 이용하는 경우이다. 예를 들면, 수사기관에 허위사실을 신고함으로써 형식상 적법한 영장에 의하여 체포·구속하게 하는 경우 또는 허위사실을 고지하여 교사에게 징계를 받게 하는 경우 등이다. 다만, 이용행위가 진실한 사실에 기초하여 적법하게 행사된 때에는 간접정범이 성립하지 않는다.

둘째, 정당방위를 이용한 경우이다. 즉, 정당방위자를 도구로 이용하여 공격자를 침해하기 위해 고의로 정당방위 상황을 초래한 경우이다. 예를 들면, 甲이 乙을 살해할 목적으로 丙을 공격하도록 사주하고, 丙이 이에 대해 정당방위를 하게 함으로써 乙을 살해하도록 하는 경우이다. 이때 甲에게 간접정범이 성립하기 위하여는 甲의 의사지배가 乙과 丙 모두에게 인정되어야 한다.

셋째, 긴급피난을 이용한 경우이다. 즉, 행위자가 스스로 위난을 초래하여 긴급피난 상황을 만든 경우이다. 예를 들면, 낙태에 착수한 임산부가 자신의 생명에 대한 위험이 초래되자 자신을 구하기 위한 의사의 긴급피난행위를 이용하여 낙태를 한 경우, 甲이 乙의 가게를 부술 의사로서 그 부근에 있던 丙을 향해 차를 돌진함으로써 丙이 이를 피하면서 乙의 가게를 부순 경우 등이다.

(3) 책임이 인정되지 않는 사람

구성요건해당성과 위법성은 있으나 책임이 없는 사람의 행위를 이용하는 경우이다. 제한적 종속형식에 따르면 이용자는 원칙적으로 공범이 성립하고, 이용자가 우월한 의사지배를 통하여 행위를 지배·조종하였을 경우에 한하여 간접정범이 성립한다.

첫째, 책임무능력자를 이용한 경우이다. 즉, 이용자가 책임무능력자를 이용하여 범행을 한 경우에는 간접정범이 된다. 이때 이용자는 피이용자가 책임무능력자임을 인식하고 이를 이용하였을 것을 요한다. 그러나 책임무능력자도 스스로 범행결의가 가능한 경우, 즉 시비변별능력이나 의사결정능력이 있는 경우에는 이용자에게 우월적 의사지배를 인정하기 어려우므로 간접정범이 아니라 교사범이 성립한다.

둘째, 위법성의 착오에 빠진 사람을 이용하는 경우이다. 이용자에게 피이용자의 착오에 의한 행위에 대한 의사지배가 인정되기 위해서는 이용자가 그 착오를 야기하였거나 적어도 이용하였다는 사실이 인정되어야 하고, 피이용자는 위법성의 착오에 정당한 이유가 있어서 책임이 조각되어야 한다. 따라서 이용자가 피이용자가 착오에 빠져 있는 것을 알지 못하였거나 정당한 이유가 없어서 책임이 조각되지 않으면 이용자는 공범이 성립한다.

셋째, 강요된 행위자를 이용하는 경우이다. 피이용자가 형법 제12조의 강요된 행위 또는 형법 제21조 제3항의 면책적 과잉방위(과잉피난 포함) 상황에 따른 행위로서 책임이 조각되는 경우에 이를 이용한 행위자는 간접정범이 된다. 이외에도 기대가능성이 없어서 책임이 조각되는 사람을 이용하는 경우에도 마찬가지이다.

(4) 과실범으로 처벌되는 자

과실범을 이용하여 이용자의 고의를 실현시킨 경우 피이용자는 과실범을 처벌되고, 이용자는 발생결과에 대한 고의범의 간접정범이 된다. 예를 들면, 의사가 고의로 간호사의 과실을 이용하여 환자에게 독약을 투여하게 함으로써 살해하는 경우이다. 과실범 처벌규정이 없어서 '어느 행위로 인하여 처벌되지 않는 자'에 속하는 경우에는 이에 해당하지 않는다.

[정범배후 정범이론] 정범배후 정범이론은 독일 형법에서 유래한 것(간접정범을 타인을 통하여 죄를 범한 사람으로 규정하고 있음)으로 피이용자가 자기책임하에 행위함으로써 정범으로 처벌되지만, 이용자인 배후자도 우월한 의사지배가 인정되는 경우에 간접정범이 성립한다는 이론이다. 배후자의 간접정범 인정 여부가 문제되는 경우로는 (i) 정당한 이유가 인정되지 않아서 책임이 조각되지 않는 위법성의 착오에 빠진 사람을 이용하는 경우, (ii) 피이용자에게 타인 소유의 비싼 그림을 모조품으로 속여 손괴하게 하거나 피이용자로 하여금 객체의 착오를 야기하여 범행을 실현한 경우(甲이 자기를 죽이기 위해 丙이 잠복하고 있는 것을 알면서 친구 乙로 하여금 그곳으로 가게 하여 丙이 乙을 甲으로 알고 살해하게 한 경우), (iii) 범죄조직 등 조직적인 권력구조하에서 상명하복관계를 이용하여 범죄를 실현한 경우 등을 들고 있다. 그러나 우리나라에서는 형법 제34조 제1항에 의해 정범배후 정범은 간접정범이 아니라 피이용자와 공범 또는 공동정범이 성립한다.

나. 이용행위

이용자의 이용행위로서 교사 또는 방조가 있어야 한다. 간접정범은 교사범 또는 종범의 경우와 달리 이용자가 '범죄적 결과를 발생하게 하는 사람'으로서 범행에서 주체적 지위를 가지게 되므로 피이용자보다 우월한 지위에서 행위를 한다. 따라서 '교사 또는 방조'는 교사범과 종범에서의 그것과 같은 의미가 아니라 '사주 또는 이용'의 뜻으로 넓게 이해하여야 한다. 다만, 이용자에게 우월적 의사지배가 인정되기 위해서는 객관적으로 피이용자의 의사가 지배당하는 상황이 존재하여야 하고, 주관적으로 이용자가 우월적 의사지배를 하려는 의사가 있어야 한다.

> **<참고>** 행인이 정신병자가 어린아이를 살해하려고 하자 그 아이의 도망을 방해함으
> 로써 정신병자의 살해행위를 도운 경우의 법적 책임
>   이에 대하여는 ① 방조 유사의 간접정범이 성립한다는 견해와 ② 이용자가 단지
> 범죄결과에 대하여 큰 이해 내지 관심을 갖고 있다는 사실만을 가지고 이용자를 정
> 범으로 취급할 수 없다는 견해 등이 있다. 이용자에게 범행을 방지할 작위의무가 있
> 는 경우가 아니라면 피이용자가 고의를 가지고 구성요건에 해당하는 행위를 하고 있
> 는 경우에 이용자에게 피이용자의 범행에 대한 우월적 의사지배를 인정하기는 어렵
> 다. 따라서 위 사례에서 행인은 행위자(정신병자)의 범행을 도와준 것에 불과하므로
> 살인죄의 종범이 된다.

다. 결과의 발생

간접정범이 성립하기 위하여는 이용자가 우월적 의사지배를 통해 피이용자
로 하여금 범죄행위의 결과를 발생하게 하여야 한다. '범죄행위의 결과를 발생하
게 한 때'란 구성요건에 해당하는 사실을 실현하는 것을 말한다. 이용자가 피용
자를 이용하여 실현하고자 했던 범죄를 실현하지 못한 경우에는 미수범 처벌규
정이 있는 경우에 한하여 간접정범의 미수가 성립한다.

4. 간접정범의 처벌

간접정범은 교사 또는 방조의 예에 의하여 처벌한다(제34조 제1항). 따라서
간접정범의 이용행위가 외형상 교사에 해당할 때에는 정범과 동일한 형으로 처
벌하고(제31조 제1항), 종범에 해당할 때에는 정범의 형보다 감경하여야 한다(제
32조 제2항).

또한 자기의 지휘, 감독을 받는 사람에 대하여 간접정범의 행위를 한 사람
이 교사이면 정범에 정한 형의 장기 또는 다액의 그 2분의 1까지 가중하고, 방
조이면 정범의 형으로 처벌한다(제34조 제2항).

5. 관련문제

가 간접정범의 실행의 착수시기

간접정범의 실행의 착수시기에 대하여는 ① 이용자가 이용행위를 개시한 때라는 견해(이용자행위기준설), ② 피이용자가 실행행위를 개시한 때라는 견해(피이용자행위기준설) 등이 있다. 그러나 간접정범에 있어서는 이용자가 정범이고 피이용자는 도구에 불과하며, 이용자의 의사지배에 따라 전체 범행이 진행되는 것이므로 이용자의 이용행위가 개시된 때에 실행의 착수를 인정하여야 한다.

나. 간접정범의 미수

간접정범은 교사범 또는 방조의 예에 의하여 처벌하도록 되어 있다. 하지만 간접정범은 '정범'이므로 간접정범의 미수는 '공범의 예'에 따라 교사의 미수(제31조 제2항, 제3항)로 처벌되는 것이 아니라 간접정범 자체의 미수가 성립되고, 따라서 미수범에 관한 일반 규정이 적용되며, 형법상 미수범 처벌규정이 있는 경우에 한하여 처벌된다.

간접정범의 실행의 착수시기는 이용자의 이용행위가 개시된 때이므로, 간접정범의 미수는 이용자가 이용행위를 하였지만 피이용자가 이를 거절하거나 승낙하고도 실행행위로 나아가지 않은 경우는 물론, 피이용자가 실행행위를 하였지만 결과가 발생하지 않은 경우에 성립한다.

다. 간접정범의 착오

(1) 피이용자의 성질에 대한 착오

(가) 피이용자를 책임무능력자로 오인한 경우

이용자가 책임능력자인 피이용자를 책임무능력자로 오인하고 교사 또는 방조한 경우이다(간접정범 인식 → 교사범 결과). 예를 들면, 이용자가 13세의 형사미성년자라고 생각하고 범죄를 교사하였으나 피이용자의 실제 나이는 15세인 경우이다. 이에 대하여는 ① 행위자의 의사를 기준으로 하여 간접정범이 성립한다는 견해(주관설)와 ② 이용자가 피이용자에 대하여 의사지배에 의한 행위지배가 사실상 불가능하므로 교사범이 성립한다는 견해(객관설) 등이 있다. 이용자에게 간접정범의 인식·의사가 있었다고 하더라도 실제 발생한 객관적 상황에 따르면 이용자에게 이용자의 의사지배를 인정하기 어렵기 때문에 간접정범이 아니라 교사범의 성립을 인정하여야 한다.

(나) 피이용자를 책임능력자로 오인한 경우

이용자가 책임무능력자인 피이용자를 책임능력자로 오인하고 교사 또는 방조한 경우이다(교사범 인식 → 간접정범 결과). 예를 들면, 이용자가 15세인 줄 알고 범죄를 교사하였으나 피이용자의 실제 나이는 13세인 경우이다. 이에 대하여는 ① 객관적 상황을 고려하여 간접정범의 결과 실현 속에는 교사에 의한 범죄실현이 포함되므로 간접정범이 성립한다는 견해와 ② 이용자에게 이용의사가 없으므로 교사범이 성립한다는 견해(다수설) 등이 있다. 실제 발생한 사실은 간접정범이지만 이용자에게 자신의 주관적 불법의 정도를 초과하여 책임을 물을 수는 없으므로 이용자에게는 간접정범이 아니라 교사범의 성립을 인정하여야 한다.

(다) 피이용자의 고의에 대한 착오의 경우

피이용자에게 고의가 없다고 생각하였으나 고의가 있는 경우에는 피이용자가 이용자에 의하여 범행을 결의한 경우가 아니라면 이용자에게 교사범을 인정하기 어렵고, 따라서 교사범이 아니라 간접정범의 미수가 성립한다. 역으로 **피이용자에게 고의가 있다고 생각하였으나 고의가 없는 경우**에는 이용자에게 간접정범의 고의가 없으므로 간접정범이 성립하지 않고, 이용자의 교사에 의해 피이용자가 범행을 결의한 것이 아니라면 교사범도 성립하지 않는다.

(2) 실행행위에 대한 착오

실행행위에 대한 착오란 피이용자가 실행행위의 과정에서 착오를 일으켜 이용자가 원래 의도했던 결과가 발생하지 않은 경우이다(피이용자의 착오). 이때에는 사실의 착오에 관한 일반이론이 그대로 적용된다. 또한 피이용자가 이용자의 의사를 초과하여 실현한 때에는 이용자는 초과부분에 대하여 책임을 지지 않는다. 그러나 결과적 가중범인 때에는 이용자가 그 결과에 대하여 미필적 고의가 있거나 중한 결과를 예견할 수 있었을 경우에는 이용자도 중한 결과에 대하여 책임이 인정된다.

라. 신분범 및 과실범과 간접정범

진정신분범에 있어서 정범이 되기 위해서는 정범적격, 즉 신분이 있어야 하므로 신분 없는 사람이 신분 있는 사람을 이용하여 진정신분범의 간접정범이 될 수는 없다.

또한 과실범에게는 정범과 공범의 구별이 무의미하고, 간접정범을 성립하게 하는 기초가 되는 의사지배나 정범의사가 없으므로 간접정범은 부정된다. 따라서 의사가 실수로 약을 잘못 처방하여 간호사로 하여금 환자에게 투여하게 함으로써 환자를 사망하게 한 경우에는 의사는 과실범(동시범 또는 공동정범)이 성립한다.

마. 부작위와 간접정범

(1) 부작위에 의한 간접정범

부작위에 의해서는 타인에 대한 의사지배를 하기는 어려우므로 자신이 보호할 의무가 있는 사람이 다른 사람에 의해 침해당하는 것을 알면서도 이를 방치함으로써 작위의무를 위반한 부작위자에게 간접정범의 성립을 인정하기 어렵다. 예를 들면, 정신병원 의사가 입원 중인 정신병자가 다른 환자를 공격하는 것을 방치함으로써 다른 환자가 다치게 한 경우이다. 이 경우에는 이용자가 직접 범죄를 실행하지 않았다는 점에서 직접정범의 요건도 갖추고 있지 않으므로 이용자는 피이용자의 범행의 종범이 성립함에 지나지 않는다. 설령 부작위에 의한 간접정범을 인정하더라도 부작위에 의한 교사는 불가능하고, 따라서 방조의 형태로만 가능하므로 종범으로 처벌하는 경우와 사실상 양형에 있어서는 차이가 없다.

(2) 타인의 부작위를 이용한 간접정범

아버지가 물에 빠진 아들을 구하려는 제3자를 위협하거나 속여서 구조의사를 포기하게 함으로써 아들을 사망하게 한 경우와 같이 작위의무자가 강요행위나 기망행위를 이용하여 타인으로 하여금 부작위하게 한 경우에는 작위의무자에게 피이용자에 대한 의사지배가 인정되므로 타인의 부작위를 이용한 간접정범의 성립이 인정된다. 간접정범의 성립에 있어서는 피이용자가 작위범이든 부작위범이든 묻지 않는다.

바. 자수범과 간접정범

자수범(自手犯)은 정범자 자신의 직접적인 실행행위를 요하는 범죄로서, 타인을 이용하여 범할 수 없는 범죄를 말한다. 따라서 자수범에 있어서는 자수에 의하지 않고 실행하는 공동정범이나 간접정범은 불가능하다.

형법상 자수범에는 3가지 유형으로 주로 설명되고 있다(3유형설). 즉, (i) 범죄의 실행행위에 있어서 직접 행위자의 신체를 수단으로 할 것을 요구하는 범죄(예, 피구금부녀간음죄(제303조 제2항), 군형법상 계간죄(제92조) 등), (ii) 실행행위를 통해 행위자의 인격적 태도가 표출될 것을 요구하는 범죄(예, 명예훼손죄(제307조), 모욕죄(제311조), 업무상 비밀누설죄(제317조) 등), (iii) 법률에 의하여 행위자 스스로의 행위를 요구하는 범죄(예, 위증죄(제152조), 군형법상 군무이탈죄(제30조)) 등으로 구분한다.

6. 특수교사·방조

가. 특수교사·방조의 의의

형법 제34조 제2항에서는 "자기의 지휘·감독을 받는 자를 교사 또는 방조하여 전항의 결과를 발생하게 한 자는 교사인 때에는 정범에 정한 형의 장기 또는 다액에 2분의 1까지 가중하고 방조인 때에는 정범의 형으로 처벌한다"고 규정하고 있다. 특수교사·방조는 공법과 간접정범의 특수한 형태로서, 범죄형태의 특수성으로 인해 행위불법이 가중될 뿐만 아니라 비난가능성이 크기 때문에 형이 가중된 것이다.

나. 특수교사 · 방조의 적용범위

(1) 자기의 지휘 또는 감독을 받는 자

형법 제34조 제2항에서 피교사자 · 피방조자는 '자기의 지휘, 감독을 받는 자'로 규정하고 있다. 이때 지휘 · 감독의 근거에 대하여는 법령, 계약, 사무관리에 의한 경우에 제한되지 않고, 사실상 지휘 · 감독을 받는 관계이면 충분하며, 반드시 적법할 것도 요하지 않는다. 따라서 경찰과 군대와 같은 특수조직의 경우뿐만 아니라 주인과 가정부 사이는 물론, 범죄조직에 있어서 두목과 추종자들 사이에서도 성립할 수 있다. 또한 지휘 · 감독관계는 강제적 구속성을 요하는 것도 아니므로 직장상사와 부하직원, 친권자와 미성년 자녀, 교육자와 피교육자 등의 경우도 포함된다.

(2) 교사 또는 방조

'교사 또는 방조'는 지휘 · 감독하는 지위를 이용하여 할 것을 요한다. 따라서 교사자 또는 방조자는 피이용자가 자기의 지휘 · 감독을 받는 사람이라는 사실을 인식하여야 한다. 그러나 교사 또는 방조의 내용이 자기의 지휘 · 감독을 받고 있는 사항에 관한 것임을 요하지는 않는다.

제4절 교사범

1. 교사범의 의의

교사범이란 타인으로 하여금 범죄실행의 결의를 일으키게 하고, 이 결의에 의하여 범죄를 실행하게 함으로써 성립하는 범죄를 말한다. 형법 제31조 제1항에서는 "타인을 교사하여 죄를 범하게 한 자는 죄를 실행한 자와 동일한 형으로 처벌한다"고 규정하고 있다.

교사범은 범죄의 실행행위에는 직접 관여하지 않고 분업적인 역할분담도 하지 않는다는 점에서 공동정범과 구별되며, 정범의 범죄행위를 전제로 한다는 점에서 정범으로서 의사지배를 통하여 타인을 도구로 이용하여 행하는 간접정범과 구별된다. 또한 교사범은 타인에게 범죄의 결의를 생기게 하였다는 점에서 이미 결의한 타인의 실행행위를 돕는 종범과 구별된다.

2. 교사범의 성립요건

교사범이 성립하기 위하여는 교사자의 교사행위와 피교사자의 실행행위가 있어야 한다(공범종속성설).

가. 교사자의 교사행위

(1) 교사행위
(가) 교사행위의 의의

교사행위란 타인에게 범죄실행의 결의를 가지게 하는 행위를 말한다. 교사범의 교사가 정범이 죄를 범한 유일한 조건일 필요도 없다. 하지만 피교사자가 교사행위 전에 이미 범죄결의를 하고 있었을 경우에는 방조 또는 교사미수가 성립할 뿐이다. 그러나 피교사자가 단순강도를 결의하고 있었는데 교사자가 가중적 구성요건인 특수강도를 교사하여 실행하게 한 경우에는 불법내용을 달리하는 다른 범죄를 교사한 것이므로 가중범죄인 특수강도의 교사범이 인정된다. 역으로 감경적 구성요건을 실현하도록 교사한 경우에는 피교사자가 행한 범죄에 기여하였다는 점에서 교사의 고의 범위 내에서 방조는 될 수 있지만 교사범은 성립하지 않는다. 따라서 특수강도를 결의하고 있는 사람에게 단순강도를 범하도록 교사한 때에는 단순강도죄의 종범이 될 수 있을 뿐이다.

(나) 교사행위의 방법과 내용

교사행위의 수단과 방법에는 제한이 없다. 반드시 명시적·직접적일 것을 요하지 않으며, 묵시적·간접적인 방법으로도 가능하다. 다만, 부작위는 타인의 범행결의에 인과적으로 작용할 수 없을 뿐만 아니라 자신의 선행행위로 인해 타인이 범행결의를 하게 한 경우에 있어서의 선행행위는 작위에 해당한다고 할 것이므로 부작위에 의한 교사는 성립할 수 없다. 교사는 단독으로 하는 경우뿐만 아니라 여러 사람이 공동으로 하는 경우(공동교사)도 가능하다. 다만, 공동교사의 경우에는 교사자 상호간에 공동교사의 의사가 있어야 한다.

한편, 교사자가 교사하는 범행내용은 특정되어야 하므로 특정범죄를 교사하여야 한다. 다만, 범죄만 특정되면 충분하고, 일시·장소·방법 등 범행의 세부적인 사항까지 지시하거나 교사할 것은 요하지 않는다(판례).

(다) 교사행위의 대상

교사행위의 대상은 구체적으로 특정되어야 한다. 그러나 피교사자가 반드시 책임능력자일 것은 요하지 않는다(제한종속형식). 다만, 피교사자가 책임무능력자인 경우에도 시비변별능력이나 의사결정능력이 인정되는 경우에는 교사범이 성립한다. 따라서 어른인 甲이 어린아이인 A를 단순히 유혹하여 집안의 물건을 훔쳐오게 한 경우에는 甲에게 의사지배까지 인정된다고는 할 수 없으므로 간접정범이 아니라 교사범이 성립한다.

(2) 교사자의 고의
(가) 이중고의

교사자의 고의는 피교사자에게 범행결의를 가지게 하여 피교사자로 하여금 범죄의 기수까지 실행하게 할 고의를 의미한다. 따라서 교사자의 고의는 피교사자로 하여금 범행을 결의하게 한다는 고의(교사의 고의)와 정범으로 하여금 특정 구성요건실현행위를 하게 한다는 점에 대한 고의(정범의 고의)를 내용으로 한다(이중고의). 교사자의 '고의'는 미필적 고의로도 충분하지만 구체적이고 특정되어야 하므로 교사자는 특정한 정범과 특정한 범죄에 대한 인식과 의욕이 있어야 한다. 목적범과 신분범에 있어서는 교사자가 목적과 신분에 대한 인식도 있어야 한다. 그러나 과실에 의해서는 범행결의를 하게 할 수 없으므로 과실에 의한 교사는 인정되지 않는다. 따라서 甲이 丙에 대한 불평을 하자 乙이 丙을 살해하라고 지시하는 것으로 잘못 판단하여 범행을 하더라도 甲에게 살인죄의 교사범이 성립하지 않는다.

한편, 피교사자가 특정되어 있는 이상 그 수의 다소는 불문하며, 피교사자가 누구인지를 교사자가 알지 못하더라도 상관없다. 또한 교사한 범죄가 특정되어 있으면 충분하고, 교사자가 정범이 범할 범죄의 일시·장소나 구체적인 실행방법까지 인식할 것은 요하지 않는다.

(나) 기수의 고의

교사자는 '타인을 교사하여 죄를 범하게 한 자'이므로 교사자는 피교사자로 하여금 구성요건적 결과를 실현하겠다는 범죄기수에 대한 고의가 있어야 한다. 따라서 처음부터 미수에 그칠 것을 예상하면서 하는 미수의 교사는 교사가 아니다.

나. 피교사자의 실행행위

(1) 피교사자의 범행결의

교사자의 교사행위로 인하여 피교사자가 범행을 결의하여야 한다. 즉, 교사자의 교사행위와 피교사자의 범행결의 사이에는 인과관계가 있어야 한다. 교사를 받은 피교사자가 범행결의를 하지 않으면 교사의 미수가 되어 예비·음모에 준하여 처벌한다(제31조 제3항, 실패한 교사). 과실범은 범행결의가 있을 수 없으므로 이에 대한 교사는 교사범이 아니라 간접정범이 성립한다(제34조 제1항).

(2) 피교사자의 실행행위

교사범이 성립하기 위하여는 피교사자가 적어도 실행행위에 착수하여야 한다. 피교사자의 실행행위는 구성요건에 해당하는 위법한 행위이면 족하다(제한종속형식). 이때 교사자의 교사행위와 피교사자의 범행결의는 물론, 피교사자의 범행결의와 실행행위 사이에는 인과관계가 있어야 하지만 피교사자(정범)가 기수에 달할 것은 요하지 않는다. 다만, 피교사자가 실행에 착수하였으나 미수에 그친 경우는 물론, 교사행위와 실행행위 사이에 인과관계가 없는 경우에는 교사한 범죄의 미수범 처벌규정이 있으면 교사자는 교사한 범죄의 미수의 교사범이 성립한다.

피교사자가 교사자의 교사행위에 의하여 범행을 결의하였다고 하더라도 실행행위를 하지 않은 때에는 교사의 미수가 되며, 교사자와 피교사자는 예비·음모에 준하여 처벌한다(제31조 제3항, 효과없는 교사).

3. 교사범의 처벌

교사범은 정범과 동일한 형으로 처벌한다. '동일한 형'은 법정형을 의미하므로 교사범의 형이 정범보다 중할 수도 있다. 공범의 종속성이란 범죄의 '성립'에 있어서 정범에 종속한다는 것을 의미하고 '처벌'에 있어서 종속한다는 의미는 아니므로 정범이 처벌되어야만 교사범이 처벌되는 것은 아니다. 따라서 교사범을 정범보다 먼저 처벌하더라도 상관없다. 자기의 지휘·감독을 받는 사람을 교사한 때에는 정범에 정한 형의 장기 또는 다액에 그 2분의 1까지 가중한다(제34조 제2항). 한편, 교사범은 공동정범과 보충관계에 있으므로 공동정범이 성립하면 교사범은 이에 흡수된다.

4. 관련문제

가. 교사에 대한 교사

간접교사는 타인에게 제3자를 교사하여 범죄를 실행하게 하거나, 타인을 교사하였는데 피교사자가 직접 실행하지 않고 제3자를 교사하여 실행하게 한 경우를 말한다. 형법은 교사의 방법에 대하여 제한을 두고 있지 않고 있고, 피교사자가 반드시 정범일 것을 요하지 않으며, 간접교사자와 교사자 사이에 질적인 차이는 없으므로 간접교사도 교사로서 그 가벌성이 인정된다(판례).

연쇄교사는 교사가 순차적으로 행하여져 교사자와 피교사자 사이에 여러 사람이 개입되어 있는 경우를 말한다. 연쇄교사는 교사가 반복된 것에 불과하므로 교사행위로 인한 실행행위가 있었다고 인정되는 이상 연쇄교사도 교사로 인정된다. 이때 연쇄교사자가 자기와 정범 사이에 관여한 사람의 수나 이름 등에 대하여 알고 있을 것은 요하지 않는다.

나. 미수의 교사

미수의 교사란 피교사자가 미수에 그칠 것을 예상하면서 하는 교사를 말한다. 타인으로 하여금 범죄자로 처벌받게 하기 위하여 범행을 교사하고, 피교사자가 실행에 착수한 후 기수에 이르기 전에 체포하기 위하여 행하는 함정교사(소위, 아쟝 쁘로보까뙤르(agent provocateur))가 전형적인 경우이다. 이때 피교사자는 미수의 교사에 의하여 실행에 착수한 이상 범죄에 대한 기수의 고의와 실행행위가 있으므로 착수한 범죄의 미수범이 성립한다. 하지만 미수의 교사에 있어서 교사자에게는 교사의 고의가 부정되므로 교사범이 성립하지 않으므로 불처벌로 된다.

그러나 교사자가 미수의 교사를 시도하였으나 피교사자의 행위가 기수가 된 경우, 즉 甲이 A의 금고가 비어있는 줄 알고 乙에게 절도를 교사하였으나 실제로는 A의 금고에 돈이 있었기 때문에 이를 절취한 경우에 있어서는 ① 교사자에게 결과발생에 대한 과실이 있었던 경우(주의의무위반)에 한하여 과실범이 성립한다는 견해가 있다. 그러나 ② 과실에 의한 교사는 인정되지 않으므로 위 사례에서 甲은 교사범은 되지 않고, 단지 교사를 통해 피교사자의 범행에 기여한 점이 인정되므로 방조의 예에 따라 처벌하여야 한다.

한편, 교사자가 피교사자로 하여금 범행의 기수까지에 이르게 할 생각이었으나 종료단계에 도달하기 전에 체포할 생각이었던 경우가 문제된다. 즉 수사관 甲이 마약사범을 체포하기 위해 乙에게 마약거래를 교사한 후 마약거래가 이루어졌을 때 乙을 체포하려고 한 경우에는 형법이론상 교사자에게 교사범이 성립하지만, 甲의 교사행위가 마약사범의 체포를 목적으로 한 부득이한 조치이었다면 형사정책적 견지에서 처벌을 면제하는 것으로 하여야 한다. 교사자가 피교사자를 교사하여 범행을 하게 하고 범행이 종료된 후에 체포하려고 한 경우, 즉 수사관 甲이 마약사범인 乙로 하여금 마약거래를 하게 한 후에 마약사범 일당을 모두 체포할 목적으로 피교사자인 乙을 추적한 다음 그 본거지에서 체포하고자 한 경우에도 마찬가지이다.

다. 교사범과 착오

(1) 피교사자에 대한 착오

피교사자에 대한 착오란 피교사자의 책임능력에 착오가 있는 경우를 말한다. 즉, 피교사자를 책임능력자로 알았으나 책임무능력자인 경우나 피교사자를 책임무능력자로 알았으나 책임능력자인 경우이다. 피교사자의 책임능력에 관한 인식은 교사자의 고의의 내용에 포함되지 않으므로 이 경우에는 모두 교사범이 성립된다(간접정범의 착오 참조).

(2) 실행행위의 착오

실행행위의 착오란 교사자의 교사내용과 피교사자의 실행행위가 다른 경우를 말한다.

(가) 구체적 사실의 착오

구체적 사실의 착오란 교사자의 고의내용과 피교사자의 실행행위가 동일한 구성요건에 해당하는 경우를 말한다. 예를 들면, 교사자가 A를 살해하라고 교사하였으나 피교사자가 B를 살해한 경우이다.

먼저, 피교사자의 범행이 방법의 착오에 해당하는 경우에는 어느 설에 따르든 교사자에게도 방법의 착오가 되고, 따라서 사실의 착오에 관한 일반이론이 적용된다. 그러나 피교사자의 범행이 객체의 착오에 해당하는 경우에 대하여는 ① 교사자에게도 객체의 착오로 귀속시키는 견해와 ② 교사자에게는 방법의 착오가 된다는 견해 등이 있다. 전설에 따르면 구체적 부합설과 법정적 부합설 중 어느 설에 따르더라도 교사자에게는 발생결과에 대한 교사범이 성립한다. 그러나 후설에 따르면 교사자에 대하여 구체적 부합설에서는 실현된 범죄의 교사의 미수가 성립하는데 반해, 법정적 부합설에서는 발생결과에 대한 교사범이 성립한다.

(나) 추상적 사실의 착오

첫째, 피교사자가 교사자가 교사한 내용보다 경한 범죄를 실행한 경우이다. 이 경우에는 공범의 종속성에 의하여 교사자는 원칙적으로 피교사자가 실행한 범위 내에서만 책임을 진다. 다만, 교사한 중한 범죄는 교사의 미수가 되므로 예비·음모를 처벌하는 규정이 있으면 형법 제31조 제2항에 의해 교사한 중한 범죄의 예비·음모죄와 실행한 범죄의 교사범의 상상적 경합이 된다. 예를 들면, 교사자가 강도를 교사하였으나 피교사자가 절도에 그친 경우에는 교사자는 절도의 교사범과 강도의 교사의 미수로서 강도예비·음모죄의 상상적 경합이 되고, 중한 강도예비·음모죄로 처벌된다.

둘째, 피교사자가 교사내용을 초과하여 실행한 경우이다. 이 경우에는 교사범은 원칙적으로 정범의 실행행위가 자신의 고의와 일치하는 범위에서만 책임을 지므로 정범이 교사내용을 초과하여 실행한 부분에 대하여는 책임을 지지 않는다.

(ⅰ) **양적 초과의 경우,** 즉 교사내용과 실행행위가 구성요건을 달리하지만 공통적 요소를 포함하고 있는 경우이다. 이때 교사자는 초과부분에 대하여는 책임을 지지 않는다. 예를 들면, 교사자가 절도를 교사하였으나 피교사자가 강도를 행한 경우에는 교사자는 절도죄의 교사범이 성립한다.

(ⅱ) **질적 초과의 경우,** 즉 피교사자가 교사받은 범죄와 전혀 다른 범죄를 실행한 경우이다. 이때 교사자는 교사한 범죄의 교사의 미수가 되고, 그 예비·음모를 처벌하는 규정이 있으면 형법 제31조 제2항에 의하여 교사한 범죄의 예비·음모에 준하여 처벌받는다. 예를 들면, 교사자가 절도를 교사하였으나 피교사자가 살인죄를 범한 경우에는 교사자는 절도죄의 교사의 미수가 되고, 절도죄의 예비·음모는 처벌하지 않으므로 무죄가 된다. 반면에, 교사자가 살인을 교사하였으나 피교사자가 강도를 범한 경우에는 교사자는 살인죄의 교사의 미수가 되고, 형법 제31조 제2항에 의하여 살인죄의 예비·음모에 준하여 처벌된다. 그러나 추상적 사실의 착오의 경우에도 교사내용과 실행행위 사이에 본질적인 질적 차이가 없는 경우에는 교사자는 교사의 책임을 면하지 못한다. 따라서 교사자가 사기를 교사하였으나 피교사자가 공갈을 한 경우에는 공갈죄의 교사범이, 교사자가 공갈을 교사하였으나 피교사자가 사기를 행한 경우에는 사기죄의 교사범이 각각 성립한다.

(ⅲ) **피교사자가 결과적 가중범을 범한 경우,** 즉 피교사자가 교사자가 교사한 범죄를 실행하는 과정에서 결과적 가중범의 결과를 실현한 경우에는 교사자에게 중한 결과에 대한 과실, 즉 중한 결과발생에 대한 예견가능성이 있는 때에 한하여 결과적 가중범의 교사범이 성립한다(판례).

제5절 종범

제32조(종범) ① 타인의 범죄를 방조한 자는 종범으로 처벌한다.
② 종범의 형은 정범의 형보다 감경한다.

1. 종범의 의의

종범이란 타인의 범죄실행을 방조하는 것을 말한다(방조범). 형법 제32조 제1항에서는 "타인의 범죄를 방조한 자는 종범으로 처벌한다"고 규정하고 있다. '방조'란 정범이 범행을 한다는 정을 알면서 그 실행행위를 도와주는 직접·간접의 행위를 말한다.

종범은 행위지배가 없다는 점에서 기능적 행위지배가 있는 공동정범과 구별되고, 이미 범죄를 결의하고 있는 사람에게 그 결의를 강화하거나 실행을 용이하게 한다는 점에서 타인에게 새로이 범죄의 결의를 생기게 하는 교사범과 구별된다.

> **[방조행위가 형법각칙상 독립한 구성요건으로 되어 있는 경우]** 형법상 방조행위가 독자적인 구성요건으로 되어 있는 경우로는 간첩방조죄(제98조 제1항), 도주원조죄(제147조), 간수자의 도주원조(제148조), 아편흡식 등 장소제공(제201조 제2항), 자살방조죄(제252조 제2항) 등이 있다. 이들 죄에는 형법각칙이 우선 적용되므로 형법 제32조가 적용되지 아니한다.

2. 종범의 성립요건

종범이 성립하기 위하여는 방조자의 방조행위와 정범의 실행행위가 있어야 한다(공범종속성설).

가. 방조자의 방조

(1) 방조자의 방조행위

(가) 방조행위의 방법

방조행위는 정범의 실행행위를 용이하게 하는 직접·간접의 모든 행위를 말한다. 따라서 유형적·물질적 방조뿐만 아니라 정범에게 범행의 결의를 강화하도록 하는 것과 같은 무형적·정신적 방조행위까지도 이에 해당한다(판례). 유형적·물리적 방조란 범행도구나 장소의 제공, 범행자금의 제공 등 거동방조를 말하며, 무형적·정신적 방조란 충고, 조언, 격려, 정보의 제공 등 언어방조를 말한다. 간접방조, 즉 방조자가 정범의 실행행위를 직접 방조하지 않고 정범이 아닌 다른 사람을 통하여 정범의 범행을 도와주는 것도 방조에 해당한다. 방조의 방조, 교사의 방조, 방조의 교사가 이에 해당한다. 또한 방조에 있어서는 종범과 정범 사이에 의사의 일치를 요건으로 하지 않으므로 편면적 방조도 방조가 된다. 예를 들면, 甲이 친구 乙이 절도를 하기 위해 타인의 집 담을 넘어가는 것을 우연히 발견하고 乙에게 알리지 않은 채로 乙을 도와 줄 의사로 망을 보았다면 甲은 乙의 절도죄의 종범이 된다.

또한 방조는 작위뿐만 아니라 부작위에 의해서도 가능하다(판례). 다만, 부작위에 의한 방조가 성립하기 위해서는 방조자에게 보증인적 지위가 인정되어야 한다. 그러나 정범이 부진정부작위범(진정신분범)인 경우에는 방조자가 보증인적 지위에 있지 않더라도 형법 제33조(후술 참조)에 의해 공동정범 또는 종범이 성립할 수 있다.

(나) 방조행위의 시기와 인과관계

방조행위는 실행의 착수 전·후를 불문하며, 결과가 발생하기 이전에는 언제든지 가능하다(판례). 계속범이나 범죄가 기수가 된 후에도 구성요건에 해당하는 법익침해가 계속되는 범죄(방화죄 등) 등의 경우에는 기수에 달한 뒤에도 범죄가 종료되기 이전에는 방조가 가능하다(승계적 종범). 이때 종범은 자기가 가담한 이후의 부분에 대하여만 책임을 진다. 범죄가 종료한 뒤에는 종범이 성립되지 않는다(사후방조).

다만, 종범이 성립하기 위해서는 방조행위와 정범의 실행행위 사이에는 인과관계가 있어야 한다. 정범의 실행행위와 직접 관련성이 없는 행위를 도와주거나 정범의 구성요건실현에 아무런 영향을 주지 못한 경우에는 방조행위가 될 수 없다(판례). 예를 들면, 방조자가 강도에 사용할 총을 제공하였으나 정범이 이를 사용하지 않고 자기가 가지고 있는 칼만을 이용하여 범행한 경우에는 방조행위가 되지 않는다.

(2) 종범의 고의
(가) 이중고의

종범이 성립하기 위해서는 이중의 고의를 요한다. 즉, 종범은 정범의 범죄실행을 방조한다는 인식, 즉 방조행위에 대한 고의(방조의 고의)와 정범의 행위가 구성요건적 결과를 실현한다는 인식, 즉 정범에 대한 고의(정범의 고의)를 요한다. 다만, 종범은 방조의 고의를 요하므로 과실에 의한 방조는 있을 수 없고, 경우에 따라서 과실범의 정범이 될 수 있을 뿐이다.

한편, 정범의 고의는 정범에 의하여 실현되는 범죄의 구체적 내용을 인식할 것은 요하지 않으며, 미필적 인식 또는 예견으로 충분하다(판례). 따라서 정범의 범죄의 일시·장소, 객체 또는 구체적인 상황까지 인식할 필요가 없으며, 정범이 누구인지를 확정적으로 인식할 필요도 없다(판례). 정범이 고의 이외의 특별한 주관적 구성요건요소(불법영득의사 등)의 인식을 요하는 경우에는 방조자에게도 이에 대한 인식이 있어야 한다.

(나) 기수의 고의

종범의 고의는 정범으로 하여금 구성요건결과를 실현하게 하려는 범죄기수에 대한 고의이어야 한다. 따라서 단순히 미수에 그치게 할 의사로 방조한 미수의 방조나 정범의 범죄를 실현할 수 없는 수단을 제공하는 행위는 방조행위가 아니다. 따라서 낙태의 의뢰를 받은 약사가 소화제를 낙태약이라고 속이고 교부한 경우는 낙태의 방조라고 할 수 없다.

방조자가 미수의 방조를 하였으나 예상과 달리 정범의 행위가 기수에 이른 경우라고 하더라도 방조자는 고의가 조각되므로 종범이 성립되지 않는다. 이때 방조자에게 과실이 있는 경우에는 과실에 의한 종범이 아니라 발생된 결과에 대한 과실범이 성립할 수 있다.

한편, 방조의 고의는 종범에게만 있으면 충분하고, 정범과 의사연락이 있을 것을 요하지 않는다. 따라서 정범이 종범의 방조행위를 알지 못한 경우(편면적 종범)에도 종범이 성립한다.

나. 정범의 실행행위

종범이 성립하기 위해서는 정범의 실행행위가 있어야 한다(공범종속성설, 판례). 이때 정범의 실행행위는 구성요건에 해당하는 위법한 행위임을 요한다(제한적 종속형식). 다만, 정범의 행위는 고의범일 것을 요한다. 따라서 과실범에 대한 방조는 성립되지 않으며, 경우에 따라 간접정범이 될 수 있을 뿐이다.

그러나 종범을 처벌하기 위해서는 정범이 처벌되어야 하므로 정범의 행위가 기수에 달하거나 적어도 가벌적 미수에 이르러야 한다. 기도된 방조(실패한 방조와 효과없는 방조)는 기도된 교사와 달리 형법상 처벌되지 않기 때문이다.

3. 종범의 처벌

종범은 정범의 형보다 감경한다(제32조 제2항). 정범이 미수에 그친 때에는 종범은 이중으로 형을 감경할 수 있다. 감경대상이 되는 형은 법정형을 의미하므로 종범의 선고형이 정범의 선고형보다 중할 수도 있다. 또한 공범은 처벌에 있어서까지 정범에 대하여 종속되는 것은 아니므로 종범이 정범보다 먼저 처벌되더라도 상관없다. 다만, 자기의 지휘·감독을 받는 사람을 방조하여 결과를 발생하게 한 사람은 정범의 형으로 처벌한다(제34조 제2항).

한편, 종범은 공동정범 또는 교사범과 보충관계에 있으므로 공동정범이나 교사범이 성립하면 종범은 이에 흡수된다.

4. 관련문제

가. 방조의 방조, 교사의 방조, 방조의 교사

방조의 방조는 타인의 방조행위를 방조하는 것을 말한다. 간접방조나 연쇄방조의 경우가 이에 포함된다. 방조의 방조가 정범의 실행행위를 도와 준 것이라면 정범에 대한 방조행위가 되므로 종범이 될 수 있다. 예를 들면, 甲이 A의 강도를 도와주기 위하여 칼을 구해주려는 것을 알고 乙이 자신의 칼을 甲에게 칼을 빌려주어 A에게 주도록 한 경우에, 乙의 행위는 A의 강도죄의 종범이 된다(판례).

교사의 방조란 교사범이 정범에게 범죄를 결의하도록 교사하는 것을 도와주는 것을 말한다. 교사의 방조는 궁극적으로는 정범에 대한 방조행위가 되므로 정범에 대한 종범이 될 수 있다. 예를 들면, 甲이 공무원인 A로 하여금 뇌물을 받도록 권유하는 것을 본 乙이 이를 도와주고자 A가 甲의 말에 따르도록 조언하는 경우에, 乙의 행위는 A의 뇌물죄의 종범이 된다.

종범의 교사란 정범의 범행을 도와주도록 교사하는 것을 말한다. 종범을 교사하는 것은 결국 정범에 대한 방조행위가 되므로 정범에 대한 종범이 될 수 있다. 예를 들면, A가 절도하러 가는 것을 알고 甲이 乙로 하여금 따라가서 망을 봐주도록 권유하는 경우에 甲도 A의 절도죄의 종범이 된다.

나. 종범과 착오

종범의 착오에 관하여는 교사의 착오에 관한 이론이 그대로 적용된다. 따라서 양적 차이의 경우에는 구성요건이 중첩되는 부분에 한하여 방조죄의 책임을 지게 되므로, 정범이 종범의 인식보다 중한 범죄를 범한 경우에는 종범이 인식한 범위 내에서, 정범이 종범의 인식보다 경한 범죄를 범한 경우에는 정범의 실행행위 범위 내에서 종범의 죄책을 지게 된다(판례). 또한 종범이 기본범죄를 방조하였으나 정범이 결과적 가중범을 범한 경우에도 중한 결과발생에 대한 예견가능성이 있는 경우에 한하여 결과적 가중범의 종범이 되고, 결과발생에 대한 예견가능성이 없는 경우에는 기본범죄의 종범이 성립한다.

그러나 형법상 종범의 미수는 처벌하지 않으므로 정범의 질적 초과의 경우에는 종범은 처벌되지 않는다. 따라서 甲은 乙이 절도행위를 하는 줄 알고 도와주었으나 실제로는 정범인 乙이 살인을 한 경우에는 甲은 절도죄의 방조미수가 성립하고, 따라서 불처벌로 된다.

제6절 공범과 신분

1. 공범과 신분의 논의사항

공범과 신분의 문제는 범죄의 성립이나 형의 가감에 신분이 영향을 미치는 경우에 신분 있는 사람과 신분 없는 사람이 공범관계에 있을 때에 이것을 어떻게 취급할 것인가에 대한 것이다. 형법 제33조는 "신분이 있어야 성립되는 범죄에 신분 없는 사람이 가담한 경우에는 그 신분 없는 사람에게도 제30조부터 제

32조까지의 규정을 적용한다. 다만, 신분 때문에 형의 경중이 달라지는 경우에 신분이 없는 사람은 무거운 형으로 벌하지 아니한다"라고 규정하고 있다.

2. 신분의 의의와 종류

가. 신분의 의의

형법상 '신분'은 남녀의 성별, 내외국인의 구별, 친족관계 또는 공무원의 자격뿐만 아니라 널리 일정한 범죄행위에 대한 범인의 인적 관계인 특수한 지위나 상태를 가리킨다(판례). 신분범은 신분이 범죄의 성립이나 형의 가감에 영향을 미치는 범죄를 말한다. 형법에서는 신분범을 일반범과 구분하여 그에 대한 법적 취급을 달리하고 있다는 점에서 신분은 어느 정도의 계속성이 있어야 한다.

신분은 행위자관련적 요소이므로 행위관련적 요소인 고의, 동기, 목적 등은 신분에 포함되지 않는다. 판례는 모해목적위증죄(제152조 제2항)의 모해목적을 신분요소로 이해하지만, 목적범의 목적은 행위관련적 요소이므로 신분요소라고 할 수 없다.

나. 신분의 종류

형식적으로 분류방법에 따르면 신분은 구성적 신분, 가감적 신분, 소극적 신분으로 구분된다(통설).

첫째, 구성적 신분은 일정한 신분이 있어야 범죄가 성립하는 경우의 신분을 말하며, 이것은 가벌성을 구성하는 요소로서의 기능을 가진다. 구성적 신분을 요하는 범죄를 진정신분범이라고 한다. 수뢰죄(제129조), 위증죄(제152조), 허위진단서작성죄(제233조), 업무상 비밀누설죄(제317조), 횡령죄 및 배임죄(제355조) 등이 이에 해당한다.

둘째, 가감적 신분은 신분이 없는 사람이 범죄를 범한 경우에도 범죄는 성립하지만 신분에 의하여 형벌이 가중되거나 감경되는 경우의 신분을 말하며, 이것은 형벌을 가감하는 인적 요소로서의 기능을 한다. 가감적 신분을 가진 사람에 의한 범죄를 부진정신분범이라고 한다. 예를 들면, 존속살해죄(제250조 제2항)의 직계비속, 업무상 횡령죄(제356조 제1항)에서 업무자는 가중적 신분이며, 영아살해죄(제251조)의 직계존속은 감경적 신분이다.

셋째, 소극적 신분은 신분으로 인하여 범죄의 성립 또는 형벌이 조각되는 경우의 신분을 말한다. 이에는 ① 불구성적 신분(위법조각신분, 예, 의료법위반에 있어서 의사, 변호사법위반에 있어서 변호사의 신분 등), ② 책임조각신분(예, 14세 되지 아니하는 사람 등), ③ 처벌조각신분(예, 친족상도례(제328조)에서의 친족의 신분 등)이 있다.

3. 형법 제33조 본문의 해석

형법 제33조의 본문은 "신분이 있어야 성립되는 범죄에 신분 없는 사람이 가담한 경우에는 그 신분 없는 사람에게도 제30조부터 제32조까지의 규정을 적용한다"라고 규정함으로써 신분 없는 사람은 단독으로 신분범의 정범이 될 수는 없지만 그 공범은 될 수 있다고 한다.

가. '신분이 있어야 성립되는 범죄'

형법 제33조의 본문의 의미에 대하여는 ① 형법 제33조 본문은 진정신분범의 성립과 처벌근거에 관한 규정으로 이해하는 견해(종속적 신분·비종속적 신분 구별설, 다수설)와 ② 형법 제33조 본문은 진정신분범과 부진정신분범의 성립근거에 관한 규정이고, 단서는 부진정신분범의 과형에 대한 규정으로 이해하는 견해(신분의 종속·과형의 개별화설, 소수설)가 있다. 판례는 소수설을 취하고 있다.

형법 제33조는 처벌을 확장하는 예외규정이므로 본문의 '신분이 있어야 성립되는 범죄'란 문언의 해석을 엄격하게 할 것이 요구되므로 '제30조부터 제32조까지의 규정을 적용한다'라는 것은 진정신분범의 성립과 처벌에 있어서 비신분자도 신분자에 따른다는 의미로 해석하여야 한다. 따라서 공무원인 甲이 뇌물을 수수하는데 비공무원인 乙이 관여하게 되면 乙도 수뢰죄의 공범이 된다. 다만, 소수설에 따르더라도 진정신분범에 있어서의 이론적 귀결은 같다.

나. '제30조부터 제32조까지의 규정을 적용한다'의 의미

공범종속성설에 의하면 신분범에 있어서 종속성이 인정되는 협의의 공범(교사범·종범)은 비신분자라고 하더라도 정범에게 신분이 있는 한 신분범의 공범이 될 수 있다. 반면에 진정신분범에 있어서는 신분 있는 사람만이 정범적격을 가지므로 진정신분범의 공동정범이 되기 위해서는 범죄자 각자에게 신분이 있어야 하지만, 형법은 예외적으로 비신분자도 진정신분범의 공동정범이 될 수 있음을 규정하고 있다(간접정범과 신분에 대하여는 간접정범 참조).

4. 형법 제33조 단서의 해석

형법 제33조 단서는 "신분 때문에 형의 경중이 달라지는 경우에 신분이 없는 사람은 무거운 형으로 벌하지 아니한다"라고 규정하고 있다. '신분 때문에 형의 경중이 달라지는 경우'란 가감적 신분범을 의미한다.

가. 형법 제33조 단서의 적용범위

형법 제33조 단서의 적용범위에 대하여는 ① 제33조 본문의 적용범위에 대한 소수설(판례)은 부진정신분범에 있어서도 비신분자는 본문에 의하여 부진정신분범의 공범이 되고, 그 과형만 제33조 단서에 의하여 결정된다고 한다. 반면, ② 제33조 본문의 적용범위에 대한 다수설은 제33조 단서를 부진정신분범의 공범성립과 그 과형에 대한 규정으로 이해한다. 후설에 따르면 비신분자가 신분자의 범행에 가담한 경우에는 신분자는 부진정신분범의, 비신분자는 일반범죄의 공동정범이 된다. 따라서 甲과 乙이 甲의 아버지를 살해한 경우에 전설에 따르면 甲과 乙은 존속살해죄의 공동정범이 되고, 단서규정에 의하여 乙은 보통살인죄로 처벌되는 반면, 후설에 따르면 甲은 존속살해죄, 乙은 보통살인죄가 각각 성립하고, 각 범죄에 정한 형에 따라 처벌된다.

나. '무거운 형으로 벌하지 아니한다'의 의미

다수설에 따르면 형법 제33조 단서에서 비신분자를 '무거운 형으로 벌하지 아니한다'고 규정한 것은 공범에 있어서 책임개별화원칙을 선언한 것으로서, 가중적 신분범의 경우에 비신분자는 일반범죄의 공범이 되어 중한 형으로 벌하지 아니하게 된다. 따라서 비신분자가 신분자에 가공하여 존속살해죄를 범한 경우에 비신분자는 가공정도에 따라 보통살인죄의 공동정범·교사범·종범이 된다.

그러나 형법에서는 감경적 신분범에 대하여는 규정을 두고 있지 않다. 하지만 형법 제33조 단서는 비신분자에 대하여 신분에 따른 불이익을 가해서는 아니된다는 뜻에 지나지 않으므로 비신분자가 감경적 신분범에 관여한 경우에는 신분범이 아니라 비신분범이 성립·처벌된다고 해야 한다. 따라서 직계존속이 비신분자와 함께 영아살해죄를 범한 경우에는 비신분자는 보통살인죄가 성립하고, 보통살인죄로 처벌된다.

5. 소극적 신분과 공범

소극적 신분과 공범의 관계에 대하여는 형법에서 규정을 두고 있지 않으므로 공범의 종속성에 관한 일반이론에 따라 해결해야 한다.

가. 불구성적 신분과 공범

불구성적 신분을 가진 사람의 범죄에 비신분자가 가담한 때에는 신분자의 행위는 적법행위가 되어 범죄를 구성하지 않으므로 이에 종속하여 비신분자도 처벌되지 않는다. 따라서 의사 아닌 사람이 의사를 교사하여 치료행위를 하게 하더라도 의료법위반의 문제는 일어나지 않는다. 그러나 신분자가 비신분자를 교사 또는 방조한 경우에는 형법 제33조의 취지에 따라 그 범죄의 교사범 또는 종범이 성립한다. 즉, 의사 아닌 사람의 치료행위에 의사가 관여한 경우에는 비신분자인 정범이 처벌되므로 신분자인 의사도 의료법위반의 공범으로 처벌된다. 신분자와 비신분자가 공동정범의 형식으로 관여한 때에는 신분자에게 기능적 행위지배가 있으면 신분자에게 공동정범이 성립한다(판례).

한편, 필요적 공범인 대향범에 있어서는 형법총칙 규정이 적용되지 않으므로 변호사 아닌 사람이 변호사를 고용하여 법률사무소를 개설·운영한 경우에도 변호사는 변호사법위반죄의 공범으로 처벌할 수 없고, 일반인이 세무사의 사무직원으로부터 그가 직무상 보관하고 있던 임대사업자 등의 인적 사항 등을 교부받더라도 세무사법상 직무상 비밀누설죄의 공동정범에 해당하지 않는다(판례).

나. 책임조각신분과 공범

책임조각신분자의 행위에 비신분자가 가공한 때에는 신분자는 책임이 조각되어 처벌되지 않지만, 비신분자의 범죄성립에는 영향을 미치지 않으므로 가공 정도에 따라 공동정범, 교사범, 종범이 성립한다. 다만, 책임조각신분자를 교사·방조한 비신분자에게 의사지배가 인정되면 간접정범이 성립될 수 있다. 따라서 제한종속형식에 따르면 15세인 甲이 13세인 乙의 절도행위에 관여한 경우에는 乙은 책임무능력자이므로 처벌되지 않지만 甲은 행위지배의 정도에 따라 간접정범 또는 공범이 성립한다.

한편, 신분자가 비신분자의 행위에 가공한 경우에는 비신분자는 당해 범죄의 정범으로 처벌되지만 가공한 신분자는 책임이 조각된다. 즉, 15세인 甲의 절도행위를 도와주기 위하여 13세인 乙이 망을 본 경우에 甲은 절도죄가 성립하지만, 乙은 정범의 처벌에 상관없이 책임무능력자이므로 책임이 조각되어 처벌되지 않는다. 다만, 상대적 책임조각신분범의 경우, 즉 아버지(신분자)가 비신분자를 교사하여 살인죄를 범한 자신의 아들을 은닉하게 함으로써 범인은닉죄(제151조 제1항)를 범하게 한 경우에는 비신분자의 범행에 관여한 것이므로 불법성이 인정되어 책임조각이 되지 않고 교사범으로 처벌된다(판례).

다. 처벌조각신분과 공범

처벌조각신분자의 행위에 비신분자가 가공한 때에는 신분자는 범죄가 성립하지만 처벌이 배제되는 반면, 비신분자는 범죄가 성립·처벌된다. 즉, 甲이 乙로 하여금 乙의 아버지 A의 지갑을 훔치도록 교사한 때에는 乙은 절도죄가 성립되지만 친족상도례 규정(제328조 제1항)에 의하여 그 형이 면제되는 반면, 신분이 없는 甲은 절도죄의 교사범으로 처벌된다.

한편, 비신분자의 행위에 신분자가 가공한 경우, 즉 甲이 乙을 교사하여 甲의 아버지 A의 지갑을 훔치게 한 경우에 乙은 절도죄가 성립하고, 이때 甲의 죄책에 대하여는 ① 형면제에 관한 친족상도례에 관한 규정은 신분자의 실행행위가 직접적이든 간접적이든 묻지 않는다는 점에서 신분자는 처벌을 면제하여야 하므로 절도교사죄가 성립하지만 형이 면제된다는 견해가 있으나, ② 신분자가 비신분자를 교사한 경우에는 새로운 불법을 야기한 것이므로 신분자인 甲은 교사범으로 처벌하여야 한다.

6. 신분자가 비신분자에게 가공한 경우

형법에서는 비신분자가 비신분자의 범행에 가공한 경우에 대하여는 규정을 두고 있지 않으므로 해석에 의하여 해결하여야 한다.

첫째, 신분자가 비신분자를 교사·방조하여 진정신분범을 범하게 한 경우이다. 이 경우에는 공범의 종속성에 관한 일반원칙에 의하여 해결하여야 한다. 따라서 신분자는 처벌되지 않는 비신분범, 즉 신분 없는 고의 있는 사람의 행위를 이용한 것이므로 간접정범이 성립한다. 예를 들면, 공무원 甲이 비공무원 乙을 교사하여 乙로 하여금 뇌물을 받아 오게 한 경우에 乙은 신분이 없으므로 甲에게 의사지배가 인정되면 수뢰죄의 간접정범이 성립한다.

둘째, 신분자가 비신분자의 범행에 가공하여 부진정신분범을 범하는 경우이다. 신분자가 비신분자의 범행에 관여한 경우에는 형법 제33조를 형법 제31조나 제32조에 우선하여 적용하여야 하여야 한다. 따라서 가중적 신분범의 경우, 즉 甲이 乙을 교사하여 乙로 하여금 자신의 아버지 A를 살해하게 한 경우이다. 이때 乙은 보통살인죄가 성립하고, 甲은 존속살해죄의 교사범이 된다(판례). 감경적 신분범의 경우도 마찬가지이다. 따라서 미혼모인 甲이 자신의 영아인 A를 양육할 수 없다고 판단하여 남자친구인 乙을 교사하여 A를 살해하게 한 경우에도 乙은 보통살인죄의 정범, 甲은 영아살해죄의 교사범이 성립한다.

셋째, 구성적 신분자의 행위에 가감적 신분자가 가공한 경우이다. 즉, 정범과 공범이 모두 구성적 신분을 가지고 있지만 공범이 정범과 달리 추가적으로 가감적 신분을 가진 경우이다. 예를 들면, 타인의 사무를 처리하는 사람인 甲이 배임죄를 범한 경우에, 이에 가공한 乙이 타인의 사무를 처리하는 사람일 뿐만 아니라 업무자로서 가감적 신분자인 경우에는 甲은 업무상배임죄와의 관계에서는 비신분자이므로 형법 제33조 단서를 적용하게 되면 甲은 단순배임죄의 정범, 乙은 업무상배임죄의 공범이 성립한다.

제 8 장 죄수론

제1절 죄수 일반이론

1. 죄수론의 의의

죄수론이란 범죄의 수가 몇 개이고, 이를 어떻게 처벌할 것인가에 관한 이론
이다. 범죄론의 심사에 의해 인정된 범죄행위의 수가 한 개인가 또는 여러 개인가
에 대한 확정은 양형의 기초가 되어 범죄론과 형벌론의 연결기능을 담당하는 것은
물론, 공소의 효력, 기판력의 범위 등 형사소송법적으로도 중요한 의미를 지닌다.

2. 죄수결정의 기준

① **행위표준설**은 객관주의에서 주장되는 것으로서, 죄수를 행위의 수에 따
라 결정하려는 견해이다. 이때 행위는 법적·사회적 의미의 행위를 말한다. 이에
따르면 협의의 포괄일죄(예, 뇌물죄 등), 결합범, 계속범, 접속범 또는 연속범은
한 개의 죄가 된다. 판례는 강간죄, 강제추행죄, 공갈죄 등에서 행위표준설을 취

하고 있다.

② **의사표준설**은 주관주의에서 주장되는 것으로서, 죄수를 행위자의 범죄의 사의 수에 따라 결정하려는 견해이다. '범죄의사'는 고의적 의사뿐만 아니라 과실적 의사도 포함한다. 이에 따르면 상상적 경합과 연속범도 의사의 단일성이 인정되는 한 한 개의 죄가 된다. 판례는 단일한 범죄의사 하에 같은 종류의 행위를 계속·반복한 때에는 포괄일죄를 구성한다고 한다.

③ **법익표준설**은 객관주의에 기초한 것으로서, 범죄행위로 인하여 침해되는 보호법익의 수나 결과의 수에 따라 죄수를 결정하려는 견해이다. 이에 따르면 상상적 경합은 실질상 여러 개의 죄가 되지만 과형상 일죄로 취급하는 결과가 된다. 판례는 포괄일죄(연속범의 경우는 제외)의 경우는 여러 개의 행위를 포괄하여 한 개의 죄가 성립한다고 한다.

④ **구성요건표준설**은 객관주의에 기초하면서 실정법을 중요시하는 것으로서, 범죄구성요건에 해당하는 수를 기준으로 죄수를 결정하려는 견해이다. 이에 따르면 상상적 경합은 원래 여러 개의 죄이지만 형법 제40조에 의하여 과형상 일죄로 취급된다. 판례는 조세포탈 등의 죄에 대하여는 구성요건충족 횟수를 기준으로 죄수를 결정한다.

판례는 죄수를 결정함에 있어서 원칙적으로 구성요건적 평가와 보호법익의 측면에서 고찰하여 판단하지만, 범죄유형에 따라서는 여러 기준 중의 하나에 따르거나 이를 결합하여 판단하고 있다. 하지만 죄수의 결정의 기준의 명확성을 고려할 때 구성요건을 기준으로 하여야 한다. 다만, 범죄유형에 따라서는 구성요건충족의 횟수가 명확하지 않은 경우는 행위의 수는 물론, 범죄의사 또는 법익침해 등을 모두 고려하여 판단하여야 한다.

제2절 일죄

1. 일죄의 의의

일죄(1죄)란 범죄의 수가 한 개, 즉 한 개의 행위로 한 개의 구성요건을 충족시킨 경우를 말한다(구성요건표준설). 이를 단순일죄라고 한다. 단순일죄 이외에 한 개의 죄로 처리되는 것으로 법조경합과 포괄일죄가 있다.

2. 법조경합

가. 법조경합의 의의

법조경합은 한 개 또는 여러 개의 행위가 외관상 여러 개의 구성요건에 해당하지만, 구성요건 상호간의 관계에서 한 개의 구성요건에만 해당하는 경우이다. 법조경합을 한 개의 죄로 인정하는 것은 한 개의 행위로 인한 불법이 이중으로 평가되는 것을 막기 위한 것이다(이중평가금지의 원칙).

나. 법조경합의 유형

(1) 특별관계

특별관계는 한 개의 행위가 2개의 형벌법규에 해당하는 것처럼 보이지만, 그 2개의 형벌법규가 일반법과 특별법의 관계에 있어서 특별법이 우선 적용이 되는 경우이다(특별법은 일반법에 우선한다).

특별관계는 다음의 경우에 인정된다. 첫째, 기본적 구성요건과 가중적·감경적 구성요건(예, 살인죄와 존속살해죄, 살인죄와 영아살해죄의 경우 등)의 관계에서는 가중·감경적 구성요건이 성립한다. 둘째, 기본범죄와 결과적 가중범(예, 상해죄와 상해치사죄 등)의 관계에서는 결과적 가중범이 성립하고, 결합범과 그 내용이 되는 범죄(예, 강도죄와 절도죄 및 폭행·협박죄 등)의 관계에서는 결합범(강도죄)이 성립한다. 셋째, 일반 형법법규와 특별 형벌법규(예, 형법과 폭력행위 등 처벌에 관한 법률)의 관계에서는 특별형벌법규의 구성요건이 일반형벌법규의 구성요건요소를 포함하는 경우에는 특별형벌법규위반죄가 성립한다.

(2) 보충관계

보충관계는 기본구성요건이 적용되지 않는 경우에 다른 구성요건이 보충적으로 적용되는 경우이다. 기본법은 보충법에 우선하여 적용된다(기본법은 보충법에 우선한다).

명시적 보충관계는 형벌법규에 명백하게 보충적으로 적용한다고 규정하고 있는 경우를 말한다. 형법상 일반이적죄(제99조)와 일반건조물 등의 방화죄(제166조) 등이 이에 해당한다.

묵시적 보충관계는 구성요건의 해석상 보충관계의 의미를 가지는 경우이다. 묵시적 보충관계에는 불가벌적 사전행위와 가벼운 침해방법이 있다. (ⅰ) **불가벌적 사전행위**는 경과범죄의 경우로서 같은 대상에 대한 다음 단계의 침해가 있으면 불가벌이 된다. 즉, 예비는 미수에 대하여, 미수는 기수에 대하여 보충관계에 있다. 또한 폭행죄는 상해죄에, 상해죄는 살인죄에 대하여, 모욕죄는 명예훼손죄에 대하여 각각 보충관계에 있다. 이 밖에도 위험범과 침해범, 추상적 위험범과 구체적 위험범 관계에서도 보충관계가 인정된다. 다만, 불가벌적 사전행위가 인정되기 위해서는 주된 행위와 법익이 동일하고 주된 행위보다 가벼운 불법내용을 가지고 있어야 한다. 따라서 강도미수는 절도기수에 대한 보충관계가 될 수 없다. (ⅱ) **같은 법익에 대한 무거운 침해방법과 가벼운 침해방법 사이**에는 보충관계가 인정된다. 즉, 종범은 교사범에 대하여, 교사범은 정범에 대하여 각각 보충관계에 있으므로 각각 교사범과 공동정범이 성립한다. 또한 부작위범은 작위범에 대하여, 과실범은 고의범에 대하여 보충관계에 있다(판례).

(3) 흡수관계

흡수관계는 한 개 또는 여러 개의 행위로 여러 개의 구성요건을 실현하였지만 '전부법은 부분법을 폐지한다'는 원리에 근거하여 전부법만 적용되는 경우이다. 흡수되는 범죄구성요건은 흡수하는 범죄의 '전형적인 수반행위'가 되는 것이 일반적이다. 흡수관계에는 불가벌적 수반행위와 불가벌적 사후행위가 있다.

(가) 불가벌적 수반행위

불가벌적 수반행위는 특정한 범죄에 일반적·전형적으로 결합되어 있는 제3의 경미한 위법행위를 말한다. 불가벌적 수반행위는 불법·책임이 주된 범죄에 비해 경미하기 때문에 별도로 처벌하지 않는 것이다. 예를 들면, 살인에 수반되는 재물손괴, 상해를 가하면서 행한 협박행위, 사문서위조를 하면서 인장을 위조한 행위 등이 이에 해당한다. 다만, 수반행위가 흡수범의 불법성을 초과하여 고유한 불법내용을 가질 때에는 법조경합이 아니라 상상적 경합이 된다.

(나) 불가벌적 사후행위

불가벌적 사후행위란 범죄에 의하여 획득한 위법한 이익을 확보·사용·처분하는 행위가 별개의 구성요건에 해당하지만 그 불법이 이전 범죄에서 이미 평가를 받았으므로 별도의 범죄를 구성하지 않는 경우를 말한다. 예를 들면, 절도범이 취득한 재물을 손괴하더라도 이것은 불가벌적 사후행위가 되어서 손괴죄로 처벌받지 않는다.

불가벌적 사후행위로 인정되기 위해서는 (ⅰ) 주된 범죄와 다른 범죄구성요건에 해당하여야 하고, (ⅱ) 주된 범죄와 동일한 보호법익·행위객체를 침해하여야 하며, (ⅲ) 침해하는 법익은 주된 범죄의 보호법익과 질을 달리하거나 양을 초과하지 않아야 한다. 그러나 주된 범죄에 의해 행위자가 처벌받았을 것을 요하지 않는다. 다만, 사후행위는 제3자에 대한 관계에서는 불가벌적 사후행위가 되지 않는다. 따라서 불가벌적 사후행위는 구성요건에 해당하는 위법한 행위이므로 사후행위에 관여한 제3자와의 관계에서는 공동정범 및 공범이 성립할 수 있다.

다. 법조경합의 처리

법조경합의 경우에는 한 개의 형벌법규만이 적용되고, 다른 형벌법규는 적용이 배제된다. 따라서 적용되는 형벌법규만이 판결주문이나 이유에 기재하면 된다. 이때 배제되는 형벌법규를 양형에서 고려해서는 아니 된다. 다만, 법조경합에 있어서 배제되는 형벌법규도 적용되는 법규정의 일부로 볼 수 있으므로, 배제되는 형벌법규위반범죄에 관여한 제3자는 그 범죄의 공범이 될 수 있다.

3. 포괄일죄

가. 포괄일죄의 의의

포괄일죄는 여러 개의 연속된 행위가 단일하고 계속된 범의하에 일정기간 계속하여 행하여지고 피해법익도 동일하여 이들 각 행위들이 포괄하여 한 개의 죄를 구성하는 경우를 말한다. 포괄일죄는 실체법상 한 개의 죄이므로 한 개의 형벌법규만 적용이 되고, 구성요건을 달리하는 행위가 포괄일죄가 되는 경우에는 가장 중한 죄 중 하나만 성립한다. 이 점에서 여러 개의 죄에 해당하지만 처벌상 한 개의 죄인 과형상 일죄 또는 여러 개의 행위에 의하여 여러 개의 죄가 성립하는 실체적 경합범과 구별된다. 또한 한 개 또는 여러 개의 행위가 여러 개의 범죄에 해당하지만 한 개의 죄만 성립하는 법조경합과도 구별된다.

나. 포괄일죄의 유형

(1) 결합범

결합범은 개별적으로는 독립된 구성요건에 해당하는 여러 개의 행위가 결합하여 한 개의 범죄의 구성요건을 이루는 범죄를 말한다. 예를 들면, 강도죄(제333조)는 폭행죄(제260조) 및 협박죄(제283조)와 절도죄(제329조)의 결합범이며, 강도살인죄(제338조)는 강도죄(제333조)와 살인죄(제250조), 강도강간죄(제339조)는 강도죄(제333조)와 강간죄(제297조)의 결합범이다. 또한 간첩죄(제98조), 범죄단체조직죄(제114조), 통화위조죄(제207조) 등과 같이 구성요건이 반복된 여러 개의 행위를 예정하고 있는 경우에는 반복된 여러 개의 행위가 있더라도 포괄하여 한 개의 죄가 성립한다(판례).

(2) 계속범

계속범은 구성요건적 행위의 기수에 의하여 위법상태가 야기된 후 그 위법상태가 구성요건적 행위에 의하여 일정시간 유지되어야 성립하는 범죄를 말한다. 따라서 계속범의 경우는 구성요건에 해당하는 위법한 행위와 야기된 위법상태를 유지하는 행위가 여러 개 존재하여 각각 독자적으로 구성요건을 충족하지만 포괄하여 한 개의 죄가 된다. 주거침입죄, 감금죄 등이 이에 해당한다.

(3) 접속범

접속범은 각각 범죄구성요건에 해당하는 여러 개의 행위가 단일한 범죄의사에 의하여 동일한 기회에 시간적·장소적으로 근접하여 동일한 법익을 침해하였기 때문에 포괄하여 한 개의 죄로 되는 범죄를 말한다. 예를 들면, 절도범이 자동차를 대기시켜 놓은 상태에서 재물을 여러 번에 걸쳐 반출하거나, 동일한 기회에 같은 부녀를 여러 번 간음한 경우이다.

접속범이 성립하기 위해서는 반복된 행위의 시간적·장소적 밀착성, 단일한 범죄의사에 의한 여러 개의 밀접한 행위, 그리고 피해법익의 동일성이 인정되어야 한다(판례). 따라서 여러 개의 행위에 의해 다른 법익을 침해하거나 일신전속적 법익에서 다른 주체의 법익을 침해하면 포괄일죄가 아니라 여러 개의 죄가 성립하여 실체적 경합범이 된다.

(4) 연속범

연속범이란 연속한 여러 개의 행위가 동일한 방법 및 의사로 동일한 법익을 계속적으로 침해하는 행위이므로 포괄일죄가 되는 범죄를 말한다(판례). 예를 들면, 공무원이 민원인으로부터 수차례에 걸쳐 뇌물을 수수하는 경우이다. 연속범은 동일한 의사와 동일한 방법으로 일련의 계속적인 행위로 법익을 침해하는 점에서 접속범과 동일하지만, 연속된 여러 개의 행위가 반드시 구성요건적으로 일치할 것을 요구하지 않고, 시간적·장소적 접속도 요건으로 하지 않는다. 따라서 같은 종류의 다른 구성요건을 각각 다른 기회에 동일한 방법으로 연속적으로 실행하는 경우에도 연속범이 된다. 예를 들면, 단순절도죄의 구성요건과 특수절도죄의 구성요건을 연속적으로 실행하였을 경우에도 연속범이 되어 특수절도죄가 성립한다. 다만, 연속범이란 여러 개의 행위에 의해서 여러 개의 범죄가 연속적으로 발생한 경우이므로 개개의 행위가 구성요건에 해당하고 위법·유책하여야 한다.

연속범은 포괄일죄가 되어 한 개의 죄로 처벌되며, 상이한 구성요건을 실현하였을 때에는 중한 죄로 처벌받는다. 예를 들면, 강간죄와 특수강간죄의 연속범인 경우는 특수강간죄로 처벌받는다. 같은 종류의 범죄의 기수와 미수가 연속된 경우에는 기수죄로 처벌된다. 다만, 경한 죄의 기수와 중한 죄의 미수가 연속된 때에는 양 죄의 상상적 경합이 된다.

(5) 집합범

집합범이란 다수의 같은 종류의 행위가 동일한 의사경향에 기하여 반복될 것이 구성요건의 성질상 당연히 예상되는 범죄를 말한다. 상습범·영업범·직업범 등이 이에 해당한다. 즉, 영업범은 행위자가 행위의 반복으로 수입원을 삼는 것을 말하며, 직업범이란 범죄의 반복이 경제적·직업적 활동이 된 경우를 말한다. 그리고 상습범은 행위자가 범죄의 반복행위로 얻어진 경향으로 인하여 죄를 범하는 것을 말한다.

집합범에 대하여는 ① 집합범에 있어서 여러 개의 행위들에 대해 영업성·상습성 및 직업성이 인정되는 경우에는 이들 요소가 개별적인 행위를 하나의 행위로 통일하는 기능을 가지므로 포괄일죄로 취급하여야 한다는 견해가 있으나, ② 집합범에 대하여 상습성이나 영리성만으로 개별적 행위를 포괄일죄로 취급하는 것은 부당하며, 집합법을 포괄일죄를 인정하게 되면 특수한 범죄 성향을 가진 범죄인에게 부당한 특혜가 되므로 집합범도 포괄일죄의 일반적 요건을 갖춘 경우에 한 개의 죄로 취급하여야 한다. 판례는 상습범에 대하여는 상습성만을 이유로 포괄일죄로 인정하는 반면, 영업범(직업범)의 경우에는 영업성(직업성) 외에 포괄일죄의 일반적 요건을 요한다고 한다.

다. 포괄일죄의 처리

(1) 실체법상 처리

포괄일죄는 실체법상 한 개의 죄이므로 하나의 죄로 처벌된다. 구성요건을 달리하는 여러 개의 행위가 포괄일죄가 되는 경우에는 가장 중한 죄만 성립된다. 또한 포괄일죄는 하나의 죄이므로 형의 변경이 있는 때에는 최후의 행위시법을 적용한다(판례). 포괄일죄의 일부에 대하여 가담한 경우에는 그 가담한 부분에 대하여 공범이 성립한다. 포괄일죄로 되는 개개의 범죄행위가 다른 종류의 죄의 확정판결의 전후에 걸쳐서 행하여진 경우에는 그 죄는 2죄로 분리되지 않고 확정판결 후인 최종의 범죄행위시에 완성된 것으로 한다(판례). 그러나 실체법상 포괄일죄의 관계에 있는 일련의 범행 중간에 같은 종류의 죄에 관한 확정판결이 있는 경우에는 확정판결의 전후로 범행이 분리된다(판례).

(2) 소송법상 처리

포괄일죄는 소송법상으로도 한 개의 죄이다. 따라서 포괄일죄에 대한 공소의 효력과 기판력은 사실심리의 가능성이 있는 항소심판결선고시까지 범하여진 모든 사실에 대하여 미치며, 확정판결 이후에 이 사실에 대하여 별도의 공소가 제기된 경우에는 면소판결을 해야 한다.

제3절 수죄

1. 상상적 경합

가. 상상적 경합의 의의

상상적 경합이란 한 개의 행위가 여러 개의 죄에 해당하는 경우를 말한다. 한 개의 행위가 여러 개의 동일한 구성요건에 해당하는 경우를 같은 종류의 상상적 경합(예, 한 개의 수류탄을 던져 여러 사람을 살해한 경우)이라고 하고, 한 개의 행위가 서로 다른 여러 개의 구성요건에 해당하는 경우를 다른 종류의 상상적 경합(예, 한 개의 수류탄을 던져 사람을 살해하고 기물을 손괴한 경우)이라고 한다. 형법 제40조에서는 "한 개의 행위가 여러 개의 죄에 해당하는 경우에는 가장 무거운 죄에 대하여 정한 형으로 처벌한다"고 규정하고 있다. 상상적 경합은 여러 개의 죄가 성립하지만, 한 개의 행위에 의해 여러 개의 죄가 발생하였으므로 과형상 일죄로 취급한다. 따라서 상상적 경합은 여러 개의 행위에 의해 여러 개의 범죄를 범한 경우인 실체적 경합과 구별된다.

나. 상상적 경합의 성립요건

(1) 한 개의 행위

상상적 경합이 성립하기 위해서는 한 개의 행위가 있어야 한다. 즉, 행위자는 한 개의 행위에 의해 여러 개의 죄를 범해야 한다. 한 개의 행위라는 것은 행위의 단일성과 동일성이 있는 행위를 말한다. 한 개의 행위에 있어서 '행위'는 판례는 자연적 의미의 행위로 이해하고 있지만 구성요건적 행위를 의미하는 것으로 이해하여야 한다(구성요건표준설).

행위의 동일성은 객관적 실행행위의 동일성을 의미한다. 실행행위의 동일성이 인정되면 고의범과 과실범(예, 돌을 던져 고의로 재물을 손괴하고 과실로 사람을 다치게 한 경우)은 물론, 여러 개의 부작위범 사이에서도 기대되는 행위의 동일성이 인정되면 상상적 경합이 가능하다. 그러나 작위범과 부작위범 사이에서는 실행행위의 동일성을 인정할 수 없으므로 상상적 경합이 불가능하다. 그러나 여러 개의 구성요건을 실현하는 실행행위가 부분적으로 동일한 경우에도 행위의 동일성이 인정될 수 있다. 또한 계속범에서 위법상태의 계속이 다른 범죄를 실현하기 위한 수단이 되는 경우에는 상상적 경합이 성립한다. 예를 들면, 강간 또는 강도의 수단으로 감금한 때에는 강간죄 또는 강도죄와 감금죄의 상상적 경합이 된다. 그러나 계속범과 그 중에 범한 죄 사이에 단지 동시성만 인정되는 경우에는 실체적 경합이 성립한다. 따라서 주거침입의 기회에 강간죄를 범하면 주거침입죄와 강간죄의 실체적 경합이 된다.

한편, 실행행위의 일부분에서 실행행위란 실행의 착수시부터 종료시까지의 행위를 의미하므로 예비행위의 동일성만으로는 상상적 경합이 될 수 없지만 형식적 기수와 실질적 종료 사이에는 동일성이 인정되면 하나의 행위로서 상상적 경합이 가능하다. 따라서 문서위조죄와 위조문서행사죄 및 사기죄는 상상적 경합이 된다. 다만, 판례는 문서위조죄와 동행사죄(83도1378) 또는 위조통화행사죄와 사기죄의 경우에 실체적 경합을 인정하고 있다.

> **[연결효과에 의한 상상적 경합의 경우]** 2개의 독립적 범죄가 제3의 범죄와 각각 상상적 경합관계에 있을 때, 제3의 범죄의 이중평가를 피하고, 제3의 범죄가 2번 성립하게 되어 이 둘을 실체적 경합범으로 처벌하는 부당한 결론을 막는다는 이유로 이 2개의 범죄가 제3의 범죄에 의하여 연결되어 상상적 경합관계가 성립된다고 한다. 따라서 허위공문서작성죄와 동행사죄가 수뢰후 부정처사죄와 각각 상상적 경합관계에 있을 때에는 허위공문서작성죄와 동행사죄 상호간은 실체적 경합범관계에 있다고 할지라도 상상적 경합범관계에 있는 수뢰후 부정처사죄와 대비하여 가장 중한 죄에 정한 형으로 처단하면 족한 것이고 따로이 경합가중을 할 필요가 없다고 한다(83도1378).

(2) 여러 개의 범죄에 해당

한 개의 행위는 수개의 범죄에 해당할 것을 요한다. '여러 개의 범죄'는 여러 개의 범죄의 구성요건에 해당한다는 것을 의미한다. 다른 종류의 상상적 경합뿐만 아니라 같은 종류의 상상적 경합도 인정된다. 다만, 생명·신체·자유·명예 등과 같은 일신전속적 법익에 있어서는 피해자의 수에 따라 죄수가 결정되므로 같은 종류의 상상적 경합이 성립하지만, 재산과 같은 비일신전속적 법익의 경우에는 한 개의 죄로 평가되므로 같은 종류의 상상적 경합이 성립되지 않는다. 그러나 재산범죄라고 하더라도 강도죄나 공갈죄와 같이 개인의 일신전속적 법익을 동시에 보호하는 범죄는 같은 종류의 상상적 경합이 인정된다. 한편, 국가적·사회적 법익 중에서도 피해자 개인마다 개별화할 수 있는 고유한 가치를 가진 범죄에 있어서는 같은 종류의 상상적 경합이 인정된다. 예를 들면, 한 개의 고소장으로 여러 사람을 무고한 경우, 하나의 행위로 여러 공무원의 공무집행을 방해한 경우, 수개의 위조문서를 동시에 행사한 경우 등이다.

다. 상상적 경합의 처리

(1) 실체법상 처리

상상적 경합범은 실질적으로 여러 개의 죄이지만 과형상 일죄이므로 한 개 형으로 처벌하되, 각 죄의 법정형 중에서 가장 중한 형으로 처벌한다. 이때 여러 개의 죄의 법정형 가운데 상한과 하한을 모두 중한 형으로 처벌하여야 하고, 경한 죄에 병과형이나 부가형이 있을 때에는 이를 병과하여야 한다(전체적 대조주의, 판례). 형의 경중은 형법 제50조에 따라 정해진다. 다만, 상상적 경합범 처벌에 있어서는 징역과 금고는 같은 종류의 형으로 간주되지 않는다(판례).

[형의 경중]

제50조(형의 경중) ① 형의 경중은 제41조 각 호의 순서에 따른다. 다만, 무기금고와 유기징역은 무기금고를 무거운 것으로 하고 유기금고의 장기가 유기징역의 장기를 초과하는 때에는 유기금고를 무거운 것으로 한다.
② 같은 종류의 형은 장기가 긴 것과 다액이 많은 것을 무거운 것으로 하고 장기 또는 다액이 같은 경우에는 단기가 긴 것과 소액이 많은 것을 무거운 것으로 한다.
③ 제1항 및 제2항을 제외하고는 죄질과 범정(犯情)을 고려하여 경중을 정한다.

---

(2) 소송법상 처리

상상적 경합범은 과형상의 일죄이므로 소송법적으로 한 개의 사건으로 취급한다. 따라서 여러 개의 죄 중 어느 일부에 대한 공소제기의 효력 및 기판력은 수개의 죄 전체에 미친다. 따라서 상상적 경합관계에 있는 여러 개의 죄 중 어느 한 개의 죄가 확정판결을 받은 경우에 기판력은 여러 개의 죄 전부에 대해서 미치므로 일사부재리의 원리가 여러 개의 죄 전부에 적용된다(판례). 또한 여러 개의 죄 중 일부에 대해서 공소제기가 있더라도 공소불가분의 원칙에 따라 그 전부의 죄에 대해서 효력이 미친다. 그리고 여러 개의 죄 가운데 일부가 무죄일 때는 판결이유에서 이를 밝히는 것으로 충분하고, 판결주문에서 무죄를 선고할 필요는 없다. 다만 상상적 경합은 실질적으로 여러 개의 죄이므로 판결이유에서는 상상적 경합관계에 있는 모든 범죄사실과 적용법조문을 기재하여야 한다.

2. 실체적 경합범

가. 실체적 경합범의 의의

실체적 경합이란 여러 개의 행위로 여러 개의 죄를 범한 경우를 말한다. 형법 제37조에서는 "판결이 확정되지 아니한 수개의 죄 또는 금고 이상의 형에 처한 판결이 확정된 죄와 그 판결확정 전에 범한 죄를 경합범으로 한다"고 규정하고 있다. 전자를 동시적 경합범, 후자를 사후적 경합범이라고 한다. 따라서 판결이 확정된 죄와 재판확정 후에 범한 죄는 경합범이 아니다. 경합범은 여러 개의 행위에 의해 여러 개의 죄가 성립하였다는 점에서 한 개의 행위로 여러 개의 죄가 성립되는 상상적 경합과 구별된다.

나. 실체적 경합범의 성립요건

(1) 동시적 경합범

동시적 경합범이란 판결이 확정되지 않은 여러 개의 죄를 말한다. 예를 들면, 甲이 A, B, C의 3개의 죄를 범하고 어느 것도 확정판결을 받지 않은 경우에 A, B, C죄는 동시적 경합범이 된다. 따라서 동시적 경합범이 성립하기 위해서는 (ⅰ) 동일인이 여러 개의 행위에 의해 여러 개의 죄를 범하여야 하고, (ⅱ) 여러 개의 죄는 판결이 확정되지 아니한 것이어야 하며, (ⅲ) 여러 개의 죄는 동시에 판결할 수 있는 상태에 있어야 한다.

(2) 사후적 경합범

사후적 경합범이란 금고 이상의 형에 처한 판결이 확정된 죄와 그 판결확정

전에 범한 죄를 말한다. 예를 들면, 甲이 A, B, C, D, E의 5개의 죄를 순차적으로 범하였는데, C죄에 대하여 확정판결을 받은 경우에 C죄와 A, B죄는 사후적 경합범이 된다. 다만, C죄에 대하여 확정판결을 받은 후에 범한 D, E죄는 C죄 또는 A, B죄와 관계없이 동시적 경합범이 된다.

따라서 사후적 경합범이 성립하기 위해서는 (ⅰ) 여러 개의 죄 중 일부에 대하여 금고 이상의 확정판결이 있어야 하고, (ⅱ) 확정판결을 받지 않은 죄는 금고 이상의 확정판결 전에 범하여야 한다. '확정판결 전에 범한 죄'의 의미에 대하여는 ① 최종의 사실심인 항소판결 이전에 범한 죄를 의미한다는 견해가 있으나, ② 상소제기기간 중에 다시 죄를 범한 경우나 상고심인 대법원에서 판결이 확정되기 전에 죄를 범한 경우도 포함된다. 이때 죄를 범한 시기는 범행의 종료시를 기준으로 한다. 따라서 계속범의 경우에는 범행이 계속되는 도중에 다른 범죄에 대한 확정판결이 있었더라도 계속범은 아직 범행이 진행 중이므로 이들 범죄는 사후적 경합범이 되지 않는다. 포괄일죄의 경우도 마찬가지이다(판례).

다. 실체적 경합범의 처리

(1) 동시적 경합범

경합범은 같은 행위자에 의하여 실제로 여러 개의 죄가 실현된 경우이므로 이론적으로는 실현된 여러 개의 죄의 형을 병과하여야 한다. 하지만 형법은 흡수주의, 가중주의, 병과주의를 모두 규정하고 있다(제38조). 이때 징역과 금고는 같은 종류의 형으로 보아 징역형으로 처벌한다(제39조 제2항).

첫째, 흡수주의이다. 형법은 상상적 경합(제40조)의 경우와 경합범에서 '가장 무거운 죄에 대하여 정한 형이 사형 또는 무기징역이나 무기금고인 경우'에는 가장 무거운 죄에 대하여 정한 형으로 처벌하도록 규정하고 있다(제38조 제1항 제1호).

둘째, 가중주의이다. 형법은 경합범에서 "각 죄에 대하여 정한 형이 사형, 무기징역, 무기금고 외의 같은 종류의 형인 경우에는 가장 무거운 죄에 대하여 정한 형의 장기 또는 다액(多額)에 그 2분의 1까지 가중하되 각 죄에 대하여 정한 형의 장기 또는 다액을 합산한 형기 또는 액수를 초과할 수 없다"라고 규정하고 있다(제38조 제1항 제2호). 이때 유기징역 또는 유기금고에 대한 가중은 50년을 넘을 수 없다(제42조). 만약, 경합범의 각 죄에 선택형이 있는 경우에는 그 중에서 먼저 처단형을 선택한 후에 가장 중한 죄에 정한 선택된 형의 장기 또는 다액의 2분의 1까지 가중하여야 한다(판례).

셋째, 병과주의이다. 형법은 경합범에서 '각 죄에 대하여 정한 형이 무기징역, 무기금고 외의 다른 종류의 형인 경우에는 병과한다(제38조 제1항 제3호). '다른 종류의 형'이란 유기자유형(유기징역과 유기금고)과 벌금 또는 과료, 벌금과 과료, 자격정지와 구류 등의 관계처럼 서로 다른 형을 말한다. 다만, 같은 종류의 형인 경우에도 '과료와 과료, 몰수와 몰수'는 병과할 수 있다(제38조 제1항 제2호 후단). 이것은 경합범 중 한 개의 죄의 형에 병과의 규정이 있는 경우에도 적용된다(판례).

(2) 사후적 경합범

사후적 경합범에 있어서 경합범 중 판결을 받지 아니한 죄가 있을 때에는 그 죄와 판결이 확정된 죄를 동시에 판결할 경우와 형평을 고려하여 그 죄에 대하여 형을 선고하여야 한다(제39조 제1항 전문). 이것은 경합범이 따로 공소가 제기되어 동시에 판결할 수 없는 경우에 나중에 공소가 제기된 죄에 대해 판결하는 경우에도 적용된다(판례). 그러나 아직 판결을 받지 않은 죄가 이미 판결이 확정된 죄와 동시에 판결할 수 없었던 경우에는 동조항은 적용되지 아니한다(판례). 이미 판결을 받은 죄에 대한 형과 반드시 같은 종류의 형을 선택하여야 되는 것도 아니다(판례). 다만, 사후적 경합범의 형을 정함에 있어서는 그 형을 감경 또는 면제할 수 있다(제39조 제1항 후문). 다만, 형을 감경할 때에도 법률상 감경에 관한 형법 제55조 제1항이 적용되어 유기징역을 감경할 때에는 그 형기의 2분의 1 미만으로는 감경할 수 없다(판례).

그러나 여러 개의 죄를 범하였는데 그 중간에 일부의 죄에 대하여 확정판결이 있는 경우에는 확정판결 전후의 범죄가 경합범이 아니므로 2개의 주문에 의해 따로 형을 선고하여야 한다. 예를 들면, 甲이 A, B, C의 3개의 죄를 순차적으로 범한 후에 C죄에 대하여 확정판결을 받고, 다시 D, E의 죄를 범하였다면 A, B, C의 죄와 D, E의 죄는 경합범이 아니므로 C죄에 대한 형과 별도로 A, B의 죄와 D, E의 죄에 대하여 각각 형을 선고하여야 한다(판례).

(3) 실체적 경합범과 형의 집행

경합범에 의하여 판결의 선고를 받은 사람이 경합범 중에 어떤 죄에 대하여 사면 또는 형의 집행이 면제된 때에는 다른 죄에 대하여 다시 형을 정한다(제39조 제3항). '다시 형을 정한다'란 그 죄에 대한 심판을 다시 한다는 뜻이 아니라 형의 집행을 다시 정한다는 의미이다. 이 경우에 형의 집행에 있어서는 이미 확정판결에 의하여 집행한 형기를 통산한다(제39조 제4항).

제 3 편

형벌론

제1장 형벌

제1절 형벌 일반이론

1. 형벌의 의의

범죄에 대한 형사제재로는 형벌과 보안처분이 있다. 형벌이란 범죄자에 대한 국가의 법익박탈행위를 말한다. 형벌은 책임을 전제로 하고 과거의 범죄행위에 대한 반동으로 과해진다는 점에서 행위자의 범죄적 위험성을 기초로 장래의 범죄예방을 지향하는데 중점을 둔 보안처분과 구별된다.

한편, 형벌은 범칙금과 구별된다. 범칙금은 도로교통법이나 경범죄처벌법위반의 경미한 범죄행위(10만원 이하의 벌금이나 구류 또는 과료의 형으로 처벌할 경우)에 대하여 경찰서장의 범칙금납부명령이라는 통고처분에 의하여 부과된다. 이때 범칙금납부명령을 받은 사람이 범칙금을 납부하면 그 행위는 형사사건으로 취급되지 않으며, 전과기록도 남지 않고 종결되지만, 이에 불복하거나 범칙금을 미납한 경우에는 경찰서장의 즉결심판청구에 의하여 벌금 등 형사처벌이 부과될 수 있다.

2. 형벌의 목적

형벌의 목적에 대하여는 ① 객관주의에 따른 응보형주의(일반예방주의)와 ② 주관주의에 따른 목적형주의가 서로 대립하고 있다. 응보형주의란 형벌의 본질이 범죄에 대한 정당한 응보에 있다고 하면서 형벌은 그 자체가 목적이라고 한다. 범죄에 대한 응보로서의 형벌을 통해 일반인들로 하여금 범죄로 나아가는 것을 방지하는 기능을 한다는 점에서 일반예방주의와 상통한다. 이에 대해 목적형주의란 형벌의 본질과 목적은 장래의 범죄를 예방하는 것이라고 하면서, 형벌의 목적은 범죄자의 재사회화에 있다고 한다. 그러나 오늘날에는 대체적으로 두 입장을 결합하여 설명하고자 한다. 따라서 형벌의 목적은 정당한 형벌이라는 관점에서 응보형주의(책임주의)를 형벌의 상한으로 하고, 효과적인 형벌이라는 관점에서 목적형주의를 형벌의 하한으로 하고 있다.

제2절 형벌의 종류

형법에서 인정하고 있는 형벌로는 사형, 징역, 금고, 자격상실, 자격정지, 벌금, 구류, 과료, 몰수 등 9가지가 있다. 형벌은 박탈되는 법익의 종류에 따라 생명형(사형), 자유형(징역, 금고, 구류), 재산형(벌금, 과료, 몰수), 명예형(자격상실, 자격정지)으로 분류될 수 있다.

1. 사형

사형이란 수형자의 생명을 박탈하여 사회로부터 영원히 격리하는 형벌을 말한다. 사형제도는 기원전 18세기 바빌로니아의 함무라비 법전에 최초로 성문화되었다고 하며, 고조선시대의 8조금법(사람을 죽인 자는 바로 죽인다(相殺以當時償殺))에서도 규정하고 있었다.

형법에서 사형을 법정형으로 하고 있는 범죄로는 내란수괴·중요임무종사죄 (제87조), 내란목적살인죄(제88조), 외환유치죄(제92조), 여적죄(제93조), 모병이적죄(제94조), 시설제공이적죄(제95조), 시설파괴이적죄(제96조), 간첩죄(제98조), 폭발물사용죄(제119조), 현주건조물 등 방화치사죄(제164조 제2항), 현주건조물 등 일수치사죄(제177조 제2항), 음용수혼독치사죄(제194조), 살인죄(제250조), 위계 등에 의한 촉탁살인 등의 죄(제253조), 약취·유인 등 살인죄(제291조), 강간 등 살인죄(제300조의2), 인질살해죄(제324조의4), 강도살인죄(제338조), 해상강도살인·치사·강간죄(제340조 제3항) 등이 있다. 이외에 형사특별법, 즉, 국가보안법, 군형법, 폭력행위 등 처벌에 관한 법률, 특정범죄 가중처벌 등에 관한 법률, 성폭력 범죄의 처벌 등에 관한 특례법 등에서도 사형으로 처벌할 수 있는 범죄규정들을 두고 있다. 특히 이 중에서 여적죄와 군형법상 군사반란죄의 수괴(제5조 제1호)는 사형만을 절대적 법정형으로 규정하고 있다.

사형의 집행방법은 국가마다 다르다. 형법에서는 사형은 교정시설 안에서 교수(絞首)하여 집행하도록 하고 있다(제66조). 다만, 군형법에서는 사형은 소속 군 참모총장 또는 군사법원의 관할관이 지정한 장소에서 총살로써 집행한다(제3조).

2. 자유형

자유형이란 수형자의 신체적 자유를 박탈·제한하는 것을 내용으로 하는 형벌을 말한다. 자유형에는 징역, 금고, 구류가 있다.

가. 징역과 금고

징역이란 수형자를 교정시설에 수용하여 집행하며, 정해진 노역(勞役)에 복무하게 하는 형벌을 말한다(제67조). 금고란 수형자를 교정시설에 수용하여 집행하는 형벌로서(제68조), 노역에 복무할 의무가 없다는 점에서 징역과 구별된다. 다만, 금고의 경우에도 수형자의 신청이 있으면 노역에 복무하게 할 수 있다(형의 집행 및 수용자의 처우에 관한 법률 제67조).

징역과 금고에는 무기와 유기가 있고, 유기의 기간은 1개월 이상 30년 이하이며, 유기를 가중하는 경우에는 50년까지로 한다(제42조).

나. 구류

구류란 수형자를 1일 이상 30일 미만의 기간 동안 교정시설에 수용하여 집행하는 형벌을 말한다(제46조, 제68조). 정역에 복무할 의무가 없다는 점에서 징역과 구별되고, 기간이 30일 이하라는 점에서 징역·금고와 구별된다. 다만, 구류의 경우 수형자의 신청이 있으면 정역에 복무하게 할 수 있다(형의 집행 및 수용자의 처우에 관한 법률 제67조).

3. 재산형

재산형이란 범인으로부터 일정한 재산을 박탈하는 것을 내용으로 하는 형벌을 말한다. 재산형에는 벌금, 과료, 몰수가 있다.

가. 벌금과 과료

(1) 벌금·과료의 의의

벌금이란 범인에게 일정한 금액의 지급의무를 강제적으로 부과하는 형벌을 말한다. 벌금은 5만원 이상으로 하되, 감경하는 경우에는 5만원 미만으로 할 수 있다(제45조). 벌금의 상한은 각 처벌규정에서 정해진다. 과료란 2천원 이상 5만원 미만의 금액의 지급의무를 강제적으로 부과하는 형벌을 말한다(제47조). 과료는 액수가 2천원 이상 5만원 미만이라는 점에서 벌금과 구별되고, 형벌이라는 점에서 행정질서벌의 하나인 과태료와 구별된다.

벌금·과료는 일신전속적 성질을 가지므로 제3자의 대납, 국가에 대한 채권과의 상계, 제3자의 연대책임, 상속 등은 원칙적으로 인정되지 않는다. 다만, 몰수 또는 조세, 전매 기타 공과에 관한 법령에 의하여 재판한 벌금 또는 추징은 그 재판을 받은 사람이 재판확정 후 사망한 경우에는 그 상속재산에 대하여 집행할 수 있다(형사소송법 제478조). 또한 법인에 대하여 벌금, 과료, 몰수, 추징, 소송비용 또는 비용배상을 명한 경우에 법인이 그 재판확정 후 합병에 의하여 소멸한 때에는 합병 후 존속한 법인 또는 합병에 의하여 설립된 법인에 대하여 집행할 수 있다(형사소송법 제479조).

(2) 벌금·과료의 집행

벌금과 과료는 판결확정일로부터 30일 내에 납입하여야 한다(제69조). 벌금을 납입하지 아니한 사람은 1일 이상 3년 이하의 기간 동안 노역장에 유치하여 작업에 복무하게 하고, 과료를 납입하지 아니한 사람은 1일 이상 30일 미만의 기간 동안 노역장에 유치하여 작업에 복무하게 한다(제70조). 따라서 벌금이나 과료를 선고할 때에는 이를 납입하지 아니하는 경우의 노역장 유치기간을 정하여 동시에 선고하여야 한다(제70조 제1항). 이때 선고하는 벌금이 1억원 이상 5억원 미만인 경우에는 300일 이상, 5억원 이상 50억원 미만인 경우에는 500일 이상, 50억원 이상인 경우에는 1천일 이상의 노역장 유치기간을 정하여야 한다(동조 제2항). 다만, 벌금이나 과료의 선고를 받은 사람이 그 금액의 일부를 납입한 경우에는 벌금 또는 과료액과 노역장 유치기간의 일수(日數)에 비례하여 납입금액에 해당하는 일수를 뺀다(제71조).

한편, 500만원 이하의 벌금의 형을 선고할 경우에 형법 제51조(양형의 조건)의 사항을 참작하여 그 정상에 참작할 만한 사유가 있는 때에는 1년 이상 5년 이하의 기간 형의 집행을 유예할 수 있다. 다만, 금고 이상의 형을 선고한 판결이 확정된 때부터 그 집행을 종료하거나 면제된 후 3년까지의 기간에 범한 죄에 대하여 형을 선고하는 경우에는 그러하지 아니다(제62조).

나. 몰수

(1) 몰수의 의의와 법적 성격

몰수란 범죄의 반복을 방지하거나 범죄로 인한 이득을 보유하지 못하게 할 목적으로 범행과 관련된 재산을 박탈하여 국고에 귀속시키는 형벌을 말한다. 몰수는 한편으로는 형벌인 반면, 다른 한편에서는 범인으로부터 사회적으로 위험한 물건을 제거함으로써 범죄의 재발을 예방한다는 의미에서 보안처분적 성질을 가진다(판례). 특히, 행위자 또는 공범의 소유에 속하는 물건의 몰수는 재산형으로서의 성질이 강한 반면, 제3자의 소유에 속하는 물건을 몰수하는 것은 보안처분으로서의 성질이 강하다. 다만, 형벌로서 몰수를 하는 경우에는 범죄로 인해 이득을 취한 것이 없는 경우에도 그 가액을 추징하여야 한다(판례).

형법상 몰수형은 원칙적으로 부가형이지만, 예외적으로 행위자에게 유죄의 재판을 아니 할 때에도 몰수의 요건이 있는 경우에는 몰수만을 선고할 수 있다(제49조). 몰수는 임의적 몰수를 원칙으로 한다(제48조 제1항). 다만, 형법각칙에서 예외적으로 필요적 몰수를 규정하는 경우도 있다. 범인 또는 정을 아는 제3자가 받은 뇌물 또는 뇌물에 공할 금품(제134조)이나 아편에 관한 죄에서 제공한 아편 등(제206조), 배임수증재죄에 의하여 취득한 재물(제357조 제3항) 등이 이에 해당한다.

(2) 몰수의 대상

몰수의 대상은 다음 물건의 전부 또는 일부이다(제48조 제1항). '물건'은 유체물에 한하지 않고 권리 및 이익도 포함한다.

첫째, 범죄행위에 제공하였거나 제공하려고 한 물건이다(제1호). '범죄행위에 제공한 물건'이란 범죄행위의 도구 또는 수단으로 사용된 물건을 말한다. 범행에 사용하기 위한 흉기나 도박자금으로 빌려준 돈 등이 이에 해당한다. 한편, '범죄행위에 제공하려고 한 물건'은 범죄행위에 사용하려고 준비하였으나 실제 사용하지 못한 물건이다. 다만, 형법상 몰수는 부가형이므로 이때 물건은 유죄로 인정되는 당해 범죄행위에 제공하려고 한 물건이어야 한다(판례).

둘째, 범죄행위로 인하여 생겼거나 취득한 물건이다(제2호). '범죄행위로 인하여 생한 물건'이란 범죄로 인하여 새롭게 생성된 산출물을 말한다. 위조문서나 위조통화, 도박으로 딴 돈, 불법으로 벌채한 나무 등이 이에 해당한다. '범죄행위로 인하여 취득한 물건'이란 재산범죄에 의해 취득한 재산과 같이 범죄의 객체가 된 물건을 말한다. 몰수하여야 할 압수물이 멸실, 파손 또는 부패의 염려가 있거나 보관하기에 불편하여 이를 형사소송법 제132조의 규정에 따라 매각하여 그 대가를 보관하는 경우에는, 몰수와의 관계에서는 그 대가보관금을 몰수대상인 압수물과 동일시될 수 있다(판례).

셋째, 위 두 경우의 물건의 대가로 취득한 물건이다(제3호). '대가로 취득한 물건'이란 범죄도구를 빌려주고 받은 대가나 절도범이 장물을 매각한 대금 등을 말한다. 그러나 타인의 재물을 절취하여 주고 받기로 한 금품이나 물건은 절취물의 대가라고 할 수 없다. 또한 뇌물을 받은 돈으로 주식을 사고, 나중에 주식을 팔아 자동차를 산 경우에 자동차는 몰수의 대상이 되지 아니한다. 한편, 장물매각대금이라고 하더라도 장물피해자가 있을 때에는 범인 이외의 사람의 소유에 속하는 물건이기 때문에 몰수대상이 되지 아니한다(판례).

(3) 몰수의 요건

몰수를 하기 위해서는 몰수의 대상이 다음의 요건을 갖추어야 한다.

첫째, 물건이 범인 이외의 자의 소유에 속하지 아니하여야 한다. 따라서 범인 소유의 물건, 무주물, 누구의 물건인지 소유관계가 불확실한 물건, 금제품 등은 몰수할 수 있다. '범인'에는 공범자도 포함되므로 공범자의 소유물도 그 공범자의 소추 여부를 불문하고 몰수할 수 있다. 이때 공범자에는 공동정범, 교사범, 종범에 해당하는 사람은 물론, 필요적 공범관계에 있는 사람도 포함되며, 공범자가 반드시 유죄의 죄책을 지는 사람에 국한되지 않고 공범에 해당하는 행위를 한 사람이면 충분하다(판례).

둘째, 범죄 후 범인 이외의 자가 사정을 알면서 취득한 물건이어야 한다. 범인 이외의 사람이 소유한 물건이라고 하더라도 그 사람이 범죄 후에 범죄행위에 관련된 물건이라는 사정을 알면서 취득한 경우에는 몰수의 대상이 된다. '사정을 알면서 취득한 물건'이란 취득당시에 그 물건이 형법 제48조 제1항 각 호의 하나에 해당한다는 사실을 알면서 취득한 경우를 말한다.

(4) 몰수의 효과

몰수는 재산권을 범인으로부터 박탈하여 국가에 귀속시키는 효과가 있다. 다만, 피고인 이외의 제3자의 소유에 속하는 물건에 대하여 몰수를 선고한 판결의 효력은 원칙적으로 몰수의 원인이 된 사실에 관하여 유죄의 판결을 받은 피고인에 대한 관계에서 그 물건을 소지하지 못하게 하는 데 그치고 그 사건에서 재판을 받지 아니한 제3자의 소유권에 어떤 영향을 미치는 것은 아니다(판례). 이때 피고인 이외의 제3자는 몰수의 대상이 된 물건의 소유자로서 민사소송으로 국가에 대하여 그 반환을 청구할 수 있다(판례).

(5) 추징 등

(가) 추징의 의의와 법적 성격

추징은 몰수를 할 수 없을 경우에 몰수대상인 물건의 가액을 납부하게 하는 부수적 강제처분이다. 형법 제48조 제1항에서는 몰수의 대상인 물건을 몰수할 수 없을 때에는 "그 가액(價額)을 추징한다"고 규정하고 있다. 추징은 가액을 납부하지 않더라도 노역장에 유치할 수 없고, 피고인의 재산에 대하여 일반 강제집행절차에 의해 집행한다는 점에서 벌금 또는 과료와 구별된다.

추징은 몰수를 대체하는 처분으로서 몰수에 갈음하여 그 가액의 납부를 명령하는 사법처분으로서 형벌은 아니지만, 몰수의 취지를 관철하기 위하여 인정된 제도라는 점에서 부가형으로서의 성질을 가진다. 따라서 종국판결에 대한 상고 없이 추징 부분만 독립하여 상고할 수는 없지만, 필요적 몰수·추징의 경우에는 예외이다(판례).

(나) 추징의 요건

'몰수할 수 없을 때'란 소비·분실·혼동·심한 부패나 훼손·양도 등으로 판결시에 사실상 또는 법률상 몰수할 수 없는 경우를 말한다. 다만, 수뢰자가 뇌물을 그대로 보관하였다가 증뢰자에게 반환한 때에는 수뢰자로부터 추징할 것이 아니라 증뢰자로부터 추징하여야 한다. 그러나 수뢰자가 자기앞수표를 뇌물로 받아 이를 소비한 후 자기앞수표 상당액을 증뢰자에게 반환한 때에는 수뢰자로부터 그 가액을 추징하여야 한다(판례).

(다) 추징의 방법

추징의 방법은 이익박탈적 성격의 몰수와 징벌적 성격의 몰수의 경우에 각각 다르다. 판례는 전자의 경우에는 각자가 실제로 분배받은 금품만을 개별적으로 몰수하거나 그 가액을 추징하는 개별적·분배적 추징원칙에 따르는 반면, 후자의 경우에는 전원에 대하여 그 취득한 가액 전부를 추징하는 공동연대추징의 원칙에 따른다.

추징할 가액은 범인이 그 물건을 보유하고 있다가 몰수의 선고를 받았더라면 잃게 될 이득상당액이다(판례). 다만, 범죄수익을 얻기 위해 범인이 지출한 비용은 그것이 범죄수익으로부터 지출되었다고 하더라도 이는 범죄수익을 소비하는 방법에 지나지 않아 추징할 범죄수익에서 공제되지 않는다(판례). 이때 추징할 가액의 산정은 재판선고시의 가격을 기준으로 하되, 정상적인 유통과정에서 형성된 시장가격을 기준으로 한다(판례).

(라) 폐기

문서, 도화(圖畵), 전자기록(電磁記錄) 등 특수매체기록 또는 유가증권의 일부가 몰수의 대상이 된 경우에는 그 부분을 폐기한다(제48조 제3항). 다만, 문서 등이 범인 이외의 사람의 소유에 속하는 것은 폐기대상이 아니다.

4. 명예형

명예형이란 범인의 명예에 손상을 주거나 자격을 박탈 또는 제한하는 것을 내용으로 하는 형벌을 말한다. 형법에서는 명예를 박탈·제한하는 형벌은 두지 않고, 자격을 박탈·제한하는 자격상실과 자격정지가 있다.

자격상실이란 일정한 형벌을 선고받으면 그의 부수효과로서 일정한 자격이 상실되는 것을 말한다. 사형, 무기징역 또는 무기금고의 판결을 받은 경우에는 (ⅰ) 공무원이 되는 자격, (ⅱ) 공법상의 선거권과 피선거권, (ⅲ) 법률로 요건을 정한 공법상의 업무에 관한 자격, (ⅳ) 법인의 이사, 감사 또는 지배인 기타 법인의 업무에 관한 검사역이나 재산관리인이 되는 자격이 상실된다(제43조 제1항).

자격정지란 일정한 자격의 전부 또는 일부를 일정기간 동안 정지시키는 것을 말한다. 자격정지에는 당연정지와 판결선고에 의한 정지가 있다. 유기징역 또는 유기금고의 판결을 받은 사람은 그 형의 집행이 종료하거나 면제될 때까지 (ⅰ) 공무원이 되는 자격, (ⅱ) 공법상의 선거권과 피선거권, (ⅲ) 법률로 요건을 정한 공법상의 업무에 관한 자격이 당연히 정지된다. 다만, 다른 법률에 특별한 규정이 있는 경우에는 그 법률에 따른다(제43조 제2항).

또한 법원은 자격정지형이 다른 형벌과 선택적으로 규정되어 있는 경우에는 자격정지만을 독립적으로 선고할 수 있고, 병과형으로 되어 있는 경우에는 다른 형과 병과할 수 있다. 판결선고에 의한 자격정지의 기간은 1년 이상 15년 이하로 한다(제44조 제1항). 다만, 유기징역 또는 유기금고에 자격정지를 병과한 때에는 징역 또는 금고의 집행을 종료하거나 면제된 날로부터 정지기간을 기산한다(제44조 제2항).

제3절 형의 양정

1. 양형 일반론

가. 양형의 의의

형의 양정, 즉 양형이란 법관이 범죄의 성립을 인정할 경우에 그 범죄에 규정된 법정형에 법률상 가중·감경 및 정상참작감경을 하여 얻어진 처단형의 범위 내에서 구체적으로 선고할 형의 종류와 분량을 정하는 것을 말한다. 즉, 법관이 피고인에 대하여 구체적인 형벌의 종류와 범위를 정하는 것을 말한다. 양형은 법관의 재량에 속한다. 그러나 양형에 있어서는 법관의 합리적 판단이 요구되며(기속재량), 양형이 부당할 경우에는 형사소송법상 항소이유(형사소송법 제361조의5 제15호) 또는 상고이유(제383조 제4호)가 된다.

나. 양형의 기준

양형은 형벌의 목적에 따라 결정되어야 하므로 행위자의 책임과 일반예방 및 특별예방의 관점을 고려해야 한다. 그러나 양형의 기초와 한계는 행위자의 책임이므로, 예방목적을 위하여 책임의 범위를 초과하는 양형은 허용되지 않는다. 따라서 양형책임에 있어서도 형벌목적 외에 형사책임의 범위를 고려하지 않을 수 없을 것이므로 행위자의 불법에 상응하는 형벌의 범위 내에서 특별예방과 일반예방을 고려하여 형량을 정하여야 한다(범위이론).

다. 양형의 조건

양형의 기초는 행위의 불법과 책임이며, 이때 책임은 행위책임을 의미하지만 형벌의 예방목적을 고려하여야 한다. 형법 제51조는 양형의 조건, 즉 형을 정함에 있어서는 다음 사항을 참작하여야 한다고 규정하고 있다. 즉, (ⅰ) 범인의 연령, 성행, 지능과 환경, (ⅱ) 피해자에 대한 관계, (ⅲ) 범행의 동기, 수단과 결과, (ⅳ) 범행 후의 정황 등이다.

그러나 양형에 있어서는 법적 구성요건요소로 되어 있는 형의 가중·감경 사유를 다시 양형의 자료로 삼아서는 아니된다(이중평가의 금지). 따라서 개별 범죄구성요건에서 가중·감경사유로 기술한 내용을 이유로 다시 가중·감경할 수 없다.

2. 양형의 단계

형의 양정은 법정형, 처단형, 선고형의 순서로 진행된다.

법정형이란 형법각칙상 개개 구성요건에서 정한 일정한 범죄행위에 대하여 그 법률효과로 정하고 있는 형벌을 말한다. 법정형은 개별 범죄의 불법의 정도에 따라 다르다. 형법은 상대적 법정형주의를 원칙을 한다. 다만, 여적죄(제93조)는 법정형으로 사형만을 규정하고 있기 때문에 절대적 법정형주의를 취하고 있다.

처단형이란 법정형을 기초로 하여 당해 법률상 또는 재판상 가중·감경한 형을 말한다. 당해 범죄의 법정형으로 여러 가지 선택할 형종이 있는 경우에는 먼저 형벌의 종류를 선택한 후, 그 선택형을 대상으로 하여 특정사유가 있으면 법률상 또는 재판상 가중 또는 감경을 하여 형이 정하여지고, 이것이 처단형이 된다. 형의 가중·감경사유가 없으면 법정형이 처단형이 된다.

선고형이란 법관이 처단형의 범위 내에서 여러 가지 양형사유를 고려하여 구체적으로 피고인에게 선고하는 형을 말한다. 선고형은 양형의 최종적 단계이다. 선고형은 당해 피고인의 양형책임을 기초로 판단하여야 한다. 형법 제51조의 양형의 조건은 1차적으로는 처단형을 결정함에 있어서 그 정상참작감경의 판단자료로, 2차적으로는 처단형의 범위 내에서 최종적인 선고형을 구체적으로 결정하는 근거 자료로 활용된다.

[자유형의 선고방식] 형법은 자유형을 선고함에 있어서 정기형을 원칙으로 한다. 다만, 소년범에 대하여는 상대적 부정기형을 허용하고 있다. 즉, 소년이 법정형으로 장기 2년 이상의 유기형(有期刑)에 해당하는 죄를 범한 경우에는 그 형의 범위에서 장기와 단기를 정하여 선고한다. 다만, 장기는 10년, 단기는 5년을 초과하지 못한다(소년법 제60조 제1항).

3. 형의 가중·감경

가. 형의 가중

형법상 형의 가중은 법률상 가중만 인정되고, 재판상 가중은 인정되지 않는다. **형법총칙상** 가중사유로는 경합범가중(제38조), 누범가중(제35조, 제36조), 특수교사·방조가중(제34조 제2항)이 있다. **형법각칙상** 가중사유로는 상습범가중(제264조 등), 공무원의 범죄에 대한 가중(제135조) 등이 있다.

나. 형의 감경

(1) 법률상 감경

법률상 감경에는 필요적 감경과 임의적 감경이 있다. **필요적 감경사유**로는 형법총칙상 외국에서 받은 형의 집행(제7조), 심신미약자(제10조 제2항), 청각 및 언어 장애인(제11조), 중지미수(제26조), 종범(제32조)이 있고, 형법각칙상 내란의 죄의 자수(제90조)와 외환의 죄의 자수(제101조) 등이 있다. **임의적 감경사유**로는 형법총칙상 과잉방위(제21조 제2항), 과잉피난(제22조 제3항), 과잉자구행위(제23조 제2항), 장애미수(제25조 제2항), 불능미수(제27조), 자수·자복(제52조)이 있고, 형법각칙상 범죄단체등의 조직(제114조), 피약취·유인자·인질해방(제295조의2, 제324조의6) 등이 있다.

[자수와 자복] 자수란 범인 자발적으로 자신의 범죄사실은 수사기관에 신고하여 그 소추를 구하는 의사표시를 말한다. 자복이란 반의사불벌죄를 범한 사람이 피해자에게 범죄를 고백하는 것을 말한다. 자수와 자복에 대하여는 형을 감경하거나 면제할 수 있다고 하여 임의적 감경·면제사유로 하고 있다(제52조). 다만, 내란죄(제87조)와 내란목적살인죄(제88조) 또는 외환의 죄(제92조-제99조)에 있어서는 예비·음

모를 한 후 실행행위에 이르기 전에 자수한 경우(제90조, 제101조)와 같이 형법각칙에서 필요적 감경·면제로 규정하고 있는 경우도 있다.

(2) 재판상 감경

재판상의 감경(정상참작감경)이란 법률상 특별한 감경사유가 없더라도 범죄의 정상(情狀)에 참작할 만한 사유가 있는 때에 그 형을 감경할 수 있는 것을 말한다(제53조). '참작할 만한 사유'는 형법 제51조(양형의 조건)의 사유를 말한다. 법률상 형을 가중 또는 감경한 경우에도 다시 정상참작감경을 할 수 있다. 이때 한 개의 죄에 정한 형이 여러 종류인 때에는 먼저 적용할 형을 정하고 그 형을 감경한다(제54조). 가중의 경우도 마찬가지이다. 형의 감경에 있어서 2개의 형종을 병과할 수 있는 경우에는 양자 모두 감경해야 한다.

다. 형의 가중·감경의 순서와 방법

형의 가중·감경할 사유가 경합된 경우에는 (i) 각칙 조문에 따른 가중, (ii) 제34조 제2항(특수교사·방조)에 따른 가중, (iii) 누범가중, (iv) 법률상 감경, (v) 경합범 가중, (vi) 정상참작감경의 순에 의하여 가중·감경한다(제56조).

형의 가중에 있어서 유기징역 또는 유기금고에 대하여는 형을 가중하는 때에는 50년까지로 한다(제42조 단서). 누범가중은 장기의 2배까지 가중하고(제35조), 경합범가중은 중한 죄의 장기 또는 다액의 2분의 1까지 가중하되, 각 죄에 정한 형의 장기 또는 다액을 합한 형기 또는 액수를 초과할 수 없다(제38조). 특수교사·방조의 경우에는 교사인 때에는 정범에 정한 형의 장기 또는 다액에 그 2분의 1까지 가중하고, 방조인 때에는 정범의 형으로 처벌한다(제34조 제2항).

형의 감경에 있어서 법률상의 감경은 다음과 같다(제55조 제1항). (i) 사형을 감경할 때에는 무기 또는 20년 이상 50년 이하의 징역 또는 금고로 한다. (ii) 무기징역 또는 무기금고를 감경할 때에는 10년 이상 50년 이하의 징역 또는 금고로 한다. (iii) 유기징역 또는 유기금고를 감경할 때에는 그 형기의 2분의 1로 한다. (iv) 자격상실을 감경할 때에는 7년 이상의 자격정지로 한다. (v) 자격정지를 감경할 때에는 그 형기의 2분의 1로 한다. (vi) 벌금을 감경할 때에는 그 다액의 2분의 1로 한다. (vii) 구류를 감경할 때에는 그 장기의 2분의 1로 한다. (viii) 과료를 감경할 때에는 그 다액의 2분의 1로 한다. 법률상 감경할 사유가 수 개 있는 때에는 거듭 감경할 수 있다(동조 제2항). 그러나 재판상 감경(정상참작감경)의 방법에 대하여는 형법상 규정이 없다. 따라서 정상참작감경에 있어서도 일정한 범위를 정하여 그 범위 내에서만 각 범죄사정에 적합한 양형을 하여야 하고, 정상참작감경의 방법도 형법 제55조 소정 방법에 따라야 한다(판례).

법률상 감경사유와 정상참작감경사유가 경합한 때에는 법률상 감경을 먼저 하고, 마지막으로 정상참작감경을 해야 한다(제56조). 이처럼 법률상 감경을 한 후 다시 정상참작감경을 할 수 있지만, 정상참작감경을 할 사유가 여러 개 있더라도 거듭 정상참작감경을 할 수는 없다(판례). 한편, 한 개의 범죄에 징역형과 벌금형을 병과하는 경우에 특별한 규정이 없는 한 어느 하나만을 정상참작감경할 수는 없지만, 경합범의 경우에는 어느 하나만 정상참작감경할 수 있다(판례).

4. 형의 면제

형의 면제란 범죄가 성립하지만 형벌을 부과하지 않는 경우를 말한다. 따라서 형의 면제도 유죄판결의 일종이다(형사소송법 제322조). 형의 면제는 확정재판 전의 사유로 인하여 형이 면제되는 경우라는 점에서 확정재판 후의 사유로 인하여 형의 집행이 면제되는 형집행의 면제와 구별된다.

형의 면제는 법률상 면제이며, 재판상 면제는 인정되지 않는다. **필요적 면제사유**로는 형법총칙상 중지미수(제26조), 형법각칙상 예비·음모의 자수(제90조, 제101조 등), 재산죄에 있어서의 친족간의 범행(제328조 제1항, 제344조 등)이 있고, **임의적 면제사유**로는 과잉방위(제21조 제2항), 과잉피난(제22조 제3항), 과잉자구행위(제23조 제2항), 불능미수(제27조), 자수 및 자복(제52조) 등이 있다.

5. 판결선고 전 구금일수의 통산·판결의 공시

가. 판결선고 전 구금일수의 통산

'판결선고 전의 구금'이란 범죄의 혐의를 받는 사람을 재판이 확정될 때까지 구금하는 것을 말한다(미결구금). 형법은 판결선고 전의 구금일수는 그 전부를 유기징역, 유기금고, 벌금이나 과료에 관한 유치 또는 구류에 산입하도록 하고 있다(제57조 제1항). 구금일수의 1일은 징역, 금고, 유치 또는 구류기간의 1일로 계산한다(동조 제2항). 본형산입의 대상이 되는 미결구금일수는(재정통산일수)는 판결선고 전날까지의 구금일수이다(판례). 다만, 판례는 무기형에 대하여는 미결구금일수를 산입할 수 없다고 한다. 또한 피고인이 범행 후 미국으로 도주하였다가 대한민국정부와 미합중국정부간의 범죄인인도조약에 따라 체포되어 인도절차를 밟기 위한 절차에 해당하는 기간은 본형에 산입될 미결구금일수에 해당하지 않는다고 한다.

나. 판결의 공시

'판결의 공시'란 피해자의 이익이나 피고인의 명예회복을 위해서 판결의 선고와 동시에 관보 또는 일간신문 등에 판결의 전부 또는 일부를 공식적으로 알리는 제도를 말한다.

판결의 공시는 다음의 경우에 인정된다(제58조). (ⅰ) 피해자의 이익을 위하여 필요하다고 인정할 때에는 피해자의 청구가 있는 경우에 한하여 피고인의 부담으로 판결공시의 취지를 선고할 수 있다(제1항). (ⅱ) 피고사건에 대하여 무죄의 판결을 선고하는 경우에는 무죄판결공시의 취지를 선고하여야 한다. 다만, 무죄판결을 받은 피고인이 무죄판결공시 취지의 선고에 동의하지 아니하거나 피고인의 동의를 받을 수 없는 경우에는 그러하지 아니하다(제2항). (ⅲ) 피고사건에 대하여 면소의 판결을 선고하는 경우에는 면소판결공시의 취지를 선고할 수 있다(제3항).

제4절 누범

1. 누범의 의의

누범이란 범죄를 누적적으로 반복하여 범하는 것을 말한다. 누범 중에 특히 형법적 의미를 가지는 것은 형법 제35조에 의하여 가중처벌되는 협의의 누범이다. 형법 제35조 제1항에서는 "금고(禁錮) 이상의 형을 선고받아 그 집행이 종료되거나 면제된 후 3년 내에 금고 이상에 해당하는 죄를 지은 사람은 누범(累犯)으로 처벌한다"고 규정하고, 누범의 형은 그 죄에 대하여 정한 형의 장기(長期)의 2배까지 가중하도록 하고 있다(제2항). 누범을 법정형의 2배까지 무겁게 가중하는 것은 재범으로 인해 비난이 가중된 것에 근거한다.

누범은 상습범과 다음의 점에서 구별된다. (ⅰ) 누범은 범죄의 반복에 따른 처벌을 내용으로 함에 반해, 상습범은 범죄의 반복으로 나타나는 범죄인의 성향이나 습벽을 특징으로 하는 범죄이다. (ⅱ) 누범은 전과가 있는 것으로 충분하고, 그것이 동일하거나 같은 종류의 범죄일 필요가 없지만, 상습범은 전과가 있을 것을 요하지는 않지만 동일 범죄 또는 같은 종류의 범죄 반복을 요한다. (ⅲ) 상습범은 행위자의 상습성이라는 행위자책임사상에 근거하여 형법 각칙에 규정되어 있는 반면, 누범은 행위책임에 근거하여 초범자보다 형을 가중하는 것으로 형법총칙에 규정되어 있다. 따라서 상습범가중과 누범가중이 경합하는 경우에는 거듭 가중할 수 있다(판례).

2. 누범의 성립요건

가. 전범에 관한 요건

첫째, 전범에 의하여 선고받은 형은 금고 이상의 형이어야 한다. 금고 이상의 형이 선고되기만 하면 그 범죄가 고의범이든 과실범이든 불문한다. '금고 이상의 형'은 유기징역과 유기금고를 말한다. 사형 또는 무기형을 선고받은 사람이 감형으로 인해 유기징역이나 유기금고로 되거나 형의 선고가 있는 한 특별사면이나 형의 시효로 인하여 집행이 면제된 경우에도 누범 전과가 된다. 금고 이상의 형을 선고받은 이상 형법위반인지 특별법위반인지는 문제되지 않는다(판례). 다만, '금고 이상의 형의 선고'는 유효하여야 하므로 전범에 대한 금고 이상의 선고가 일반사면 등으로 그 효력이 상실된 때에는 누범 전과가 되지 않는다(판례). 집행유예의 선고가 실효되거나 취소되지 않고 집행유예기간을 경과한 때에도 형의 선고가 효력을 상실하므로 누범 전과가 되지 않는다(판례).

둘째, 전범의 형의 집행이 종료되거나 면제된 후이어야 한다. '형의 집행종료'는 형기가 만료된 경우를 말하고, '형의 집행면제'란 형의 시효가 완성된 때(제77조), 특별사면에 의하여 형의 집행이 면제된 때(사면법 제5조), 외국에서 형의 집행을 받았을 때(제7조) 등의 경우를 말한다. 따라서 금고 이상의 형을 받고 그 형의 집행유예기간 중에 금고 이상에 해당하는 죄를 범하였거나, 가석방기간 중에 범죄를 범한 경우에도 누범이 되지 않는다(판례). 교도소 복역 중에 도주하여 죄를 범한 경우나 교도소 안에서 죄를 범한 경우도 마찬가지이다.

나. 후범에 관한 요건

첫째, 금고 이상에 해당하는 죄를 범하여야 한다. '금고 이상에 해당하는 범죄'의 의미에 대하여 ① 선고형이라는 견해가 있으나, ② 누범가중을 제한하여야 한다는 점에서 선고형을 기준으로 판단해야 한다(판례). 이때 누범가중이 되는 후범(後犯)은 고의범이든 과실범이든 불문하며, 전범과 동일한 범죄이거나 동종의 범죄일 것을 요하지 않는다. 다만, '금고 이상의 형의 선고'는 유효하여야 한다. 따라서 전범에 대한 금고 이상의 선고가 일반사면 등으로 그 효력이 상실된 때에는 누범 전과가 되지 않는다(판례). 집행유예의 선고가 실효되거나 취소되지 않고 집행유예기간을 경과한 때는 물론, 벌금형을 선고받은 사람에 대하여 대체자유형인 노역장유치가 집행된 경우도 마찬가지이다(판례).

둘째, 전범의 형의 집행이 종료되거나 면제된 후 3년 이내에 범하여야 한다. 누범 시효의 기산점은 전범의 형의 집행을 종료한 날 또는 형집행을 면제받은 날이며, 금고 이상에 해당하는 죄를 범한 시기는 후범의 실행의 착수시기를 기준으로 한다(판례). 다만, 예비·음모를 처벌하는 범죄에 있어서 이 기간 내에 예비·음모가 있었다면 누범요건은 충족된다. 상습범 중 일부 소위가 누범기간 내에 이루어진 이상 나머지 소위가 누범기간 경과 후에 행하여졌더라도 그 행위 전부에 대하여 누범관계가 인정된다(판례). 후범이 여러 개의 죄인 때에는 누범기간 내에 행하여진 범죄에 대하여 누범가중을 할 수 있다.

3. 누범의 효과

가. 실체법적 효과

누범은 그 범죄에 적용할 형의 장기의 2배까지 가중하여 처벌한다(제35조 제2항). 다만, 유기징역과 유기금고는 50년을 초과할 수 없다(제42조 단서). 다만, 누범가중은 장기에만 효력이 미치므로 형의 단기까지 가중되는 것은 아니다(판례). 이때 가중되는 형은 법정형이고 선고형을 뜻하는 것은 아니므로 누범가중의 경우에도 후범의 법정형을 초과하여 선고하여야 하는 것은 아니다. 누범이 여러 개의 죄인 경우에는 각 죄에 대하여 먼저 누범가중을 한 후 경합범으로 처벌하여야 하며, 각 죄가 상상적 경합범인 경우에는 누범가중을 한 후 가장 중한 죄에 정한 형으로 처단하여야 한다.

한편, 판결선고 후 누범인 것이 밝혀졌을 경우에는 이미 선고한 형벌과 합쳐서 다시 형량을 정할 수 있다(제36조). 다만, 판결선고 후 누범인 사실이 발각되더라도 선고했던 형이 종료되었거나 그 집행이 면제된 후에는 그렇게 할 수 없다.

나. 소송법적 효과

누범가중의 사유가 되는 전과사실은 형벌권의 범위에 관한 중요 사실이므로 엄격한 증명을 요한다. 다만, 판례는 전과에 관한 사실은 피고인의 자백만으로도 인정할 수 있다고 한다. 전과사실은 범죄사실은 아니지만 누범가중의 근거가 된다는 점에서 유죄판결 이유에 명시하여야 한다. 누범가중에 있어서는 누범가중시기를 명시하여야 한다(판례).

제5절 선고유예·집행유예·가석방

1. 선고유예

가. 선고유예의 의의

선고유예란 경미한 범죄행위자에 대하여 일정기간 동안 형의 선고를 유예하고, 그 유예기간을 무사히 경과한 때에는 면소된 것으로 간주하는 제도를 말한다. 형법 제59조 제1항에서는 "1년 이하의 징역이나 금고, 자격정지 또는 벌금의 형을 선고할 경우에 제51조의 사항을 고려하여 뉘우치는 정상이 뚜렷할 때에는 그 형의 선고를 유예할 수 있다. 다만, 자격정지 이상의 형을 받은 전과가 있는 사람에 대해서는 예외로 한다"고 규정하고 있다.

선고유예제도는 형의 선고자체를 유예한다는 점에서 형을 선고하고 그 집행만을 유예하는 집행유예와 구별된다. 선고유예는 형의 선고를 유예할 뿐이므로 형집행의 변형도 아니고, 선고할 형을 정하여 준다는 점에서 보안처분도 아니며, 따라서 제3의 형사제재 또는 형법에서 규정한 고유한 제재로서 인정된다.

나. 선고유예의 요건

첫째, 1년 이하의 징역이나 금고, 자격정지 또는 벌금의 형을 선고할 경우이어야 한다. 범죄의 종류는 불문한다. 구류형은 그 대상이 아니다. '선고를 유예할 수 있는 형'이란 주형과 부가형을 포함한 처단형 전체를 의미한다. 따라서 주형을 선고유예하는 경우에 한하여 부가형인 몰수나 추징도 선고를 유예할 수 있다(판례). 형을 병과할 경우에는 그 형의 전부 또는 일부에 대하여 선고를 유예할 수 있다(제59조 제2항).

둘째, 형법 제51조의 사항을 고려하여 뉘우치는 정상이 뚜렷하여야 한다. '뉘우치는 정상이 뚜렷하여야 한다'는 것은 행위자에게 형을 선고하지 않더라도 재범의 위험성이 없다고 인정되는 경우를 말한다. 구체적인 판단은 형법 제51조의 양형의 조건을 고려해서 하여야 하며, 이러한 조건을 갖추었는가에 대한 판단시기는 재판시점을 기준으로 한다. 피고인이 범행을 부인하는 경우에도 선고유예를 할 수 있다(판례).

셋째, 자격정지 이상의 형을 받은 전과가 없어야 한다. 선고유예를 하기 위해서는 자격정지 이상의 형을 받은 전과가 없어야 한다. 따라서 벌금, 구류, 과료의 형을 선고받은 전과가 있는 경우에는 선고유예를 할 수 있다. 집행유예의 선고를 받은 사람이 그 유예기간을 무사히 경과하여 형의 효력을 잃게 되었더라도 형의 선고가 있었다는 기왕의 사실 자체까지 없어지는 것은 아니므로 선고유예를 할 수 없다(판례).

다. 선고유예와 보호관찰

형의 선고를 유예하는 경우에 재범방지를 위하여 지도 및 원호가 필요한 때에는 보호관찰을 받을 것을 명할 수 있다. 이때 보호관찰의 기간은 1년으로 한다(제59조의2).

라. 선고유예의 판결 및 효과

선고유예판결을 할 것인가의 여부는 법원의 재량사항이다. 다만, 선고유예의 판결을 하더라도 범죄사실과 선고할 형량을 결정하여야 한다. 따라서 선고유예의 판결은 유죄판결의 일종이다. 다만, 선고유예의 판결을 받은 날로부터 선고유예가 실효되지 않고 2년을 경과한 때에는 면소된 것으로 간주한다(제60조).

마. 선고유예의 실효

형의 선고유예를 받은 사람이 유예기간 중 자격정지 이상의 형에 처한 판결이 확정되거나, 자격정지 이상의 형에 처한 전과가 발견된 때에는 유예된 형을 선고한다(제61조 제1항). 이렇게 선고유예가 효력을 잃게 되면 유예했던 형을 다시 선고한다(제61조 제1항). '형의 선고유예를 받은 사람이 자격정지 이상의 형에 처한 전과가 발견된 때'란 형의 선고유예의 판결이 확정된 후에 비로소 위와 같은 전과가 발견된 경우를 말하고, '판결확정 전에 발견되었다'고 함은 검사가 명확하게 그 결격사유를 안 경우뿐만 아니라 당연히 그 결격사유를 알 수 있는 객관적 상황이 존재함에도 부주의로 알지 못한 경우도 포함한다(판례).

또한 선고유예와 함께 보호관찰을 부과받은 사람이 보호관찰기간 중에 준수사항을 위반하고, 그 정도가 무거운 때에는 유예한 형을 선고할 수 있다(동조 제2항). 유예된 형의 선고는 검사의 청구에 의하여 그 범죄사실에 대한 최종판결을 내린 법원이 한다(형사소송법 제336조).

2. 집행유예

가. 집행유예의 의의

집행유예란 형을 선고함에 있어서 일정기간 동안 형의 집행을 유예하고, 그 유예기간이 지나면 형을 선고한 효력을 잃게 하는 제도이다. 형법 제62조 제1항에서는 "3년 이하의 징역이나 금고 또는 500만원 이하의 벌금의 형을 선고할 경우에 제51조의 사항을 참작하여 그 정상에 참작할 만한 사유가 있는 때에는 1년 이상 5년 이하의 기간 형의 집행을 유예할 수 있다. 다만, 금고 이상의 형을 선고한 판결이 확정된 때부터 그 집행을 종료하거나 면제된 후 3년까지의 기간에 범한 죄에 대하여 형을 선고하는 경우에는 그러하지 아니하다"고 규정하고 있다.

집행유예제도는 영미의 probation에서 유래한 것으로서, 보안처분이라고 하기 보다는 형집행의 방법에 지나지 않는다. 집행유예는 일단 형을 선고한다는 점에서 선고유예와 구별되지만, 유죄판결의 하나로서 형의 유예제도라는 점에서는 같다.

나. 집행유예의 요건

첫째, 피고인에게 3년 이하의 징역 또는 금고의 형 또는 500만원 이하의 벌금형을 선고하는 경우이어야 한다.

둘째, 피고인에게 정상을 참작할 만한 사유가 있어야 한다. '정상을 참작할 만한 사유'란 형의 집행을 하지 않고 형의 선고만으로도 유예기간 중은 물론, 장래에 재범의 위험성이 없다고 인정되는 경우를 말한다. 이러한 사유의 유무는 형법 제51조의 양형의 조건을 고려하여 판단하여야 하며, 판단의 기준시점은 재판시이다.

셋째, 피고인에게 금고 이상의 형을 선고한 판결이 확정된 때부터 그 집행을 종료하거나 면제된 후 3년까지의 기간에 죄를 범한 경우가 아니어야 한다. '금고 이상의 형을 선고'의 의미에 대하여 판례는 집행유예의 선고를 포함한다고 하면서도, 경합범으로 동시에 재판받을 경우와 비교하여 형의 불균형을 초래할 수 있는 경우에 한하여 예외적으로 집행유예기간 중에 집행유예를 선고할 수 있다고 한다. 그러나 '집행의 종료나 면제'라는 표현을 문언적으로 살펴보면 '실형에 따른 형의 집행'을 의미하는 것으로 해석하여야 하고, 따라서 집행유예기간 중에 범한 죄에 대하여는 이전 범죄의 집행유예기간의 종료 여부와 상관없이 집행유예를 선고할 수 있다고 하여야 한다. 판례는 집행유예기간 중에 범죄를 범한 때에도 집행유예가 실효 또는 취소됨이 없이 그 유예기간이 경과한 경우에는 이에 대해 다시 집행유예의 선고를 할 수 있다고 한다.

다. 집행유예의 기간과 방법

집행유예의 요건이 구비되면 1년 이상 5년 이하의 기간 형의 집행을 유예할 수 있다(제61조 제1항). 집행유예의 시기(始期)는 집행유예를 선고하는 판결확정일이며, 법원이 판결확정일 이후의 시점을 임의로 선택할 수는 없다(판례).

한편, 형을 병과할 경우에는 그 형의 일부에 대하여 집행을 유예할 수 있다(제62조 제2항). 그러나 하나의 자유형 중 일부에 대하여는 실형을, 나머지에 대하여는 집행유예를 선고하는 것은 허용되지 않는다(판례).

라. 집행유예와 보호관찰·사회봉사명령·수강명령

형의 집행을 유예할 때에는 보호관찰을 받을 것을 명하거나 사회봉사 또는 수강을 명할 수 있다(제62조의2 제1항). 집행유예를 선고할 경우에는 보호관찰과 사회봉사명령·수강명령을 병과할 수 있다(판례). 보호관찰의 기간은 집행을 유예한 기간으로 하되, 법원은 유예기간의 범위 내에서 보호관찰기간을 정할 수 있다(동조 제2항). 사회봉사명령과 수강명령은 집행유예기간 내에 이를 집행한다(동조 제3항). 판례는 보호관찰을 미래의 범죄행위를 방지하기 위한 수단으로 형벌을 보완하는 것이라는 점에서 보안처분의 일종으로 이해한다. 그러나 형법상 보호관찰은 범죄자의 재범을 방지하기 보다는 사회복귀에 중점이 있다는 점에서 순수한 보안처분이라고 하기는 어렵고, 형벌대체수단이 아니고 형벌보완수단이라는 점에서 소년법상 보호관찰과 다르다. 따라서 집행유예선고시의 보호관찰은 형법상 독자적인 제3의 제재수단으로 이해하여야 한다.

사회봉사명령은 유죄가 인정된 범죄자를 일정한 기간 내에 지정된 시간 동안 무보수로 근로에 종사하도록 하는 제도이며, 수강명령은 일정한 시간 동안 지정된 장소에 출석하여 강제로 강의, 훈련 또는 상담 등을 받도록 하는 제도이다. 법원은 사회봉사를 명할 때에는 500시간, 수강을 명할 때에는 200시간의 범위에서 그 기간을 정하여야 한다(보호관찰 등에 관한 법률 제59조 제1항). 이때 법원은 사회봉사·수강명령 대상자가 사회봉사를 하거나 수강할 분야와 장소 등을 지정할 수 있다(동조 제2항). 다만, 피고인에게 유죄로 인정된 범죄행위를 뉘우치거나 그 범죄행위를 공개하는 취지의 말이나 글을 발표하도록 하는 내용의 사회봉사를 명하는 것은 위법이다(판례).

마. 집행유예의 효과

집행유예의 선고가 취소 또는 실효됨이 없이 유예기간을 경과한 때에는 형의 선고는 효력을 잃는다(제65조). '형의 선고가 효력을 잃는다'는 것은 형의 집행이 면제될 뿐 아니라 형의 선고가 없었던 상태로 돌아가게 된다는 것을 의미한다. 그러나 형의 선고가 있었던 사실까지 없어지는 것은 아니며, 이미 발생한 법률효과가 이로써 영향을 받지 아니한다(판례).

바. 집행유예의 실효와 취소

집행유예의 선고를 받은 사람이 유예기간 중 고의로 범한 죄로 금고 이상의 실형의 선고받아 그 판결이 확정된 때에는 집행유예의 선고는 효력을 잃는다(제63조). 다만, '금고 이상의 실형을 선고받은 죄'는 고의로 범한 죄이어야 한다.

또한 집행유예의 선고를 받은 후 금고 이상의 형을 선고한 판결이 확정된 때부터 그 집행을 종료하거나 면제된 후 3년까지의 기간에 죄를 범한 사실이 발각된 때에는 집행유예의 선고를 취소하여야 한다(제64조 제1항, 필요적 취소). '집행유예의 선고를 받은 후'란 집행유예를 선고한 판결이 확정된 후를 의미한다.

이외에 보호관찰이나 사회봉사 또는 수강을 명한 집행유예를 받은 사람이 준수사항이나 명령을 위반하고 그 정도가 무거운 때에는 집행유예의 선고를 취소할 수 있다(제64조 제2항, 임의적 취소).

[선고유예와 집행유예의 비교]

구분	선고유예	집행유예
대상	1년 이하의 징역이나 금고, 자격정지 또는 벌금의 형을 선고할 경우	3년 이하의 징역 또는 금고의 형을 선고할 경우
요건	* 뉘우치는 정상이 뚜렷할 것 * 자격정지 이상의 형을 받은 전과가 없을 것	* 정상에 참작할 만한 사유가 있을 것 * 금고 이상의 형의 선고를 받아 판결이 확정된 때로부터 집행을 종료하거나 면제된 후 3년이 경과하였을 것
기간	2년	1년 이상 5년 이하
효과	선고유예 기간이 경과한 때에는 면소된 것으로 간주함	집행유예 선고가 실효 또는 취소됨이 없이 유예기간을 경과한 때에는 형의 선고는 효력을 잃게 됨
실효	유예기간 중 자격정지 이상의 형에 처한 판결이 확정되거나 자격정지 이상의 형에 처한 전과가 발견된 때	유예기간 중 고의로 범한 죄로 금고 이상의 실형을 선고받아 그 판결이 확정된 때
취소	해당 없음	금고 이상의 형의 선고한 판결이 확정된 때로부터 그 집행이 종료 또는 면제된 후 3년을 경과하지 않은 것이 발각된 때
보안 처분	지도와 원호가 필요한 때에는 1년 동안 보호관찰을 받을 것을 명할 수 있음	유예기간 동안 보호관찰을 받을 것을 명하거나, 사회봉사 또는 수강명령을 명할 수 있음

3. 가석방

가. 가석방의 의의

가석방이란 자유형의 집행을 받고 있는 사람이 행상(行狀)이 양호하여 뉘우침이 뚜렷한 때에 조건부로 수형자를 석방하고, 그때부터 일정한 기간이 경과하면 형의 집행을 종료한 것으로 간주하는 제도를 말한다. 형법 제72조 제1항에서는 "징역이나 금고의 집행 중에 있는 사람이 행상(行狀)이 양호하여 뉘우침이 뚜렷한 때에는 무기형은 20년, 유기형은 형기의 3분의 1이 지난 후 행정처분으로 가석방을 할 수 있다"고 규정하고 있다.

가석방제도는 1800년경 영국의 식민지였던 오스트레일리아에서 유형(流刑)을 받은 죄수에게 섬 안에 있을 것을 조건으로 하여 허가장을 주어 석방하던 관행에서 유래한 것으로서, 수형자의 잔여형기에 대한 형집행방법의 변형에 해당한다. 가석방은 형사정책적 목적에 있어서는 집행유예와 같지만 형의 집행 중에 그 형의 집행이 정지되며, 행정처분에 의하여 수형자를 석방하는 것이라는 점에서 법원의 판결에 의하고, 애초부터 형의 집행을 하지 않는 집행유예와 구별된다.

나. 가석방의 요건

(1) 징역 또는 금고의 집행을 받고 있는 자가 무기에 있어서는 20년, 유기에 있어서는 형기의 3분의 1이 지난 후일 것

가석방은 징역 또는 금고형의 집행 중에 있는 사람에 대하여 인정된다. 벌금형을 선고받은 후 벌금을 납입하지 않아서 노역장으로 환형유치된 경우에도 가석방을 허용하여야 한다.

또한 무기는 20년, 유기는 형기의 3분의 1이 지난 후 이어야 한다. '형기'는 선고형을 말한다. 다만, 사면 등에 의하여 감형된 경우에는 감형된 형을 기준으로 한다. 형기에 산입된 판결선고 전 구금일수는 가석방을 하는 경우 집행한 기간에 산입한다(제73조 제1항).. 형기는 '각 형의 형기'를 의미하므로 여러 개의 독립된 자유형이 선고되어 있는 경우에는 각 형의 형기가 모두 3분의 1 이상씩 경과한 후이어야만 가석방이 가능하다(판례).

(2) 행상이 양호하여 뉘우침이 뚜렷한 때일 것

수형자가 행형 성적이 우수하고, 반성하고 있으며, 재범의 위험이 없어서 남은 형기를 집행하지 않는 것이 수형자의 사회복귀에 도움이 된다고 인정되는 경우를 말한다. 따라서 가석방 여부는 범죄의 경중이 아니라 순수하게 수형자에 대한 특별예방의 관점을 고려해서 판단하여야 한다.

(3) 벌금 또는 과료가 병과된 때에는 그 금액을 완납할 것

자유형에 벌금 또는 과료가 병과되어 있는 때에는 그 금액을 완납하여야 한다(제72조 제2항). 벌금이나 과료에 관한 유치기간에 산입된 판결선고 전 구금일수는 그에 해당하는 금액이 납입된 것으로 본다(제73조 제2항).

다. 가석방의 기간과 보호관찰

가석방의 기간은 무기형에 있어서는 10년으로 하고, 유기형에 있어서는 남은 형기로 하되 그 기간은 10년을 초과할 수 없다(제73조의2 제1항). 다만, 가석방된 사람은 그 가석방기간 중 보호관찰을 받는다(동조 제2항). 가석방의 경우에 있어서의 보호관찰은 필요적 처분이다. 그러나 가석방을 허가한 행정관청이 필요가 없다고 인정한 때에는 보호관찰을 행하지 아니한다(동항 단서).

라. 가석방의 절차

교도소장은 형법 제72조 제1항의 기간이 지난 수형자에 대하여는 법무부령으로 정하는 바에 따라 법무부장관 소속의 가석방위원회에 가석방 적격심사를 신청하여야 한다(형의 집행 및 수용자의 처우에 관한 법률 제121조 제1항). 가석방위원회는 수형자의 나이, 범죄동기, 죄명, 형기, 교정성적, 건강상태, 가석방 후의 생계능력, 생활환경, 재범의 위험성, 그 밖에 필요한 사정을 고려하여 가석방의 적격 여부를 결정한다(동조 제2항). 가석방위원회는 가석방 적격결정을 하였으면 5일 이내에 법무부장관에게 가석방 허가를 신청하여야 한다(동법 제122조 제1항). 법무부장관은 가석방위원회의 가석방 허가신청이 적정하다고 인정하면 가석방을 허가할 수 있다(동조 제2항).

마. 가석방의 효과

가석방의 처분을 받은 후 그 처분이 실효 또는 취소되지 아니하고 가석방기간을 경과한 때에는 형의 집행을 종료한 것으로 본다(제76조 제1항). 가석방기간이 경과하더라도 형의 집행이 종료되는 것일 뿐이며 형의 선고가 효력을 잃는 것은 아니므로 가석방기간 중에 다시 죄를 지어도 누범이 되지 않는다(판례).

바. 가석방의 실효와 취소

가석방기간 중 고의로 지은 죄로 금고 이상의 형을 선고받아 그 판결이 확정된 경우에 가석방 처분은 효력을 잃는다(제74조). 또한 가석방의 처분을 받은 사람이 감시에 관한 규칙을 위배하거나, 보호관찰의 준수사항을 위반하고 그 정도가 무거운 때에는 가석방 처분을 취소할 수 있다(제75조).

가석방이 취소되거나 실효되었을 경우에는 가석방 중의 일수는 형기에 산입되지 아니한다(제76조 제2항). 따라서 가석방이 취소되거나 실효되었을 경우에는 가석방 당시 피고인의 잔여형기에 대하여 다시 형을 집행받아야 한다. 무기형을 선고받은 사람이 가석방되었다가 실효 또는 취소되면 다시 무기수가 된다. '가석방 중의 일수'란 가석방된 다음 날부터 가석방이 실효 또는 취소되어 구금된 전날까지의 일수를 말한다.

제6절 형의 시효·소멸·사면·기간

1. 형의 시효

가. 형의 시효의 의의

형의 시효란 형의 선고를 받은 사람이 재판이 확정된 후 그 형의 집행을 받지 않고 일정한 기간이 경과한 때 집행이 면제되는 효과를 말한다. 형법 제77조에서는 "형을 선고받은 사람에 대해서는 시효가 완성되면 그 집행이 면제된다"고 규정하고 있다.

형의 시효는 이미 확정된 형벌의 집행권을 소멸시키는 것이라는 점에서 미확정의 형벌권인 공소권을 소멸시키는 공소시효와 구별된다. 형의 시효는 형법에서 규정하고, 공소시효는 형사소송법(제249조)에서 규정한다.

나. 형의 시효의 기간

형의 시효는 형을 선고하는 재판이 확정된 후 그 집행을 받지 아니하고 다음의 기간이 지나면 완성된다(제78조). (i) 사형은 30년, (ii) 무기의 징역 또는 금고는 20년, (iii) 10년 이상의 징역 또는 금고는 15년, (iv) 3년 이상의 징역이나 금고 또는 10년 이상의 자격정지는 10년, (v) 3년 미만의 징역이나 금고 또는 5년 이상의 자격정지는 7년, (vi) 5년 미만의 자격정지, 벌금, 몰수 또는 추징은 5년, (vii) 구류 또는 과료는 1년이다.

시효는 판결이 확정된 날부터 개시되고, 그 말일 24시에 종료된다. 시효기간의 초일인 확정판결일은 판결이 내려진 시각과 관계없이 1일로 계산된다.

다. 형의 시효의 효과

시효는 형을 선고하는 재판이 확정된 후 그 집행을 받음이 없이 형의 시효기간(제78조)을 경과함으로 인하여 완성된다. 형의 선고를 받은 사람은 시효의 완성으로 인하여 그 집행이 면제된다(제77조). 별도의 재판은 요하지 않는다. 그러나 시효가 완성되더라도 형집행이 면제될 뿐이고 형선고 자체가 실효되는 것은 아니다.

라. 형의 시효의 정지와 중단

(1) 형의 시효의 정지

형의 시효는 형의 집행의 유예나 정지 또는 가석방 기타 집행할 수 없는 기간은 진행되지 아니한다(제79조 제1항). '기타 집행할 수 없는 기간'이란 천재지변 등으로 인하여 형의 집행이 불가능한 경우를 말한다. 또한 형의 시효는 형이 확정된 후 그 형의 집행을 받지 아니한 사람이 형의 집행을 면할 목적으로 국외에 있는 기간 동안은 진행되지 아니한다(동조 제2항). 형의 시효가 정지된 경우에 그 정지사유가 사라지면 정지된 시효는 그때부터 잔여시효기간이 진행된다.

(2) 형의 시효의 중단

형의 시효는 사형·징역·금고·구류에 있어서는 수형자를 체포함으로써, 벌금·과료·몰수와 추징에 있어서는 강제처분을 개시함으로 인하여 중단된다(제80조). 시효가 중단되면 이미 경과한 형의 시효기간은 소멸되고 처음부터 다시 계산되므로 중단사유가 있은 때로부터 시효의 전(全) 기간이 경과되어야 시효가 완성된다.

2. 형의 소멸

가. 형의 소멸의 의의

형의 소멸이란 유죄판결의 확정에 의하여 발생한 형의 집행권을 소멸시키는 제도를 말한다. 형의 집행권이 소멸되는 경우로는 형의 집행종료, 선고유예나 집행유예기간의 경과, 가석방기간의 만료, 형의 집행면제, 시효의 완성, 범인의 사망 등이 있다. 형의 소멸은 유죄판결의 확정에 의한 형의 집행권을 소멸시키는 것이라는 점에서 검사의 형벌청구권을 소멸시키는 공소시효제도와 구별된다.

한편, 형법은 형의 소멸 이외에 형의 실효와 복권제도를 규정하고 있다. 형의 실효와 복권제도는 형이 소멸되어도 전과사실은 그대로 남아 형선고의 법률상 효과는 소멸되지 않으므로, 이로 인해 여러 가지 자격에 제한을 받게 되는 점을 고려하여 전과사실을 말소시키고 자격을 회복시키는 제도를 말한다.

나. 형의 실효

형의 실효란 전과자의 정상적인 사회복귀를 보장함을 목적으로 수형인의 전과기록을 없애 주는 제도를 말한다. 이에는 재판상 실효와 당연실효가 있다.

형법 제81조에서는 "징역 또는 금고의 집행을 종료하거나 집행이 면제된 자가 피해자의 손해를 보상하고 자격정지 이상의 형을 받음이 없이 7년을 경과한 때에는 본인 또는 검사의 신청에 의하여 그 재판의 실효를 선고할 수 있다"고 규정하고 있다. 이를 **재판상 형의 실효**라고 한다. 형의 실효선고는 형의 선고에 기한 법적 효과가 장래에 향하여 소멸한다는 취지이고, 형의 선고가 있었다는 기왕의 사실 그 자체까지 없어진다는 뜻은 아니므로 소급하여 자격을 회복하는 것은 아니다(판례).

한편, 형의 실효 등에 관한 법률에 따르면 수형인이 자격정지 이상의 형을 받지 아니하고 형의 집행을 종료하거나 그 집행이 면제된 날부터 다음 각 호의 구분에 따른 기간이 경과한 때에 그 형은 실효된다. 다만, 구류와 과료는 형의 집행을 종료하거나 그 집행이 면제된 때에 그 형이 실효된다(제7조 제1항). 이를 **당연실효**라고 한다. (ⅰ) 3년을 초과하는 징역·금고는 10년, (ⅱ) 3년 이하의 징역·금고는 5년, (ⅲ) 벌금은 2년이다. 하나의 판결로 여러 개의 형이 선고된 경우에는 각 형의 집행을 종료하거나 그 집행이 면제된 날부터 가장 무거운 형에 대한 위의 기간이 경과한 때에 형의 선고는 효력을 잃는다. 다만, 징역과 금고는 같은 종류의 형으로 보고 각 형기(刑期)를 합산한다(동조 제2항).

다. 복권

형법 제82조에서는 "자격정지의 선고를 받은 자가 피해자의 손해를 보상하고 자격정지 이상의 형을 받음이 없이 정지기간의 2분의 1을 경과한 때에는 본인 또는 검사의 신청에 의하여 자격의 회복을 선고할 수 있다"고 규정하고 있다.

한편, 사면법상 복권의 대상은 형의 선고로 인하여 법령에 따른 자격이 상실되거나 정지된 사람이고(법 제3조 제3호), 복권은 대통령이 행한다(법 제9조). 복권이 있으면 형 선고의 효력으로 인하여 상실되거나 정지된 자격을 회복하지만(법 제5조 제1항 제5호), 형의 선고에 따른 기성(旣成)의 효과는 복권으로 인하여 변경되지 아니한다(동조 제2항). 복권은 형의 집행이 끝나지 아니한 사람 또는 집행이 면제되지 아니한 사람에 대하여는 하지 아니한다(법 제6조).

3. 사면·감형

사면은 국가원수의 특권에 의하여 형벌권을 소멸하게 하거나 그 효력을 제한하는 제도를 말한다. 대통령은 법률이 정하는 바에 의하여 사면·감형 또는 복권을 명할 수 있다(헌법 제79조 제1항). 사면법에는 일반사면과 특별사면이 있다(사면법 제3조).

일반사면은 죄를 범한 사람에 대하여 죄의 종류를 정하여 대통령령에 의하여 행하는 사면을 말한다. 일반사면을 명하려면 국회의 동의를 얻어야 한다(헌법

제79조 제2항). 일반사면이 있으면 형 선고의 효력이 상실되며, 형을 선고받지 아니한 사람에 대하여는 공소권(公訴權)이 상실된다. 다만, 특별한 규정이 있을 때에는 예외로 한다(사면법 제5조 제1항 제1호). 그러나 형의 선고에 따른 기성(旣成)의 효과는 사면으로 인하여 변경되지 아니한다(동조 제2항).

특별사면·감형은 형의 선고를 받은 특정인에 대하여 대통령이 하는 사면·감형을 말한다(사면법 제3조, 제9조). 법무부장관은 사면심사위원회의 심사를 거쳐 대통령에게 특별사면, 특정한 사람에 대한 감형 및 복권을 상신(上申)한다(법 제10조). 죄 또는 형의 종류를 정하여 하는 감형 및 일반에 대한 복권은 대통령령으로 한다(법 제8조). 특별사면이 있으면 형의 집행이 면제되지만, 특별한 사정이 있을 때에는 이후 형 선고의 효력을 상실하게 할 수 있다(법 제5조 제1항 제2호). 일반(一般)에 대한 감형의 경우는 특별한 규정이 없는 경우에는 형을 변경한다(동항 제3호). 특정한 사람에 대한 감형의 경우는 형의 집행을 경감하되, 특별한 사정이 있을 때에는 형을 변경할 수 있다(동항 제4호). 한편, 형의 집행유예를 선고받은 사람에 대하여는 형 선고의 효력을 상실하게 하는 특별사면 또는 형을 변경하는 감형을 하거나 그 유예기간을 단축할 수 있다(법 제7조).

4. 형의 기간

형법상 기간의 계산은 연(年) 또는 월(月)로 정한 기간은 연 또는 월 단위로 계산한다(제83조). 형기는 판결이 확정된 날로부터 기산하며(제84조 제1항), 징역, 금고, 구류와 유치에 있어서는 구속되지 아니한 일수는 형기에 산입하지 아니한다(동조 제2항).

형의 집행과 시효기간의 초일은 시간을 계산함이 없이 1일로 산정한다(제85조). 다만, 석방은 형기종료일에 하여야 한다(제86조).

제 2 장 보안처분

제1절 보안처분제도

1. 보안처분의 의의

보안처분이란 행위 속에 나타난 행위자의 장래의 범죄적 위험성 때문에 행위자를 개선 내지 재사회화하고, 위험한 행위자로부터 사회를 방위하기 위하여 부과되는 형벌 이외의 형사제재수단을 말한다. 형벌은 과거의 범죄를 이유로 하고, 책임주의의 범위 내에서 응보와 일반예방을 목적으로 한 제재임에 반해, 보안처분은 행위자의 장래의 재범위험성을 이유로 하고, 특별예방을 목적으로 한 제재로서 책임의 범위 내에서 제한되지만 비례성의 원칙에 따른다는 점에서 형벌과 구별된다.

2. 보안처분의 연혁

보안처분의 시초는 1532년 캐롤리나(Carolina) 형법전이라고 한다. 동법에서

는 범행이 예견되고 충분한 보증이 없는 사람에게 부정기의 보안구금을 허용하
였다. 다만, 형벌과 보안처분의 구별이 아직 명확하지는 않았다. 그러다가 보안
처분의 이론이 확립된 것은 클라인(E. F. Klein)에 의해서이다. 그는 책임에 기초
한 형벌과 함께 행위자의 위험성을 대상으로 하는 보안처분의 필요성을 최초로
주장하였다. 이 주장은 1794년 프로이센 일반란트법에 반영되었지만 1799년 부
정기형의 보안형벌의 도입과 함께 폐지되었다. 이후 리스트(Franz v. Liszt)는 특
별예방적 목적형사상을 주장하였으며, 형벌을 순수한 보안형벌로 이해하였다(일
원주의). 한편, 쉬토스(Carl Stoos)는 1893년 스위스 형법 예비초안에서 현대적 의
미의 보안처분제도를 반영하였다. 즉, 정신병의 치료와 상습범, 노동기피자, 중
독자 등을 그 원인에 따라 격리·개선하기 위하여 보안처분을 형법에 도입하고
자 하였다. 이후 1933년 독일에서 '위험한 상습범죄자에 대한 법률'에서 보안처
분이 도입된 이래 유럽 각국을 거쳐 세계 각국에서 도입하기에 이르렀다.

3. 보안처분과 형벌의 관계

① **이원주의**는 형벌과 보안처분이 동시에 선고되고, 중복적으로 집행되는
주의를 말한다. 이 설에서는 보안처분은 부정기이고, 형벌에 대해 보충적이므로
일반적으로 형벌의 집행종료 후에 보안처분을 집행한다고 한다. 형벌은 책임을
기초로 한 과거행위에 대한 응보이고, 보안처분은 장래의 위험성에 대한 사회방
위처분으로서 양자는 엄격히 구별되므로, 국가는 범죄에 의하여 표현된 책임과
위험성을 형벌과 보안처분이라는 이중의 수단에 의하여 대처할 수 있다는 것을
근거로 한다.

② **일원주의**는 형벌과 보안처분 중 어느 하나만을 적용하는 주의를 말한다.
일원주의는 형벌과 보안처분은 범죄인의 개선 및 사회복귀라는 점에서 동일하므
로, 형벌의 특별예방적 효과를 기대할 수 없는 경우에는 보안처분을 적용해야
한다는 것을 근거로 한다.

③ **대체주의**는 형벌은 책임의 정도에 따라 언제나 선고하되, 그 집행단계에
서 보안처분에 의해 대체하거나 보안처분의 집행이 종료된 후에 형벌을 집행하
는 주의를 말한다. 대체주의는 범죄인의 사회복귀를 위해서는 보안처분의 선집

행이 합리적이며, 보안처분도 자유박탈 내지 제한을 그 내용으로 하므로 이에 의해서도 형벌의 목적을 달성할 수 있다는 것을 근거로 한다. 대체주의는 그 내용으로 형벌에 대한 보안처분의 우선집행, 보안처분기간을 형기에 산입, 보안처분 집행 후 형벌집행의 유예가능성을 제시하고 있다.

판례는 형벌과 보안처분을 구별하여 동시에 2가지를 모두 선고하더라도 위법은 아니라고 한다. 그러나 이원주의에 따라 행위자의 위험성을 방치한 채 형벌을 먼저 집행하는 것은 보안처분의 취지에 반한다. 하지만 현행법 하에서 형벌과 보안처분은 명백히 구분하고 있으므로 이론적으로 이를 완전히 동일시한 것으로 인정하는 것도 모순된다. 따라서 책임의 정도에 따라 형벌을 선고하되, 그 집행단계에서 보안처분에 의해 대체하는 것으로 이해하여야 한다. 다만, 현행법상 보안처분이 종료된 후에 형벌을 집행하는 것으로 되어 있으므로 대체주의에 따르더라도 사회방위의 목적을 달성할 수 있고, 행위자에게 불리하지 않게 작용할 것이다.

4. 보안처분의 지도원리

가. 보안처분의 정당성

보안처분의 정당성의 근거는 행위자가 감수해야 할 자유권적 기본권과 사회의 안전에 대한 이익을 교량하여 후자의 이익이 우월한 경우에 허용되는 것에서 찾아야 한다.

나. 비례성의 원칙

보안처분은 행위자에 의하여 행하여진 범죄와 장래에 기대될 범죄 및 위험성의 정도와 균형을 유지해야 한다. 즉, 비례성의 원칙은 보안처분에 대한 법치국가적 한계로서 보장적 기능을 수행한다.

이 원칙은 구체적으로 (i) 적합성의 원칙(보안처분에 의한 자유박탈 및 제한의 수단은 예방적 목적을 달성하는 데 적합하고 유용한 것이어야 한다), (ii) 필요성의 원칙(보안처분의 수단은 범죄인의 자유영역을 가장 적게 침해하는 필요불가결한 것이어야 한다), (iii) 균형성의 원칙(보안처분이 비록 적합하고 필요한 수단일지라도 침해의 중대성과 얻을 수 있는 결과 사이의 불균형을 초래하는 것은 허용되지 않는다) 등을 그 내용으로 한다.

다. 사법적 통제와 인권보장

보안처분은 범죄자의 장래의 위험성 때문에 내려지는 사회방위처분이기 때문에 그것이 남용되면 인권이 침해될 우려가 매우 크다. 따라서 이러한 위험성 때문에 보안처분에 대해서는 다음과 같은 사법적 통제가 요구된다. 즉, (i) 보안처분은 사법처분·형사처분으로서 대상자의 자유를 박탈하거나 제한하는 국가의 처분이라는 점에서 형벌과 다르지 않으므로 그 선고는 법원에 의하여 행해질 것이 요청된다. (ii) 인권보장의 관점에서 죄형법주의의 근본정신은 보안처분에서도 존중되어야 하므로 보안처분은 법률에 규정되어야 하며(헌법 제12조 제1항, 보안처분법정주의), 헌법상 보장되는 자유권 등 기본권의 본질적 내용을 침해하는 것이어서는 아니 된다(헌법 제37조 제2항). (iii) 보안처분의 적용에 있어서 불명확한 점이 있을 때에는 피처분자에게 유리한 방향으로 판단하여야 한다.

5. 보안처분의 전제조건

가. 위법행위의 존재

위법한 행위사실이 있을 때 이에 대해 형벌의 대체수단으로서 형사제재의 하나인 보안처분을 부과할 수 있으므로 보안처분은 위법행위를 전제로 한다. 다만, 이때 위법행위는 보안처분에 의해 제거하고자 하는 행위자의 위험성의 징표로 볼 수 있는 행위이어야 한다. 그렇지 않으면 보안처분의 남용으로 인해 개인의 자유가 침해될 우려가 크기 때문이다.

나. 위험성의 존재

보안처분은 장래의 범죄발생의 위험성으로부터 사회를 방위하기 위한 처분이므로 그 전제조건으로 행위자에게 장래 범죄를 범할 위험성이 존재하여야 한다. '행위자의 위험성'은 재범의 높은 가능성, 즉 개연성을 의미한다. 이때 위험성 판단은 행위자의 인격과 그가 행한 행위를 종합적으로 고려하여 판단하여야 하며, 미래에 대한 가정적 예측이므로 범죄행위시가 아니라 보안처분의 선고시를 기준으로 하여야 한다.

6. 보안처분의 종류

가. 대물적 보안처분과 대인적 보안처분

대물적 보안처분이란 범죄와 법익침해의 방지를 목적으로 하는 물건에 대한 국가적 예방수단을 말한다. 범죄에 제공되었거나 장차 제공될 물건 등 범죄와 관련된 물건의 몰수, 범죄에 이용된 영업소의 폐쇄, 범죄와 관련된 법인의 해산 또는 영업의 허가취소 등이 이에 해당한다.

대인적 보안처분이란 사람에 의한 장래의 범죄행위를 방지하기 위하여 특정인에게 선고되는 보안처분을 말한다. 대인적 보안처분은 자유침해의 정도에 따라 자유박탈적 보안처분과 자유제한적 보안처분으로 나누어진다. **자유박탈적 보안처분**은 일정한 시설에 격리·수용하는 것을 내용으로 하는 것으로서, 보호감호처분, 치료감호처분, 금단치료처분 등이 이에 해당한다. **자유제한적 보안처분**은 자유박탈이 아니라 사회 내에서 집행하는 것으로서, 보호관찰, 선행보증, 단종·거세, 직업금지, 거주제한, 국외추방, 운전면허박탈 등이 이에 해당한다.

나. 형벌대체적 보안처분과 형벌보충적 보안처분

형벌대체적 보안처분은 형벌을 부과할 수 없는 경우에 대안적으로 부과되는 것으로서, 치료감호법상 치료감호, 소년법상 보안처분 등이 이에 해당한다. **형벌보충적 보안처분**은 형벌부과를 통해서는 얻을 수 없는 특별예방목적을 달성하기 위하여 부과되는 것으로서, 한정책임능력자에 대한 치료감호, 형집행종료 후의 보호관찰, 신상정보공개, 디엔에이신원확인정보의 수집·이용, 치료감호법상 정신성적장애자 또는 알코올중독자나 마약류중독자에 대한 치료감호 등이 이에 해당한다.

제2절 현행법상 보안처분

헌법 제12조 제1항에서는 "누구든지 … 법률과 적법한 절차에 의하지 아니하고는 … 보안처분 … 을 받지 아니한다"고 규정하고 있다.

형법에서는 보안처분에 관한 일반적 규정을 두고 있지 않고, 단지 집행유예시에 보호관찰과 사회봉사·수강명령(제62조의2), 선고유예시에 보호관찰(제59조의2) 및 가석방시에 보호관찰(제73조의2 제2항) 등을 규정하고 있을 뿐이다. 이외에도 현행법상 인정되고 있는 보안처분으로는 치료감호법상 치료감호·보호관찰, 소년법상 보호처분 등, 보호관찰 등에 관한 법률에 의한 보호관찰, 보안관찰법에 의한 보안관찰, 국가보안법상 공소보류자에 대한 감시·보도, 마약류관리에 관한 법률에 의한 마약류중독자의 치료보호, 특정범죄자에 대한 보호관찰 및 전자장치부착 등에 관한 법률에 의한 전자장치(일명 전자발찌) 부착제도, 성폭력범죄자의 성충동 약물치료에 관한 법률에 따른 약물치료, 가정폭력범죄의 처벌 등에 관한 법률·성폭력범죄의 처벌 등에 관한 법률·아동·청소년의 성보호에 관한 법률 등에 따른 신상공개와 취업금지 등이 있다.

찾아보기

〈저자 약력〉

강 동 욱

법학박사

관동대학교 교수 역임
한양대학교, 국립 경찰대학 강사 역임
동국대학교 법과대학 학장 겸 법무대학원 원장 역임
동국대학교 법과대학 교수
한국법학교수회 부회장
동국대학교 법무대학원 탐정법무전공 주임교수
한국탐정학회 회장
(사)대한공인탐정연구협회 자문교수
사법시험, 행정고시, 입법고시 및 각종 공무원(경찰포함)시험 출제 및 선정위원
경비지도사시험 선정위원

(자격)
한국특수직능재단 PIA(사설탐정사)
일반사단법인 일본조사업협회(JISA) 특별탐정업무종사자
필리핀 전문탐정협회 특별회원
세계공인탐정연맹(World Federation Private Detectives: WFPD) 정회원

탐정학 시리즈 5

탐정과 형법(1)

초판 발행   2021년 6월 25일

지은이   강동욱
펴낸이   안종만 · 안상준

편 집   우석진
기획/마케팅   이영조
표지디자인   박현정
제 작   고철민 · 조영환

펴낸곳   (주) **박영사**
              서울특별시 종로구 새문안로3길 36, 1601
              등록 1959. 3. 11. 제300-1959-1호(倫)

전 화   02)733-6771
f a x   02)736-4818
e-mail   pys@pybook.co.kr
homepage   www.pybook.co.kr
ISBN   979-11-303-3914-6 94360
               979-11-303-3368-7 (세트)

정 가   18,000원